L'hypnose Humaniste

pour

les nuls

L'hypnose Humaniste

pour les nuls

Olivier Lockert
Patricia d'Angeli

FIRST Editions

L'Hypnose Humaniste pour les Nuls

Éditions First, un département d'Édi8
12, avenue d'Italie
75013 Paris – France
Tél. : 01 44 16 09 00
Fax : 01 44 16 09 01
Courriel : firstinfo@editionsfirst.fr
Site Internet : www.pourlesnuls.fr

ISBN : 978-2-7540-5825-4
Dépôt légal : mars 2014

Imprimé en France

Correction et relecture : Solange Cousin
Couverture et mise en page : KN Conception
Illustrations : Marc Chalvin

À propos des auteurs

Olivier Lockert est hypnothérapeute, formateur et écrivain depuis plus de 25 ans.

Fondateur avec Patricia d'Angeli de l'Hypnose Humaniste, Olivier Lockert dirige avec elle l'Institut Français d'Hypnose Humaniste et Ericksonienne (IFHE). Ses formations font référence en Europe ainsi que dans des pays aussi variés que l'Argentine, le Canada, la Chine, le Maroc, etc.

Olivier Lockert est apprécié pour son expérience pratique et la simplicité avec laquelle il enseigne les concepts les plus difficiles. Il est l'auteur de nombreux ouvrages sur l'Hypnose, accessibles à tous, dont l'ouvrage de référence *Hypnose*, le livre *Métaphores* et la série de romans pédagogiques *Créateurs de réalité*, vendus dans plus de 60 pays.

Patricia d'Angeli est hypnothérapeute, spécialisée en symbologie et psychologie profonde.

Patricia d'Angeli est co-fondatrice de l'Institut Français d'Hypnose Humaniste et Ericksonienne, où elle participe aux formations professionnelles. Elle anime aussi des ateliers de travail sur la relation à soi et aux autres, sur le couple, le travail avec les rêves, etc.

Patricia d'Angeli est appréciée pour sa grande intuition du sens des messages inconscients, pour sa connaissance des projections mythologiques et pour sa compréhension des mécanismes émotionnels. Elle est l'auteure du livre *Psychothérapie*, qui présente son travail sur les blessures fondamentales, l'équilibre de nos facettes féminines et masculines et les passages importants de notre vie.

Sommaire

Sixième partie : La partie des Dix 295

Introduction

L'Hypnose fait peur et attire à la fois.

On réduit souvent l'Hypnose à celle des spectacles, où l'artiste fait croire qu'il a des « super pouvoirs » et qu'il est capable de transformer n'importe qui en marionnette... Bien sûr, tout comme en magie ou au cinéma, l'artiste crée une illusion – c'est son métier et c'est pour cela que certaines personnes aiment assister et même participer à ces spectacles. Pourtant, il ne s'agit là que de la plus petite facette de l'Hypnose : une poignée d'hypnotiseurs de music-hall face à des milliers d'hypnothérapeutes œuvrant au quotidien à aider leur prochain, depuis presque deux cents ans. Car l'Hypnose, depuis son origine, fut développée par des thérapeutes pour leurs patients. C'est d'ailleurs pour l'Hypnose que le professeur de médecine français Hyppolite Bernheim inventa en 1891 le terme « psychothérapie ». C'était, à l'époque : *le soin par la suggestion hypnotique*. Eh oui, à l'origine, la psychothérapie, c'était l'Hypnose !

L'Hypnose a toujours eu pour vocation d'aider. C'est pour cela qu'elle attire, car on sait depuis des siècles qu'elle nous permet d'utiliser efficacement nos ressources profondes – et ainsi de guérir naturellement, de vivre mieux et même, pourquoi pas, d'évoluer en tant que personne. Alors, que diriez-vous de découvrir une nouvelle manière de pratiquer l'Hypnose qui vous permettra de profiter de tous ses avantages... sans ses inconvénients ? Ce livre a pour but de vous présenter cette évolution de l'Hypnose thérapeutique.

L'Hypnose Humaniste n'améliore pas simplement les principes de l'ancienne hypnose : on n'a pas inventé l'électricité en perfectionnant la bougie, n'est-ce pas ? Grâce à un ensemble de principes et de techniques inédites, l'Hypnose Humaniste vous ouvre à un nouveau monde de possibilités !

Ici, personne ne vous endormira : vous atteindrez l'état d'hypnose par *davantage* de conscience, sans que personne n'interfère dans la recherche de votre solution. Vous pourrez ainsi soigner ce qui ne va pas, travailler sur vous, apprendre plus vite, vivre plus agréablement – même déclencher des réactions inconscientes, impossibles à provoquer volontairement, comme une anesthésie par exemple. C'est tout cela qu'offre l'Hypnose et bien plus encore. Et, grâce à l'Hypnose Humaniste, vous agirez en pleine conscience – et plus exactement même : en *état de conscience augmentée*.

L'Hypnose Humaniste est une approche pédagogique. Elle va aider la personne à guérir ou changer *en faisant grandir ce qu'elle est*, profondément si elle le souhaite. Ainsi, elle ira mieux et pourra être elle-même, sans masque ni obstacle. Et lorsqu'on aide une personne à être fidèle à ce qu'elle est, son être profond s'assainit naturellement, tout comme son corps. Pasteur l'expliquait d'ailleurs très bien à la fin de sa vie : « le microbe n'est rien, le terrain est tout ». On pourrait finalement dire qu'en Hypnose Humaniste, la personne renforce son *terrain*, ainsi son corps et son esprit chassent par eux-mêmes les problèmes : ils disparaissent car ils n'ont plus de raison d'être. C'est aussi simple que cela.

Bien sûr, l'Hypnose Humaniste pourra également vous permettre d'arrêter de fumer, de perdre du poids, de traiter une phobie ou encore de travailler sur votre histoire de vie et les facettes blessées de votre Inconscient : qui peut le plus, peut le moins ! Pour cela, vous apprendrez à gommer la cassure psychologique naturelle qui existe entre votre esprit conscient et votre Inconscient. C'est le principe de l'induction hypnotique en ouverture que vous pratiquerez dans ce livre. Le but est d'augmenter votre conscience des choses de ce monde et de vous-même. Le temps d'une expérience d'hypnose, vous ne serez plus autant inconscient qu'à l'ordinaire. Vous serez en *état de conscience augmentée* ! C'est vous qui serez aux commandes, pour vous soigner et améliorer votre existence.

Adieu la perte de contrôle, même thérapeutique ! Le thérapeute ne vous fera rien : il sera juste là pour vous accompagner dans la découverte de votre potentiel. Pas de suggestions cachées, aucune technique d'influence camouflée dans la conversation, pas d'actions subliminales – certes positives mais toujours faites *sur* vous, *de manière péremptoire*. Donc, plus d'erreurs ou de bêtises possibles dues à un travail extérieur, en aveugle, sur votre Inconscient, forcément plus imprécis qu'une action en pleine conscience.

En Hypnose Humaniste, vous gagnerez en conscience de vous-même et votre thérapeute sera là pour vous aider, comme un guide lors d'une randonnée en montagne : il vous apprendra à vous servir de votre esprit pour changer ce que vous voulez, comme vous le voulez, dans la mesure du possible. L'hypnothérapeute humaniste connaît les chemins à parcourir, ainsi que les mécanismes de la guérison – c'est la raison pour laquelle vous aurez besoin de lui – mais ce sera bien à *vous* de marcher et de tracer votre route : vers la santé, une vie plus agréable, de meilleures relations, en amour comme au travail.

Vous avez sans doute déjà tenté beaucoup de choses pour améliorer votre vie et n'avez pas forcément obtenu le succès voulu. Vous savez donc que les efforts conscients et la volonté ne font pas tout... Il faut parfois travailler à la source de vos soucis. Cette source, c'est le « pilote automatique » qui gère pratiquement tout de votre existence : votre Inconscient. Quelque chose en vous le pressent, puisque vous avez acheté ce livre sur l'Hypnose...

Et vous pressentez peut-être aussi que, si quelqu'un d'autre accédait à cette clé en vous, si ce travail se faisait *sur vous*, alors ce ne serait pas aussi profond et efficace que si ce changement se réalisait *avec vous*. Guérir ou améliorer votre vie par vous-même, guidé par quelqu'un qui a déjà fait le chemin, c'est cela, l'Hypnose Humaniste.

À propos de ce livre

En tant que thérapeutes, nous parlerons surtout de l'Hypnose Humaniste dans le cadre de thérapies. Notez tout de même que l'Hypnose Humaniste est aussi très utilisée en coaching, en entreprise, tout comme auprès de sportifs. Nous vous en donnerons le plus d'exemples possible. Les techniques utilisées sont les mêmes, seul le langage est adapté au milieu concerné (commercial, management, cohésion d'équipe, innovation, R&D, pédagogie, domaine militaire ou sportif, etc.). Ainsi, même si nous écrirons souvent « *le thérapeute* fera ceci, cela... », vous pourrez souvent remplacer ces mots par « *le coach* fera... ».

Enfin, ce livre ne peut évidemment pas remplacer une séance personnalisée avec un hypnothérapeute humaniste mais il vous donnera déjà matière à réflexion, des outils pour pratiquer l'auto-hypnose... et pourquoi pas, même, l'envie de devenir hypnothérapeute ou coach humaniste !

Les conventions utilisées dans ce livre

Nous n'avons aucunement l'intention de vous manquer de respect en utilisant un jargon professionnel ou intellectuel, souvent fait pour masquer le peu de teneur concrète d'un livre et vous faire croire que l'auteur en sait plus que vous ! S'il nous arrive d'utiliser un terme compliqué, ce sera faute de trouver une description plus simple et nous vous l'expliquerons aussitôt (ou nous l'aurons expliqué dans les pages précédentes).

Notez que le mot « hypnose » est utilisé à la fois pour désigner la technique : *faire de l'Hypnose* ; et l'état de conscience obtenu grâce à cette technique : *être en état d'hypnose*. Nous mettrons donc une majuscule à la technique, *l'Hypnose*, afin de la différencier de l'état de conscience : *l'hypnose*.

Nous avons suivi le même raisonnement pour *Inconscient* avec une majuscule qui désigne toute l'activité psychique qui n'est pas conscientisée et *inconscient* avec une minuscule qui indique l'état d'être.

Autre particularité : nous parlerons souvent de la Conscience, écrite avec une majuscule. Il s'agira d'une strate de nous-même assez élevée correspondant grosso modo au « vrai Self » du pédopsychiatre et psychanalyste anglais Donald Winnicott ou au « Soi » des jungiens – bien que notre définition dépassera largement ces notions. Retenez pour l'instant que *la* Conscience, au féminin et avec une majuscule, n'a vraiment rien à voir avec *le* conscient, au masculin et tout en minuscules, qui désigne simplement le fait d'être conscient : voir, entendre, ressentir, etc.

Enfin, il n'y a pas de « patients » en Hypnose Humaniste : on parle de « personnes ». De même, les « consultations » sont plutôt appelées des « rencontres »...

Ceci étant dit, vous êtes prêt à lire et pratiquer ce livre !

Quelques présuppositions pour rompre la glace

Laissez-nous deviner... Vous parcourez scrupuleusement ce livre du regard, alors que d'autres auraient joyeusement sauté les premières pages pour se précipiter sur les aspects techniques. Vous devez vraiment avoir à cœur de découvrir et bien comprendre cette Hypnose Humaniste.

Peut-être parce que :

- **Vous ne vous sentez pas bien dans votre vie** et vous espérez trouver (enfin) la solution à vos soucis, ce qui vous permettra de (re)trouver l'harmonie et la paix. Le bonheur.
- **Vous souffrez de quelque chose** qui ne part pas et que personne n'arrive à soigner, alors vous prenez votre destinée en main et recherchez à vous soigner par vous-même.
- **Vous êtes sans emploi ou désirez vous réorienter et** vous aimeriez gagner votre vie en aidant les autres à travers le métier de coach ou de thérapeute. Et l'Hypnose Humaniste vous paraît être une voie d'avenir...
- **Vous êtes attiré par l'Hypnose**, pour une raison ou une autre mais elle vous fait un peu peur et vous espérez avoir « le beurre et l'argent du beurre » avec l'Hypnose Humaniste : les possibilités de l'hypnose sans ses inconvénients.

- **Vous êtes coach ou vous travaillez en entreprise** et vous recherchez un outil de changement efficace. Vous aimeriez bien utiliser l'Hypnose mais le fait d'être obligé de le faire incognito, de manière inconsciente et subliminale vous ennuie. L'Hypnose Humaniste vous permettra de faire ce dont vous avez besoin pour votre travail, officiellement et sans vous cacher.

En fait, l'Hypnose Humaniste offre tellement d'applications possibles que vous ferez bien davantage avec ce livre que vous ne l'imaginez en ce moment. Changer sa façon de voir et de comprendre la vie améliore déjà toute l'existence !

Comment ce livre est organisé

Ce livre est découpé en six parties et quatorze chapitres. Vous trouverez également un sommaire détaillé et un index pour mieux vous déplacer dans cet ouvrage. Voici les grandes lignes de chaque partie.

Première partie : Marcher un pied dans chaque monde

Découvrez ce qu'est l'Hypnose et en quoi elle peut vous être utile. Dans le chapitre 1, vous comprendrez comment fonctionne cette technique et quels sont les points clés de l'Hypnose Humaniste par rapport à ses prédécesseurs. C'est aussi dans cette partie que vous prendrez la mesure des différents états de conscience que vous vivez au quotidien, dont l'état de conscience augmentée qui nous intéresse en Hypnose Humaniste.

Le chapitre 2 se concentre sur ce que vous pouvez mettre en place pour bénéficier au mieux de cet outil thérapeutique : avoir la volonté de changer, se fixer des objectifs clairs et précis, être pro-actif, prendre conscience de soi-même pour mieux agir sur vos pilotes automatiques.

Deuxième partie : Un peu de géographie psychologique

C'est dans cette partie que sont mises en évidence les ressources inexplorées de votre esprit. Elles sont à votre disposition et ne demandent qu'à être exploitées, ce serait dommage de s'en priver !

Commencez donc à jongler avec votre Conscience et votre Inconscient, mais aussi avec votre conscient, votre Matrice et votre Soi idéal pour mieux en tirer parti le moment venu. Ce sont tous des amis qui vous veulent du bien.

Troisième partie : Changer en toute conscience

Nous rentrons ici dans le vif du sujet : que se passe-t-il lors d'une séance d'Hypnose Humaniste ? Tout commence par l'anamnèse, la prise de contact entre la personne qui vient consulter et l'hypnothérapeute. Plusieurs outils sont très utiles pour enrichir ce premier contact. C'est ici que sont développées, par exemple, les inductions hypnotiques humanistes en ouverture, très efficaces pour favoriser l'état de conscience augmentée nécessaire en Hypnose Humaniste.

Pour intégrer ces techniques thérapeutiques, rien de tel que de pratiquer sur vous ! C'est ce que vous propose le chapitre 5 avec ses exercices d'auto-hypnose et le chapitre 6 avec les techniques de la thérapie symbolique.

Quatrième partie : Au cœur de vos émotions

Avec le chapitre 7, nous franchissons un palier supplémentaire en abordant le vaste sujet des blessures intérieures, des archétypes, comme par exemple l'Enfant intérieur, afin de mieux les prendre en charge en thérapie. C'est dans le chapitre 8 que vous trouverez les protocoles les plus adaptés pour prendre soin de chacun, jusqu'à rétablir l'équilibre nécessaire à tout développement personnel et bien-être durables.

Cinquième partie : L'Hypnose Humaniste en pratique

Dans cette partie, nous voulons partager avec vous des retours d'expériences et des informations pragmatiques : quelles sont les problématiques les plus régulièrement rencontrées en consultation, avec quels outils les aborder, quels sont les conseils les plus utiles que nous pouvons vous délivrer. Et aussi comment trouver un bon hypnothérapeute et quel bénéfice aurez-vous à aller plus loin, avec une formation, par exemple.

Sixième partie : La partie des Dix

Cette partie vous permet d'enrichir vos connaissances : une liste de dix questions-réponses vous éclairera sur les idées reçues qui demeurent sur l'Hypnose. Vous en saurez plus également sur les précurseurs de l'Hypnose et la naissance de l'Hypnose Humaniste. Et enfin, pour être dans le bon état d'esprit dès aujourd'hui, vous trouverez dix attitudes à adopter pour développer votre potentiel.

Annexes

En annexes, vous sont proposés quelques tuyaux en plus : des ouvrages pour compléter vos connaissances et des adresses utiles.

Les icônes utilisées dans ce livre

Tout au long du livre, des icônes viendront vous signaler divers éléments intéressants :

Vous aurez ici des expériences à réaliser, pour mieux comprendre le chapitre en cours ou pour développer vos capacités personnelles. Dans l'idéal, vous ferez ces expériences avant de poursuivre votre lecture.

C'est ici que vous lirez les histoires de personnes qui ont guéri ou changé leur vie avec l'Hypnose Humaniste. Ces récits vous montreront que « oui, c'est possible ! » et vous inspireront pour votre propre vie.

Vous indique un point essentiel à comprendre. Heureusement, il est inutile de *tout* comprendre avant de pouvoir pratiquer : rien de mieux que l'expérience, au final. Mais il nous semble important de s'arrêter sur les passages « À savoir ».

C'est la marque d'une notion particulière, très importante à retenir, d'une mise en garde ou d'une technique dont la maîtrise est indispensable.

Comme son nom l'indique, cette icône attirera votre attention sur une astuce ou une remarque qui pourrait vous aider.

Par où commencer ?

Bien sûr, vous pouvez lire ce livre comme il vous plaît !

Maintenant, chaque page de ce livre a été conçue pour vous être utile. Même l'ordre chronologique a son importance. Donc, dans l'idéal, vous lirez et pratiquerez ce livre tranquillement, chapitre après chapitre, en commençant par le début, comme vous êtes en train de le faire en ce moment.

Comprendre ce qu'a de spécial cette hypnose et l'état de conscience particulier que l'on atteint nous permettra d'être sur la même longueur d'ondes ! Bien sûr, si vous préférez l'action immédiate à la prise de conscience : lancez-vous donc de suite dans les inductions hypnotiques en ouverture. Vous aurez toujours le temps de revenir apprendre quelques notions sur la Conscience, les archétypes, etc. quand le besoin s'en fera sentir. Il s'agit de *théorie utile* qui vous permettra d'aller réellement plus loin en Hypnose Humaniste. Votre niveau de pratique dépendra de votre compréhension de ce que vous faites.

Enfin, inutile de vous jeter sur les procédures thérapeutiques avant de savoir atteindre un « état de conscience augmentée ». Sauf à satisfaire votre curiosité, cela ne vous serait pas très utile. Pour *faire de l'Hypnose*, il faut déjà savoir se mettre en état d'hypnose !

Première partie

Marcher un pied dans chaque monde

Dans cette partie...

Cheminez dans le monde passionnant de l'Hypnose et découvrez à quoi elle sert. Les différentes formes d'Hypnoses que vous pourrez rencontrer vous sont présentées : Hypnose classique, ericksonienne ou Humaniste, chacune a ses spécificités et ses champs d'action particuliers.

Puis, apprenez à reconnaître un état d'hypnose afin de vous familiariser avec cet état plus naturel qu'il n'y paraît.

C'est aussi dans cette partie que les bénéfices de l'Hypnose Humaniste sont détaillés pour mettre en lumière les atouts de cette technique particulièrement facile d'accès : elle ne présente aucune contre-indication ni aucun pré-requis.

Chapitre 1

Qu'est-ce que c'est, l'Hypnose ?

Dans ce chapitre :

- Distinguer état de conscience ordinaire et état d'hypnose
- Repérer les signes indicateurs d'un état modifié de conscience
- Discerner les différences entre Hypnoses ericksonienne et Humaniste

L'Hypnose est une pratique thérapeutique : elle consiste à aider des personnes à aller mieux uniquement par le biais de la parole. Le nom actuel n'existe que depuis 1841 mais les humains ont depuis toujours cherché à se soigner ou à améliorer leur vie en utilisant ce qu'ils ont dans la tête.

Traditionnellement, on pratique l'Hypnose de manière accompagnée, avec un hypnothérapeute, mais on peut se mettre en état d'hypnose par soi-même. On parle alors d'auto-hypnose. Vous le faites d'ailleurs déjà sans vous en rendre compte. Par exemple, lorsqu'en marchant dans la rue en mode « automatique », vous « partez » dans vos pensées, semblant soudain être « ailleurs ».

À SAVOIR

Souvenez-vous que le mot « hypnose » a deux sens : l'état *modifié de conscience* et la *technique* qui permet de créer et d'utiliser cet état. Pour ne pas tout mélanger, nous utilisons une majuscule pour parler de *la technique* (Hypnose) et nous laissons le mot en minuscules lorsqu'il s'agit de *l'état modifié de conscience* (hypnose).

Explorer nos différents états de conscience

Un « état de conscience », c'est tout simplement la disposition d'esprit dans laquelle vous vous trouvez. Voici les trois formes habituelles d'états de conscience :

- **Être éveillé** : c'est l'état de conscience qui vous est le plus habituel, lorsque vous êtes « conscient », « normal »... Appelez cela comme vous voulez. Que vous soyez heureux ou malheureux, attentif ou distrait, passionné ou indifférent, c'est votre « état ordinaire de conscience » : la gamme de perceptions, de sensations et d'émotions qui vous est habituelle.
- **Être endormi** : le sommeil est aussi un état de conscience que vous connaissez bien. Inutile de vous expliquer en quoi « dormir » consiste ! Pourtant, il y a des variantes. Vous avez :
  - **Le sommeil profond**, surtout en début de nuit, lorsque vous êtes très fatigué et que votre corps a bien besoin de se reposer.
  - **Le sommeil paradoxal**, un état bizarre dans lequel vous dormez alors que votre cerveau se comporte comme si vous étiez réveillé. C'est dans cet état que l'on fait les rêves les plus marquants.
- **Rêver :** cet état physiologique ne correspond ni à l'état de veille, ni à celui de sommeil ! Lorsque vous rêvez, tout votre cerveau est actif comme si vous étiez éveillé... sauf votre « cortex préfrontal » qui est une des zones importantes qui vous permet d'être conscient. Donc, techniquement, vous ne devriez pas pouvoir vous souvenir de vos rêves, puisque vous êtes endormi et que la zone qui vous permet d'être conscient est physiquement désactivée. Curieux, non ?

Réfléchissez un instant à ce que cela implique et nous en reparlerons plus tard...

Se familiariser avec l'hypnose : un état modifié de conscience

Lorsque vous vivez une gamme inhabituelle de sensations, d'émotions ou de perceptions, vous n'êtes plus dans aucun des trois états de conscience définis ci-dessus. On parle alors simplement d'état *modifié* de conscience. Ainsi, l'hypnose est un « état modifié de conscience ».

Lorsque vous vous endormez, vous passez par un état intermédiaire, entre veille et sommeil : vous n'êtes plus vraiment éveillé mais pas encore endormi. Avec le rêve, c'est l'état qui ressemble le plus à l'hypnose : vous êtes « dans la lune », vous n'êtes plus ici, vous êtes « ailleurs ». Alors, pour expliquer à quelqu'un ce qu'est l'état d'hypnose, on parle souvent de ce moment entre veille et sommeil, on parle des rêves et on peut aussi prendre l'exemple du cinéma : quand vous êtes plongé dans un bon film, vous oubliez où vous êtes et même le monde autour. Vous êtes *ailleurs*. Dans le film… En quelque sorte, vous rêvez les yeux ouverts : vous avez des émotions, votre corps bat au rythme des péripéties de l'histoire. Il est même possible que vous appreniez des choses qui vous seront utiles dans votre vie.

C'est exactement ce qui se passe dans une séance d'hypnose : le thérapeute parle à votre esprit profond (Inconscient). Cela provoque en vous la même chose que le film au cinéma : vous êtes absorbé par ce qui se passe et vous en oubliez le monde autour, vous avez des émotions et, si la séance est bien menée, vous apprenez des choses utiles pour vous. Cela bouge en vous !

À SAVOIR

Comme en rêve, lorsque vous êtes en état d'hypnose, votre esprit conscient est inactif : la zone du cerveau qui vous permet d'être conscient (le « cortex préfrontal ») et aussi celle de l'imagerie mentale (le « précunéus ») sont déconnectées.

C'est bizarre car il vous est forcément déjà arrivé de vous rendre compte que vous rêviez… Et toute personne qui a déjà été en état d'hypnose vous racontera que l'on est presque toujours conscient de ce qui se passe durant la séance.

De plus, en rêve comme en état d'hypnose, on a beaucoup d'imagination. Beaucoup plus qu'à l'ordinaire, d'ailleurs. Mais, si la zone de notre cerveau qui s'occupe de l'imagination est désactivée, d'où nous vient cette créativité ? Et si notre esprit conscient est déconnecté, comment pouvons-nous être conscients de rêver ?

Force est de constater qu'il existe une partie de vous qui ne correspond à aucun *état de conscience* habituellement identifié et qui vous permet d'être conscient, même dans votre sommeil ou en hypnose. Cette facette de vous-même est là, même lorsque votre esprit conscient ordinaire est désactivé – elle décuple votre imaginaire et votre capacité à trouver des solutions.

Nous reviendrons sur ce curieux détail car il est à la base de l'Hypnose Humaniste.

Voilà, vous savez maintenant ce que l'on appelle habituellement « hypnose » : quelqu'un vous parle d'une manière spéciale (ou vous faites un exercice de pensée) et cela vous intériorise. Vous en arrivez à oublier le monde autour ; il se passe alors des choses en vous – vous n'avez qu'à laisser faire. Pour vous, tout se fait tout seul, c'est automatique, même si vous en êtes « conscient » – et, enfin, vous ressortez de l'expérience, vous revenez à votre état ordinaire de conscience.

ATTENTION !

L'hypnose déverrouille vos capacités psychologiques et elle décuple aussi votre sensibilité aux suggestions, des phrases construites pour activer votre esprit profond (l'Inconscient). Quelque chose qui serait resté sans effet se mettra à vous faire du bien lorsque vous êtes en état d'hypnose. Par exemple, lorsque vous avez mal aux dents, vous mettez instinctivement votre main contre votre joue douloureuse. Cela vous calme, émotionnellement mais ça ne change rien à la douleur. Pourtant, le même geste en état d'hypnose sera capable de produire une anesthésie ! Il faudra donc toujours veiller à avoir atteint l'état d'hypnose avant d'utiliser les techniques de ce livre, sinon elles seront moins efficaces.

Savoir reconnaître un état d'hypnose

Vous avez certainement déjà côtoyé des personnes en état d'hypnose sans vous en rendre compte ! Par exemple, pensez à votre état d'esprit durant un long trajet en voiture ou en transport en commun. Pour repérer ces états de « transe commune quotidienne », comme on les appelle, voici quelques indices.

D'abord, si vous le pouvez, observez l'état habituel de la personne : la couleur de son visage, le tonus de son corps, le rythme de sa respiration, de ses clignements d'yeux, ses petits mouvements inconscients, sa déglutition, etc.

Les signes révélateurs d'un état modifié de conscience

En état d'hypnose, par rapport à d'habitude, la personne change :

- Son visage est plus pâle ou plus coloré, plus paisible ou plus tendu.
- Son corps est soit plus tonique, figé en « catalepsie » (comme une statue), soit au contraire en « léthargie » (détendu, relax).
- Sa respiration a augmenté ou au contraire ralenti.
- Ses yeux ne clignent plus ou ils clignent plus longuement, comme au ralenti, ou au contraire à toute vitesse. Peut-être se sont-ils même fermés ?
- Son corps présente davantage de petits mouvements nerveux involontaires.
- Elle ne déglutit plus.
- Il est possible que la personne ait plus froid (vasoconstriction) ou qu'elle éprouve à l'inverse une plus grande chaleur (vasodilatation).

Les « signes de transe » sont parfois spectaculaires mais, la plupart du temps, ils sont subtils et une personne non avertie ne les repèrerait pas. Pourtant, dans cet état particulier, l'esprit de la personne se libère : celle-ci devient plus sensible aux suggestions (venant de l'extérieur) et aux autosuggestions (venant d'elle-même).

Découvrir une nouvelle forme d'hypnose : l'Hypnose Humaniste

Maintenant, imaginez que vous passiez la soirée avec de très bons amis. Vous discutez à bâtons rompus de la vie, d'un projet en commun, de ce qui se passe dans votre quartier ou dans votre pays et des idées que vous avez pour que tout aille encore mieux, ou encore vous débattez d'idées philosophiques, si cela vous intéresse. Bref, vous refaites le monde avec vos amis ! Cela fait comme un tourbillon qui vous emporte : l'air est plus transparent, les couleurs plus vives, plus contrastées. Votre esprit est comme enflammé, il enregistre tout ce qui se passe car cette soirée est passionnante... Le temps est suspendu. L'heure est tardive mais vous ne vous en rendez pas compte, enthousiasmé que vous êtes par la discussion. Vous êtes bien, en pleine forme, ne ressentez aucune fatigue – au contraire vous avez tellement d'idées à partager – beaucoup plus que lorsque vous êtes seul dans votre coin.

C'est un peu comme si tous les cerveaux autour de la table s'étaient connectés en un seul grand esprit, capable de trouver davantage d'idées, de solutions, de possibilités. Tout le monde pétille ! C'est à la fois léger et très dynamique, très agréable.

Voilà la métaphore qui pourrait résumer ce que l'on ressent en *état de conscience augmentée* quand, au lieu de se replier sur soi, absorbé de manière passive comme lorsqu'on est plongé dans un roman, on s'ouvre et on se connecte à la vie autour. C'est comme un *brainstorming* : lorsque plusieurs personnes partagent leurs idées spontanément et qu'il en ressort des solutions qu'aucune d'elles n'aurait pu découvrir séparément.

C'est cela, l'état d'Hypnose Humaniste : c'est très différent de l'état d'hypnose habituel où l'on peut se sentir loin, lourd ou engourdi, et d'où l'on peut revenir un peu pâteux, comme d'avoir fait la sieste trop longtemps en pleine journée... Ici, bien au contraire, on se sent vif et plein d'énergie, on est actif tout du long.

À SAVOIR

En fin de séance d'Hypnose Humaniste, on ne « ressort » pas de cet état, qui est très plaisant, léger et pétillant, parce qu'en fait on n'est « entré » nulle part... Pas besoin de « revenir » quand on est bien présent ! En *état de*

***conscience augmentée*, la personne n'est pas endormie : elle est plus qu'éveillée ! C'est très agréable et on aimerait savourer cette sensation le plus longtemps possible !**

Aux commandes de vous-même

Ainsi, nous voilà avec un état de conscience qui ne correspond ni à la veille, ni au sommeil, ni au rêve, ni à l'état habituel d'hypnose dissociée : « ailleurs », « dans les nuages »... Non, cette fois-ci vous êtes *encore plus conscient* que d'habitude. C'est un « état de conscience augmentée », littéralement.

Les *signes de transe* observables sont les mêmes en Hypnose Humaniste que ceux que nous avons appris précédemment (p. 17) car il s'agit bien d'un état d'hypnose – et il sera possible de produire les mêmes phénomènes hypnotiques : catalepsie, lourdeur, anesthésie, distorsion du temps, régression ou futurisation et bien d'autres choses.

La différence, c'est que la personne en Hypnose Humaniste est davantage consciente. Elle est ainsi capable de prendre les commandes des phénomènes hypnotiques, de les produire et de les utiliser par elle-même, guidée si besoin par l'hypnothérapeute. De plus, elle devient « non-suggestible », ce qui signifie que plus aucune suggestion extérieure ne l'atteint, bonne ou mauvaise : la personne pilote librement son esprit inconscient.

Il s'agit bien d'hypnose, donc d'une modification *passagère* de votre état de conscience ! Ne rêvez pas : l'Hypnose Humaniste ne vous transformera pas d'un coup de baguette magique en grand sage ou en surhomme. Comme les autres formes d'Hypnose, elle vous permettra d'atteindre un état modifié de conscience de manière ponctuelle pendant lequel vous pourrez faire un travail particulier : thérapie, coaching, etc.

Se dépasser grâce à l'état de conscience augmentée

L'Hypnose Humaniste permet donc d'atteindre un état modifié de conscience par *davantage* de conscience plutôt qu'en plongeant dans l'inconscience. Au lieu de replier la personne sur elle-même, par une « restriction du registre sensoriel et cognitif », on l'aidera à dépasser son niveau habituel de conscience. C'est ce qui saturera son mental et la fera basculer en état modifié de conscience. D'ailleurs, cela correspond bien à la définition en latin du mot « transe » : *aller au-delà, porter plus loin, de l'autre côté.*

Pour ou contre la transe ?

L'état de « transe » est habituellement décrit comme un état de séparation corps/esprit, de dédoublement et d'automatismes psychologiques (impression de subir des phénomènes psychiques incontrôlables volontairement). On appelle cela « être dissocié ». De grands noms de la psychothérapie, comme Sigmund Freud ou Carl Gustav Jung, pensaient qu'il ne fallait pas dissocier le corps et l'esprit, l'inconscient de la conscience, que cela n'apportait rien de bon à la personne – bien au contraire.

Voilà pourquoi, en Hypnose Humaniste, on s'affranchit du mental, notre esprit conscient, non pas en le faisant taire, en l'endormant, mais en l'emportant bien au-delà de lui-même, en l'aidant à se dépasser – ce qui, en plus d'être bénéfique, est très pédagogique.

« Pour sauvegarder la stabilité mentale et même la santé physiologique, il faut que la conscience et l'inconscient soient intégralement reliés, afin d'évoluer parallèlement. S'ils sont coupés l'un de l'autre, ou «dissociés», il en résulte des troubles psychologiques. »

Carl Gustav Jung

L'état de « transe » de l'Hypnose Humaniste est un état de reconnexion corps/esprit, d'union avec soi-même et la vie autour. On reprend le contrôle de ses automatismes psychologiques, ce qui permet d'agir en toute autonomie sur différents paramètres psychologiques (stress, compulsions, émotions, etc.) ou même physiques (anesthésies, tensions, bronches, etc.). On appellera cela « être associé ».

L'ancienne Hypnose était dissociante et l'Hypnose Humaniste est associante, elle unifie et reconnecte. Les deux placent la personne *au-delà* de son esprit conscient habituel : l'une en retirant de la conscience, l'autre en ajoutant de la conscience.

Lorsqu'on coupe la communication entre l'esprit conscient et l'Inconscient, comme en hypnose dissociante, la personne aura plus de difficultés à transformer les messages qu'elle aura reçus pendant la séance en ressources réutilisables dans son quotidien. De plus, comme on est inconscient, c'est le thérapeute qui réalise le travail thérapeutique. Vous allez peut-être mieux ensuite mais vous ne pouvez pas forcément tirer les enseignements de la séance pour les reproduire dans votre vie de tous les jours… Si votre souci provenait de votre manière de vivre ou de voir la vie, alors il est possible qu'il revienne.

En Hypnose Humaniste, vous prenez conscience du fonctionnement de votre esprit profond, celui-ci cesse d'être inconscient. Il fonctionne bien sûr toujours tout seul mais vous vous en rendez compte – comme on sait bien que l'on a un cœur qui bat : c'est un mécanisme *automatique* mais pas *inconscient*. Cela vous offre la possibilité de renforcer les mécanismes profonds qui vous plaisent et de modifier ou de supprimer ceux qui vous limitent.

Et, comme vous l'avez sans doute deviné, cette facette de vous qui est toujours là, même lorsque vous rêvez ou que vous êtes en état d'hypnose, *c'est votre plus grande Conscience* : au-delà de l'Inconscient et même de votre esprit conscient habituel.

En Conscience, en plus de guérir, c'est toute la personne qui apprend et grandit.

À quoi sert l'Hypnose ?

Vous avez compris que l'on peut entrer en état d'hypnose par *davantage* de conscience et participer *en pleine conscience* à son changement. Alors, que peut-on vraiment réaliser grâce à l'Hypnose ?

À vrai dire, il serait plus rapide de se demander : « Que ne peut-on pas traiter en Hypnose ? » La réponse est simple : si vous avez un bras cassé, un traumatisme crânien, le cœur qui lâche, si vos intestins se liquéfient, si vous avez attrapé un virus particulièrement virulent ou si encore votre cerveau ne fonctionne plus correctement (AVC, maladie d'Alzheimer, etc.), dans tous les cas où votre problème est uniquement mécanique ou quand vous ne pouvez plus comprendre ce que l'on vous dit, alors l'Hypnose ne peut rien pour vous. Voilà.

Maintenant, une fois que votre bras est plâtré, votre tête bandée, votre cœur apaisé, votre virus ou vos intestins calmés, ou si vous êtes en convalescence de votre AVC, alors oui, maintenant l'Hypnose peut vous aider, en stimulant vos capacités naturelles de guérison, en favorisant la plastiscité de votre cerveau afin qu'il se reconstruise au mieux, etc.

Et, bien sûr, si votre souci est psychologique ou psychosomatique, alors l'Hypnose est l'outil qu'il vous faut. L'Hypnose est la grand-mère de toutes les formes de psychothérapie, comme nous l'avons vu dans l'introduction.

Voici donc une liste non-exhaustive des cas traités en hypnothérapie ou en hypnocoaching, depuis bientôt deux siècles.

Indications de l'Hypnose dissociante (classique, ericksonienne, nouvelle hypnose)[1]

Phobies de toutes sortes, traumatismes : accident, décès, divorce, dépression exogène, anxiété, crises de panique, stress et mal-être, migraines, insomnies, cauchemars, troubles obsessionnels et du comportement, paralysie, cécité, surdité, aphonie, amnésie, dysphagie, tics, hoquet, bégaiement, préparation préopératoire, accouchement sans douleur, dentisterie, analgésie, anesthésie et suites postopératoires ; lutte contre la douleur : chronique, examens médicaux pénibles, cancer, grand brûlé... soutien durant le traitement médical du cancer et autres graves maladies, ichtyose, hémophilie, herpès génital ou labial, leucémie, diabète, vaginisme, frigidité, anorgasmie, dysménorrhée et aménorrhée, impuissance, éjaculation précoce, infertilité, énurésie, coprorésie, rétention urinaire, pollakiurie, excès de poids, onychophagie, boulimie, anorexie, toxicomanie, tabagisme, alcoolisme, maladies de la peau : névrodermite, psoriasis, prurit, verrues, acné, zona, eczéma, urticaire, calvitie... allergies ponctuelles ou chroniques, asthme, hypertension artérielle, problèmes de vue, troubles gastro-intestinaux, problèmes de croissance (taille, seins), syncopes, maladie de Raynaud, hyperhydrose, personnalité fractionnée, procrastination, hypocondrie, manque de confiance en soi, entraînement à la concentration, à la performance : sport, études, examens, réorientation professionnelle ou personnelle, prise de décision importante, dilemme, etc.

1. En complément de l'éventuel traitement médical.

Vous remarquerez que les indications de l'Hypnose dissociante sont plutôt mécaniques ou fonctionnelles.

Indications de l'Hypnose Humaniste[2]

Soutien psychologique des maladies graves, comme le cancer (toujours en complément du traitement médical), les problèmes d'ordre physique à répétition et de cause inexpliquée (céphalée, mal de dos, mycoses, cystite et autres somatisations), les effets du patriarcat (femmes qui se sous-estiment, qui n'ont pas de goût à la vie, qui restent en arrière-plan, derrière leur mari, qui souffrent de non-reconnaissance, etc.), les problèmes d'identité (y compris d'ordre sexuel), les femmes trop « solaires » (coupées de leur féminin) et les hommes trop « lunaires » (coupés de leur masculin), mal-être existentiel, tristesse ou sentiment d'impuissance chronique, sensation d'être dissocié, coupé du corps, de ses émotions et sentiments, excès d'esprit d'analyse, loyautés familiales, rancœur, deuil, être (ou se croire) toujours victime, prisonnier d'une situation, critiqué ou jugé par les autres, timidité, agressivité, colères, hyperactivité, besoin de multiplier les relations affectives sans lendemain, peur de l'abandon, tendances suicidaires, dialogue intérieur négatif dévalorisant, impossibilité de construire un couple ou de maintenir un couple, problèmes de couple, infertilité psychologique, échecs personnels ou professionnels à répétition, sensation d'être transparent, inintéressant, trop grande naïveté, crédulité, pessimisme, sentiment d'injustice, sentiment d'infériorité, dépression endogène, besoin de trouver sa voie, manque de créativité, perte du goût de la vie, excès d'attente par rapport aux autres, besoin excessif d'attirer l'attention, etc.

2. En complément de l'éventuel traitement médical.

Parce qu'elle permet à la personne de comprendre et d'évoluer, qu'elle protège et même renforce son unité intérieure et parce qu'elle touche aux strates profondes de l'Inconscient, l'Hypnose Humaniste ajoute à la déjà longue liste des possibilités de l'Hypnose des indications plus « psy ».

Disposer d'une thérapie brève grâce à l'Hypnose Humaniste

L'Hypnose Humaniste fait partie des thérapies brèves. Par exemple, pour arrêter de fumer comme pour soigner la plupart des « petits bobos » ou améliorer une situation problématique, cela se fera en une à trois séances. Mais si vous vous effondrez en larmes en arrivant, par exemple en raison de souvenirs douloureux de votre enfance ou d'un traumatisme que vous pensiez pourtant avoir digéré, ajoutez quelques séances pour prendre ces aspects-là en compte.

Enfin, si vous portez des problèmes anciens, liés à votre éducation ou à votre histoire de vie, de multiples expériences traumatisantes, des relations désastreuses et que tout cela vous fait somatiser… il vaudra mieux envisager une dizaine de séances ou un peu plus, étalées sur plusieurs mois, afin que vous ayez le temps de soigner vos blessures et de vous déployer en tant que personne.

Dans ce dernier cas, nous sommes dans le domaine de la *psychothérapie* : la personne va guérir parce que tout son être va aller mieux, ce n'est pas uniquement son symptôme qui disparaîtra. C'est parce que son « terrain » sera assaini, réharmonisé, que ses blessures cicatriseront. Les problèmes s'évaporeront d'eux-mêmes quand l'Inconscient ira mieux car plus rien ne nourrira les blessures.

Il n'y a plus qu'à vous lancer !

Chapitre 2

Profiter de l'Hypnose Humaniste !

Dans ce chapitre :

- Prendre conscience de soi-même
- Agir sur ses pilotes automatiques
- Faire ses premiers pas en Hypnose Humaniste
- S'appuyer sur les points forts de l'Hypnose Humaniste

ATTENTION !

L'entraide amicale est une chose à encourager. Maintenant, pour faire de la thérapie son métier et savoir répondre au plus grand nombre, il est indispensable d'acquérir une bonne connaissance de la psychologie, des techniques de psychothérapie, d'avoir travaillé sur soi, etc. Et donc, il est important de s'adresser à un spécialiste si l'on est en souffrance ou de se former si l'on souhaite accompagner autrui.

Comment profiter au mieux de la thérapie en Hypnose Humaniste ?

Tout le monde peut bénéficier de l'Hypnose Humaniste. Contrairement à l'hypnose habituelle, il n'y a aucun pré-requis à avoir.

- **L'Hypnose dissociante demande à savoir lâcher prise**, se laisser aller, accepter qu'une tierce personne agisse sur notre Inconscient… Bien sûr, *pas de souci avec cela en Hypnose Humaniste*, puisque c'est la personne qui tiendra les commandes d'elle-même, en *état de conscience augmentée*.

- **L'Hypnose dissociante est contre-indiquée aux personnes présentant une personnalité limite** (tendance psychotique) en raison du risque de décompensation lié aux inductions hypnotiques conçues pour « couper la personne en deux ». *L'Hypnose Humaniste ne présente en revanche pas ce risque* car elle ne dissocie pas et aide même la personne à reconstruire son unité intérieure.

Des gens très rationnels utilisent l'hypnose, pour eux ou pour leur métier. Les plus cartésiens préfèreront l'Hypnose Humaniste justement car elle ne leur demandera pas de « perdre le contrôle » et elle les aidera à s'ouvrir à leur facette créative.

Bien sûr, les artistes, les intuitifs, ceux qui ont la tête dans les étoiles font aussi de l'hypnose… et, ici, l'approche humaniste les aide à se tenir bien enracinés – là où l'ancienne hypnose aurait amplifié leur tendance à fuir dans un monde imaginaire.

Nous utilisons l'Hypnose Humaniste depuis plus d'un quart de siècle pour aider les personnes que la vie nous amène : pour perdre du poids, arrêter de fumer, décoincer un souci d'ordre sexuel, aider des enfants à supporter le divorce de leurs parents (et aider les parents eux-mêmes), trouver sa voie dans la vie, cesser d'être trop timide, faire un deuil, devenir un meilleur cadre ou un dirigeant d'entreprise respecté, etc. Donc, oui : tout le monde peut bénéficier de l'Hypnose Humaniste !

Participer à changer sa vie !

Attention, tout de même : une thérapie, cela ne se fait pas tout seul – surtout en Hypnose Humaniste où, en échange de votre pleine autonomie, vous acceptez une part de travail.

Lorsqu'une personne parvient à sublimer une enfance horrible ou qu'une autre surmonte une maladie grave, il faut bien garder en tête qu'il s'agit à chaque fois de personnes *résolument décidées à changer* ! Elles se sont investies à 100 % et aucun « avantage » (même caché ou indirect) dans leur situation ne les retenait de guérir ou de faire évoluer leur vie.

Beaucoup de gens sont tiraillés entre l'attirance pour l'hypnose, cette technique qui paraît presque magique et qui promet un changement facile et la crainte d'avoir à lâcher prise, se laisser aller, plonger peut-être aussi dans l'inconscience. Bien que l'on garde souvent la conscience de ce qui se passe en hypnose dissociée (celle qui met dans l'Inconscient), comme lorsque l'on rêve, cela peut tout de même faire un peu peur – et cela se comprend !

Quand on prend enfin son courage à deux mains pour « faire de l'Hypnose », on pourrait s'attendre à n'avoir rien à faire, juste se laisser porter, s'endormir et se réveiller guéri… En hypnose dissociée, ce sera parfois possible, pour des problèmes purement mécaniques mais il faudra tout de même discuter un moment avec l'hypnothérapeute afin de mettre en place les ingrédients nécessaires à la réussite de l'intervention hypnotique.

En Hypnose Humaniste, on retrouve cette phase de discussion et même d'explications – à la différence qu'ensuite il n'y aura aucune perte de conscience, puisque *c'est la personne qui interviendra directement sur elle-même*, en conscience, guidée par l'hypnothérapeute.

L'Hypnose dissociée débloque les rouages grippés de l'Inconscient, ce qui est déjà formidable, mais elle n'en change pas la disposition ou la teneur. Retournez voir la liste des indications de l'ancienne Hypnose, page 22… Si vous avez un ulcère à l'estomac ou une phobie, quelques séances d'Hypnose régleront cela. Mais vous serez toujours la même personne, avec les mêmes sensibilités, les mêmes zones de fragilité émotionnelle. Il est donc possible que, plus tard, à cause d'un autre stress, le même genre de souci revienne – tout simplement parce que les événements de la vie appuieront à nouveau sur votre « zone sensible ».

Bien heureusement, la majorité des gens ne refera jamais une autre phobie ou un autre ulcère, une fois le premier soigné… Toutefois, la « zone sensible » sera toujours là.

Du point de vue de l'Hypnose Humaniste, la personne n'est pas vraiment guérie : elle n'a plus son symptôme mais la fragilité est toujours là. Elle a été soignée mais elle n'est pas guérie, au sens noble du terme. Il y a là une différence essentielle.

L'Hypnose Humaniste vous offre d'intervenir en conscience, avec plus de liberté et de sécurité – et donc d'efficacité. Elle va beaucoup plus loin, en « nettoyant » les strates profondes de l'Inconscient.

En Hypnose Humaniste, c'est la personne qui donne les ingrédients, en racontant ce qu'elle découvre de son Inconscient et c'est elle qui choisit ce qu'elle ressent le mieux pour traiter ses blessures émotionnelles. Tout est vraiment fait sur-mesure. Résultat : c'est parce que la personne vient d'évoluer, de s'améliorer profondément que son « terrain » n'est plus propice aux symptômes et que ceux-ci disparaissent, comme un virus chassé par un système immunitaire fort. *La personne ayant changé en profondeur, il n'y a normalement pas de risque de rechute.*

À SAVOIR

C'est la différence entre la *thérapie* (soigner une personne sans faire évoluer ce qu'elle est) et la *psychothérapie* (aider une personne à guérir et à grandir). Vous le comprendrez en pratique, lorsque nous apprendrons les techniques de soin.

Votre désir de changer est le moteur de l'induction hypnotique. C'est ce qui permet d'intervenir davantage en profondeur, même sur des problèmes simples. Si vous vous laissiez juste faire, « pour voir si ça marche », *sans objectif précis ni but à atteindre, sans motivation, en attendant que cela soit fini : il ne se passerait rien du tout !* Vous n'entreriez peut-être même pas en état d'hypnose…

Prendre conscience de soi-même

Les médecins qui étudient les troubles psychosomatiques (les problèmes physiques qui viennent d'une cause psychologique) expliquent souvent que la base de tous les soucis est que « le muscle de l'imagination est ankylosé » ! Eh oui ! Si l'Inconscient de la personne ou ses émotions ne peuvent pas s'exprimer, sous forme d'idées noires, d'angoisses, de mauvais rêves ou autre, que peut-il se passer d'autre ? Tout reste bloqué à l'intérieur… et à un moment ou un autre, cela « sort » !

C'est ce que l'on appelle *somatiser*. Le corps fabrique un symptôme parce qu'il y a quelque chose qui va mal et qui est coincé dedans : stress, émotions refoulées, frustrations accumulées, choc traumatique, etc. C'est la raison pour laquelle les psychothérapeutes recherchent dans vos émotions les éventuelles causes de vos problèmes, même physiques.

À SAVOIR

Si vous avez *l'habitude de vous servir de votre esprit*, celui-ci aura une souplesse qui vous permettra de guérir plus vite et plus facilement que la moyenne : la thérapie sera efficace plus rapidement et, du coup, elle nécessitera moins de séances.

À SAVOIR

Des psychiatres ont remarqué que leurs patients psychotiques, hospitalisés toute l'année, n'avaient que très rarement des maladies type cancer. Certains en ont conclu que cela venait du fait que ces personnes extériorisent en permanence toutes leurs émotions. Cela les rend inadaptés à la vie en société, bien sûr, mais cela les protège ! À vous de trouver le bon équilibre : *exprimez ce qui coince avant que votre corps ne le fasse* !

ANECDOTE

À titre d'exemple… Je reçois en consultation une femme qui me raconte avoir déjà contacté son Inconscient durant ses rêves. Elle me raconte que, dans les dernières heures de la nuit, elle parvient à « se réveiller sans se réveiller ». Elle n'est plus endormie mais pas réveillée non plus : juste entre les deux, comme nous en parlions page 15. Ayant alors conscience des élucubrations de son Inconscient, elle peut agir dessus. La dernière fois, me dit-elle, c'était pour un torticolis survenu juste après qu'elle ait aidé ses parents à déménager, la veille d'un important rendez-vous de travail. Comme c'est symbolique ! Le passé qui se retire et l'avenir droit devant… Mais son Inconscient n'avait pas envie d'avancer, alors il tourna la tête vers l'arrière et la bloqua dans cette position !

La dame m'expliqua avec le sourire qu'elle ne pouvait plus aller à son entretien professionnel : elle n'aurait pas pu regarder ses interlocuteurs en face !… Sacré Inconscient.

Dans la nuit, en demi-sommeil, elle reprit contact, avec son Inconscient et fit le nécessaire pour être en pleine forme le lendemain. Et, au réveil, le torticolis avait disparu !

Voilà un bel exemple d'intervention « en conscience ». On ne peut plus vraiment nommer *Inconscient* cette part de nous, dès lors que l'on est capable d'en prendre conscience et d'interagir avec elle. C'est pourquoi, en Hypnose Humaniste, on la nomme « Automate » ou « Pilote automatique ».

Quand je fis la rencontre de cette personne, bien qu'elle ait eu un passé rempli d'événements tous plus terribles les uns que les autres, je savais que la séance serait belle et efficace. Ce qui fut effectivement le cas. D'un point de vue extérieur, réussir à apaiser son existence en une seule séance semblerait impossible. En réalité, c'est le résultat d'un état d'esprit, d'une « capacité de conscience ».

Tout est plus facile quand on peut agir en conscience sur son être global ! L'Hypnose Humaniste vous y aidera, par ce livre ou, si vous le souhaitez, avec l'aide d'un hypnothérapeute humaniste.

La base de l'approche humaniste est la « reconnexion », avec soi-même comme avec les autres. Le minimum, quand on en a besoin, est donc de se faire aider – au lieu d'essayer de changer tout seul dans son coin. Et, le jour où tout le monde s'entraidera, les thérapeutes auront moins de travail !

Être curieux de la vie

Le pessimisme, la psychorigidité ou le matérialisme à outrance n'ont jamais fait avancer les choses… *L'ouverture d'esprit est favorable à toutes choses* de l'existence, surtout quand il s'agit de suivre une thérapie, moment propice aux découvertes sur soi-même, avec toute l'honnêteté que cela peut demander (pour trouver comme pour accepter les choses). Le fait que vous teniez ce livre entre vos mains montre déjà votre ouverture d'esprit. Le plus important est déjà acquis !

EN RÉSUMÉ

Tout le monde peut bénéficier de l'Hypnose Humaniste !

Et pour que cela fonctionne encore mieux :

- Soyez impliqué à 100 %, sans arrière-pensée.
- Fixez-vous des objectifs précis et concrets.
- Participez activement à la thérapie (ou au coaching).
- Cherchez à prendre conscience de ce qui coince.
- Attendez-vous à faire évoluer votre vie : c'est ça, la guérison.
- Exercez le muscle de votre imagination : travaillez votre esprit.
- Exprimez ce qui coince avant que votre corps ne le fasse.
- Gardez l'esprit ouvert aux solutions simples ou inattendues.

Les points clés de l'Hypnose Humaniste

Un des points clés de l'Hypnose Humaniste, c'est qu'*il n'y a aucun langage technique*, spécial, subliminal ou autre. La raison en est simple : ce type de langage est fait pour permettre à l'hypnothérapeute d'activer les mécanismes inconscients d'une personne sans qu'elle le sache, celle-ci étant comme « endormie » au préalable (plongée dans l'Inconscient, mise en état dissocié).

Hors de question, donc, d'activer l'Inconscient de la personne, avec ou sans son consentement. Cela aurait pour effet de diminuer son niveau de conscience – et c'est d'ailleurs ainsi que l'on procède à une induction hypnotique en Hypnose dissociante (classique, ericksonienne, etc.). Nous en reparlerons plus tard (pages 33-34) : c'est un peu comme une balance, si on appuie du côté de l'Inconscient, la personne devient inconsciente. En revanche, si on appuie du côté de la conscience, la personne passe en *conscience augmentée* – on peut dire aussi « en Conscience », avec une majuscule.

C'EST À VOUS

Faisons une petite expérience !

Fermez les yeux et fixez un point situé au bout de votre nez, ou juste 2-3 cm devant... Appuyez mentalement sur ce point imaginaire, en esprit, par exemple à chaque expiration... Laissez l'air s'échapper doucement de vos poumons... bouche fermée... la langue collée au palais... et fixez bien, intensément, le point qui est juste devant votre nez... Sentez que la tête commence à pencher en avant... Laissez-la faire... Inspirez légèrement... et continuez de vous sentir plongé en avant à chaque souffle...

Cela peut faire un effet « bizarre » dans les yeux, qui peuvent même trembloter, comme s'ils étaient plus tendus que d'habitude. Tout semble devenir plus sombre. Il peut y avoir des petits flashs derrière les paupières... On peut presque sentir comme si tout notre corps se repliait sur nous. C'est parce que vous êtes en train de plonger en état d'hypnose, doucement.

Si vous continuez, yeux fermés, regard bien fixé juste devant vous, avec la tête qui va finir par être penchée sur votre poitrine, vous pourriez même oublier le monde autour... absorbé en vous, pendant plusieurs minutes ou dizaines de minutes.

Vous êtes en « repli sur vous », séparé du monde autour. On dirait « ailleurs » ou « dans les nuages », dans vos pensées, absorbé par votre ressenti physique aussi, peut-être. En jargon, on appelle cela « être dissocié ». C'est l'état d'hypnose que l'on connaissait jusqu'à présent.

Maintenant, rouvrez les yeux et reprenez vos esprits. Réorientez-vous bien « ici et maintenant » et faites une petite pause. Quand vous êtes prêt, recommençons différemment :

Fermez les yeux à nouveau et laissez votre regard aller vers le lointain, droit devant vous mais aussi comme si vous pouviez voir ou sentir ce qui se passe sur les côtés – et même, pourquoi pas, derrière vous. Déjà, votre esprit s'ouvre, comme les ailes d'un oiseau. Cela ne fait plus du tout la même sensation que dans la première expérience !

Plutôt que d'appuyer mentalement sur votre expiration : imaginez (ou ressentez) des ailes qui s'ouvrent autour de vous à chaque inspiration... Remarquez que votre regard intérieur a tendance à partir vers le haut et que la luminosité derrière vos paupières semble augmenter. Votre corps lui-même s'est peut-être même redressé. Vos épaules ne se courbent pas en avant, bien au contraire, elles s'ouvrent. Votre respiration se fait plus légère, non pas en amplitude mais en sensation.

Maintenant, prenez conscience d'une chose : lorsque vous aviez les yeux ouverts, votre vision du monde était restreinte à ce que vous voyiez – par exemple, les quatre murs de la pièce (si vous êtes à l'intérieur). Mais, où

...

C'EST À VOUS

Faisons une petite expérience ! (suite)

sont-ils, désormais, les murs, alors que vous avez fermé les paupières ?... Les percevez-vous encore ? Il y a de grandes chances que non ! Car, ce qui est curieux, c'est que lorsque vous fermez les paupières, toutes les frontières s'évanouissent. Vous avez tout à coup accès à un monde sans limite... Prenez juste conscience de cela et explorez les sensations que cela vous fait... Même au niveau physique, cela peut donner l'impression que la tête (ou tout votre corps) s'est ouverte comme une fleur. Vous pouvez à la fois vous sentir bien présent et, en même temps, comme si votre esprit rayonnait partout autour de vous.

Et voilà, nul besoin de « revenir » ou de « sortir de transe » lorsque vous êtes en ouverture de conscience car vous vous sentez bien et léger, votre esprit fonctionne rapidement, votre intuition est ouverte, sans limitation mentale. C'est facile et agréable. Rouvrez les yeux et profitez de la vie !

Aussi curieux que cela puisse vous paraître, en état modifié de conscience, un thérapeute expérimenté pourrait vous faire une anesthésie après une ou deux minutes d'induction hypnotique, comme celle ci-dessus. C'est très rapide – et pourtant, l'état atteint vous a peut-être paru « trop léger » ou « insuffisant ». Détrompez-vous ! Nous faisons la démonstration de telles anesthésies à longueur d'année, sur de nombreux volontaires, souvent même sceptiques. Cela fonctionne très bien et l'induction n'est pas plus compliquée ni plus longue que ce que vous venez d'expérimenter. Il faut juste savoir guider la personne.

Et voilà un deuxième point fort de l'état d'hypnose humaniste : *il est thérapeutique en lui-même* ! Lorsque nous montrons comment réaliser une anesthésie hypnotique avec les techniques traditionnelles (classique, ericksonienne), tout tient au langage. Si nous mettons la personne en état d'hypnose, sans suggestion et que nous lui faisons mal, elle ressentira bien la douleur ! Pour que l'anesthésie fonctionne, il faut que nous lui donnions des « suggestions hypnotiques ». Et, comme nous le montrons à chaque fois dans nos démonstrations, si nous nous trompons, si nous faisons une erreur de mots (volontaire, pour la démonstration), alors la douleur revient aussitôt, bien que le patient n'ait aucune idée de la raison pour laquelle l'anesthésie ne fonctionne plus..

De même, en hypnose dissociée, si le patient entend quelqu'un d'autre dire une phrase comme : « aïe, cela doit faire vraiment très mal !! », alors bien sûr, la douleur augmentera de plus belle, par effet de suggestion.

Eh bien, *en Hypnose Humaniste, on est protégé de tout cela* car la personne n'est pas suggestible ! En démonstration, lorsque nous nous trompons volontairement – et même si nous lui envoyons de vraies suggestions de douleur : il ne se passe rien !! L'anesthésie reste envers et contre tout… car c'est la personne qui en a le contrôle, pas le thérapeute !

Plus fort encore : il n'y a besoin d'aucune suggestion pour produire l'anesthésie, l'induction d'Hypnose Humaniste suffit ! La personne est guidée en ouverture de conscience, puis on la pince très fort. C'est tout. Et elle ne ressent rien. Son corps (et son esprit) s'auto-protègent ! La personne est associée *et* anesthésié. Les vieux routards de l'hypnose savent très bien que cela devrait être impossible… Il y a donc bien quelque chose de vraiment spécial dans *l'état de conscience augmentée* !

L'induction hypnotique humaniste est une reconnexion à la vie tout autour. Cela rend la personne plus forte, plus vivante et vibrante. Par exemple, un jour, un de mes élèves a simplement lu une induction humaniste toute faite (un exemple de cours) à sa femme qui était en train d'accoucher – et cela a suffi pour que le bébé arrive en quelques heures, avec facilité et sans douleur ! Ce monsieur ne savait pas encore faire les anesthésies hypnotiques, alors il a juste lu une feuille de cours. Sa femme s'est reconnectée en Conscience… et Dame Nature a fait le reste !

ATTENTION !

Puisqu'il n'y a pas de langage hypnotique en Hypnose Humaniste, les hypnothérapeutes expérimentés doivent être attentifs à leurs automatismes afin de ne *pas* faire de phrases hypnotiques. D'abord, cela freinerait l'expansion de conscience (en appuyant sur l'Inconscient) et cela pourrait en plus déplaire à la personne qui, grâce à *l'état de conscience augmentée*, se rendrait compte de ce qu'on lui fait !

Nous venons de découvrir que *l'état de conscience augmentée* était bénéfique par lui-même. Il n'y a donc pas de « techniques thérapeutiques » en Hypnose Humaniste ?

Bien sûr que si ! Vous découvrirez plus loin dans le livre de nombreuses procédures adaptées à telle ou telle situation, pour atteindre tel ou tel objectif, etc.

À SAVOIR

Le point fort des techniques humanistes est qu'elles sont simples et symboliques. En fait, les structures thérapeutiques humanistes ressemblent à des rêves, afin de se calquer au langage habituel de l'Inconscient. Il n'y aura pas forcément besoin que la personne nous raconte sa vie – car elle sera contenue dans les symboles qui émergeront pendant la séance d'Hypnose. Ainsi, si vous êtes en situation de coaching, l'intervention pourra rester discrète (notamment si cela concerne la vie privée).

En travaillant la symbolique, les « rouages » de l'Inconscient se révéleront d'eux-mêmes, permettant la prise en charge et le soin des blessures profondes. L'intervention prendra en compte bien plus de choses que ce dont peut être consciente la personne et cela sans émotions négatives inutiles, donc sans résistance.

En coaching, *l'hypnocoach n'aura donc pas à camoufler ses techniques* : c'est la personne qui agira sur elle-même – donc, elle se rendra bien compte de ce qui se passe ! Comme l'intervention sera symbolique (comme une métaphore), elle ne comprendra pas forcément ce qu'elle fait – mais rien ne la retiendra d'exprimer ce qu'elle ressent et ce qu'elle découvre en elle : un symbole n'a rien de concret !

On n'expliquera la symbolique que lorsque ce sera utile (surtout en thérapie). En coaching, la personne pourra travailler sur elle, en toute discrétion et pourtant profondément.

En Hypnose dissociée, comme souvent en thérapie, quand une personne n'accepte pas de se laisser faire, on la qualifie de « résistante ». Pourtant, elle peut être de très bonne volonté : elle n'arrive simplement pas à lâcher-prise, pour diverses raisons (peur, sensibilité émotionnelle, blessures intérieures, etc.). C'est bien entendu aussi ennuyeux pour l'hypnothérapeute qui ne peut accompagner la personne comme il le souhaite que décevant et décourageant pour celle qui se met involontairement à nouveau en situation d'échec.

ASTUCE

L'Hypnose Humaniste propose une solution adaptée : expliquez à la personne qui « bloque » qu'elle a tout à fait raison de vouloir garder la conscience et l'esprit logique qu'elle a durement acquis, que cela la protège, qu'il serait un comble pour l'aider à avancer dans sa vie qu'on tente de l'endormir. Ce serait comme régresser, revenir en arrière. *Les personnes qui n'arrivent pas à se laisser aller adorent l'Hypnose Humaniste* car elles peuvent enfin profiter comme les autres des bénéfices de l'Hypnose, tout en gardant le contrôle !

Et encore une fois, pour tous, le bénéfice thérapeutique sera toujours plus important si c'est la personne elle-même qui en a été l'actrice principale, qui a gardé son pouvoir au lieu de le confier au thérapeute.

ASTUCE

Il est également possible d'utiliser les techniques hypnotiques ordinaires en mode humaniste (nous apprendrons à le faire), tout comme d'importer des techniques humanistes dans une séance d'hypnose classique, où c'est le thérapeute qui agit sur la personne (hypnose dissociée). Ce ne serait alors plus de l'Hypnose Humaniste mais ce que l'on appelle de la *Nouvelle Hypnose*, une approche intégrative habituellement pratiquée avec de la PNL[1] mais certains y joignent aussi de l'EMDR[2] ou de l'EFT[3] – donc, pourquoi pas des techniques humanistes. Toutes les idées sont bonnes à prendre !

Bref, vous aurez compris pourquoi *on ne rencontre jamais de résistance en Hypnose Humaniste*. Il est bien compréhensible qu'une personne qui a souffert dans sa vie soit prudente face à un thérapeute qu'elle ne connaît pas et qui va remuer les épines qui la blessent ! L'hypnothérapeute humaniste peut annoncer sans mentir qu'il ne touchera à rien – c'est vrai

1. Programmation neuro-linguistique : ensemble de techniques de communication mise au point en 1972 par les Américains Bandler et Grinder et aidant à développer des comportements de réussite.
2. *Eye movement desensitization and reprocessing* : technique mise au point à la fin des années 1980 par la psychologue américaine Francine Schapiro, qui permet de traiter les émotions négatives liées à un traumatisme grâce au mouvement oculaire.
3. *Emotional freedom technique* : technique mise au point par l'Américain Gary Craig, qui permet en tapotant des points d'acupuncture de se libérer de douleurs physiques et émotionnelles.

puisque c'est la personne qui fera, sur elle, ce qui lui semble le meilleur, à sa façon et quand elle le sentira possible, seulement guidée par les propositions du thérapeute.

Conclusion, que vous aimiez intervenir en *coaching* ou plutôt en *thérapie*, pour régler un problème en quelques séances – ou que vous préfériez prendre sous votre aile des personnes blessées par la vie, pour des accompagnements type *psychothérapie* : vous trouverez votre bonheur dans les techniques d'Hypnose Humaniste. Et cela vaut bien sûr aussi si vous cherchez ce type d'aide !

EN RÉSUMÉ

L'essentiel pour pratiquer l'Hypnose Humaniste, c'est que la vision de la vie qu'elle propose vous plaise !

Et voilà ce qui vous aidera :

- Il n'y a aucun langage spécial à apprendre.
- L'état d'hypnose humaniste est thérapeutique en lui-même.
- Les techniques humanistes sont simples, pour toucher facilement au cœur.
- Les techniques humanistes sont symboliques, donc discrètes.
- Pas besoin d'agir de manière clandestine, vous direz toujours ce que vous faites.
- L'Hypnose Humaniste plaît aux gens qui aiment garder le contrôle.
- On ne rencontre jamais de résistance en Hypnose Humaniste.
- L'Hypnose Humaniste est aussi à l'aise en thérapie, psychothérapie et coaching.

Deuxième partie

Un peu de géographie psychologique

Dans cette partie...

Après avoir lu cette partie, vous n'utiliserez plus jamais votre cerveau comme avant ! Pour pratiquer l'Hypnose Humaniste, une meilleure compréhension de toutes les facettes de votre esprit est nécessaire car c'est ce qui va permettre de décupler vos possibilités.

Alors, redécouvrez la richesse de votre Conscience qui peut guérir vos blessures, développez votre capacité à être en conscience, faites connaissance avec votre pilote automatique (votre Inconscient) et intégrez les éléments complémentaires que sont votre esprit conscient, la Matrice et le Soi idéal.

Riche de cette nouvelle mappemonde, vous saurez vous diriger aisément sur les sentiers de l'Hypnose Humaniste comme dans ses principes fondateurs.

Chapitre 3

Tout un univers en soi

Dans ce chapitre :

- Appréhender les ressources inexplorées de sa Conscience
- Découvrir ce qui se cache dans son Inconscient et comment il fonctionne
- Réaliser que l'Inconscient est un pilote beaucoup plus présent dans la vie quotidienne qu'il n'y paraît

Deux choses plaisent beaucoup en Hypnose Humaniste : d'abord, le fait de pouvoir aider son prochain ou s'aider soi-même simplement et avec empathie… Et ensuite, l'apport philosophique de cette technique, qui permet à chacun de mieux comprendre le fonctionnement de la vie et de l'être humain.

Apprendre permet d'enrichir ses connaissances, un trésor qui ne s'épuise jamais et par-là même de gagner en conscience, de soi, des autres et du monde, pour vivre mieux et de façon plus confortable.

Quand vous saurez qu'en Physique, ce que l'on appelle « information » est la brique constitutive de toute chose créée, vous prendrez la réelle mesure de ce qu'est cette « connaissance : conscience » !

Un savoir utile au quotidien

Rassurez-vous, loin de nous l'idée de vous ennuyer avec des concepts inutiles !

À SAVOIR

Les philosophes de la Grèce antique sont une de nos sources d'inspiration principales. Tous essaient de mieux comprendre le fonctionnement de la vie. Le célèbre physicien David Bohm raconte : « Je n'ai jamais été capable de voir une séparation entre la science et la philosophie. D'ailleurs, dans des temps plus reculés, on parlait de *philosophie naturelle* et cette expression correspond parfaitement à la façon dont je perçois toute cette discipline. » Et c'est bien cette philosophie naturelle qui nous intéresse, en bons humanistes.

L'Hypnose Humaniste, comme l'aviation, s'appuie sur un élément invisible. L'air permet aux plus lourds aéronefs de prendre leur envol – et c'est la Conscience qui offre son appui aux hypnothérapeutes humanistes et à leurs patients.

Nous allons donc explorer ce monde de l'esprit, à la fois intangible et pourtant fondement de notre existence concrète ! Une meilleure compréhension de ce qu'est la Conscience vous aidera à agir avec conviction, non pas avec des théories, imaginaires ou espérées, mais en vous appuyant sur des faits. Vous pourrez alors décider en bonne intelligence des meilleures choses pour vous et pour ceux que vous voudrez accompagner.

Le début du voyage

Comme dans toute technique de soin (thérapie) ou de changement (coaching) qui n'utilise que les mots, les pensées, en Hypnose Humaniste c'est bien votre esprit qui agira. Alors, il serait peut-être judicieux que vous découvriez ce qu'est exactement votre esprit et ce dont vous serez potentiellement capable, quand vous saurez vraiment vous en servir.

Ce que l'on appelle « l'esprit » est sans doute plus vaste que ce que vous imaginez. Partons donc ensemble à la découverte de nos différentes facettes, telles qu'on les perçoit en Hypnose Humaniste. Nous allons vous parler de l'Inconscient, bien sûr, et du rôle de votre esprit conscient, ainsi que de divers autres mécanismes psychologiques. Plus tard, vous découvrirez d'autres notions avancées sur l'Inconscient, les archétypes, les différentes blessures intérieures et leur rôle.

En attendant, commençons par la source de toute chose : la Conscience. Ce sera notre base principale.

Identifiez votre Conscience majuscule

On pourrait aussi l'appeler « la Vie ». La notion peut paraître abstraite, plus théorique que pratique. Nous aimerions donc vous montrer que la Conscience n'est pas si impalpable que cela. En réalité, c'est même la chose la plus concrète qui existe ! On peut en mesurer la présence, la charge, en déduire la teneur à chaque instant.

Vous avez compris qu'en Hypnose Humaniste, l'on cherchait à atteindre un *état de conscience augmentée*. Vous avez aussi compris qu'il s'agissait de cette forme de conscience que vous conservez même pendant votre sommeil ou durant les transes hypnotiques. Cette Conscience majuscule, c'est votre *vrai vous*, celui auquel vous vous identifiez lorsque vous pensez en termes de « Je suis », en « Moi ».

Qu'est-ce que c'est, la Conscience ?

D'abord, il faut distinguer LE conscient (au masculin) qui est *le résultat* de votre perception avec vos cinq sens et LA Conscience (au féminin et avec une majuscule) qui est *l'être* qui perçoit. Lorsque *vous* êtes conscient, la Conscience est le « vous » qui perçoit.

Un chercheur en neurologie vous expliquerait qu'il y a une immense différence entre la perception (détecter un signal) et la conscience de ce signal. Si on appuyait sur une zone précise de votre cerveau, *vous* pourriez soit entendre de la musique, soit avoir des visions, soit ressentir des choses dans votre corps.

Avez-vous bien saisi ce que cela implique ? Il ne nous servirait à rien d'avoir des yeux pour voir, des oreilles pour entendre, etc. *s'il n'y avait personne pour profiter de ces perceptions* ! Ce serait comme un ordinateur équipé d'une caméra et d'un micro… mais dont personne ne se sert !

Si on appuie sur les boutons de la machine, elle réagit et « vous » vous en rendez compte ! Par exemple, si on stimule la zone de votre cerveau qui provoque des picotements au bout des doigts, vous ne ressentirez rien au niveau de votre cerveau mais vos doigts se mettront à picoter… Eh bien, sans « vous », un scientifique qui ferait cette expérience ne pourrait jamais savoir à quoi correspond ce qu'il stimule dans le cerveau : il a besoin de « vous » pour lui dire ce qui se passe. Et ce « vous » n'est pas localisable dans votre cerveau. Il ne correspond à aucun mécanisme neuronal.

Rien dans votre cerveau n'explique ce « vous » qui perçoit. Car ce « vous », c'est votre Conscience.

Si on casse la caméra, « vous » devenez aveugle (mais « vous » êtes toujours là). Si on vous assomme, « vous » ne percevez plus rien, la machine est éteinte… mais cela ne signifie pas que « vous » n'existez plus ! Il est logiquement (et scientifiquement) faux d'affirmer que telle ou telle zone de votre cerveau est responsable du fait que vous soyez conscient. Par exemple, si votre cœur s'arrêtait, vous perdriez connaissance… Est-ce pour cela qu'il faut croire, comme au Moyen-Âge, que le cœur est à l'origine de votre conscience ? Bien sûr que non ! Le fait d'être conscient (voir, entendre, ressentir) dépend du fonctionnement de toute la *machine-à-percevoir*, cerveau compris : c'est elle qui « vous » permet d'être conscient.

Votre Conscience a donc besoin du robot qu'est le corps, en bon état de marche, pour percevoir et réagir à ce qui se passe autour – tout comme un savant qui explorerait les grandes profondeurs à l'aide d'un sous-marin télécommandé. Si on débranchait le robot, le savant « perdrait conscience » de ce qui se passe en bas. Ce serait logique et normal… et cela ne veut pas dire que le savant n'existe pas !

Il faudrait être bien naïf pour croire que le savant est *provoqué* par le robot ! Ce dernier n'est qu'un ensemble d'automatismes, construit par le savant et qui lui sert à explorer le monde.

Pour reprendre mon exemple précédent, ce n'est pas parce que l'ordinateur a une webcam et un micro, capables de percevoir le monde et des logiciels de traitement de l'information, qu'il est… conscient !

Ce qui est conscient, c'est « vous » : la Conscience.

La Conscience a un droit de veto

Il vous est déjà arrivé de vous souvenir de vos rêves, n'est-ce pas ? Eh bien, réfléchissez : lorsque vous dormez, votre esprit conscient est inactif. Votre cortex préfrontal (la zone principale du cerveau qui vous permet d'être conscient) est désactivé. La machine est débranchée. Donc, si votre Conscience était le résultat des productions chimiques de votre cerveau, vous devriez être inconscient jusqu'au lendemain…

Pourtant, tout le monde s'est rendu compte, au moins une fois dans sa vie, qu'il rêvait !

Bien sûr, nous ne faisons pas de rêves à l'état de veille ordinaire (nous parlons des rêves de la nuit). Pour avoir des vrais rêves nocturnes, il faut dormir. Ainsi, aucun humain ne devrait savoir qu'il rêve : notre esprit conscient de perception étant inactif (il dort) et notre Inconscient nous étant inaccessible par définition. Bref, le mot « rêve » et le verbe « rêver » ne devraient rien évoquer à personne… Or, ce n'est pas le cas car votre Conscience est toujours là, même lorsque votre esprit conscient est endormi.

Autre situation quotidienne : on a mesuré que le cerveau met environ 500 millisecondes (une demi-seconde) à réagir. Mais on a également observé que, près d'*une seconde* avant qu'une personne ne bouge, un « potentiel de préparation motrice » apparaît dans son cerveau. C'est énorme ! Nous devrions donc tous être des robots, commandés par notre cerveau, puisqu'il prend toutes les décisions au moins une demi-seconde avant nous !

Pourtant, tout le monde s'est déjà retenu au dernier instant d'un mouvement ou d'une impulsion spontanée : comme de voir un morceau de chocolat, d'avoir envie de le manger et de se retenir. Eh bien, d'après l'observation de notre cerveau, puisque l'ordre a été lancé jusqu'à une seconde avant que nous en soyons conscients, nous devrions manger le chocolat à tous les coups… et seulement ensuite, nous rendre compte de ce que nous venons de faire. Mais, ce n'est pas le cas ! Parfois, on mange le chocolat. Parfois, on se retient…

Les chercheurs en neurologie disent à propos de ce phénomène que « la Conscience a un droit de veto ». Cela veut dire qu'elle choisit de laisser faire le robot, en pilotage automatique, tant qu'il est dans la bonne direction et qu'il fait les bonnes choses mais qu'elle peut l'interrompre et le rediriger si besoin est.

Même la personne la moins consciente d'elle-même au monde ne laisse pas faire son Inconscient en permanence. Une part d'elle veille et surveille : sa Conscience majuscule. Et, en gagnant en conscience, elle pourrait encore mieux diriger et même améliorer ses automatismes inconscients.

Vous commencez à entrevoir l'importance de l'induction humaniste en augmentation de conscience. Comme vous le devinez, c'est bien notre esprit conscient (de perception) qui grandit et gagne en conscience, pour rejoindre une plus grande Conscience. Voilà pourquoi on s'assurera de toujours l'emmener avec nous, lors de nos voyages hypnotiques, en restant bien « associé ».

La Conscience est votre « vrai vous »

Tenez, autre bizarrerie : tout le monde est d'accord pour dire que le cerveau met au moins une demi-seconde à réagir. On peut le constater en faisant un scanner. Mais, cela ne vous dérange-t-il pas de lire ça ? Rien ne vous choque ?

Réfléchissez : puisque votre cerveau met jusqu'à une seconde à réagir, comment faites-vous pour renvoyer une balle au tennis ? S'il faut une seconde entière à votre cerveau pour réagir à partir du moment où il sait de quel côté part la balle, vous ne devriez pas pouvoir jouer au tennis. Encore moins au ping-pong… En fait, vous ne pourriez tout simplement pas vivre ! Ce serait le chaos !

L'observation physique de votre cerveau ne colle pas avec ce que nous vivons tous : personne ne ressent ce décalage dans la vraie vie. Si je claque dans mes mains, je le ressens tout de suite. Si je touche la table, je la ressens de suite. Si nous nous serrons la main, nous le sentons immédiatement… sans aucun décalage !

Et pourtant, dans tous les cas, notre cerveau mettra jusqu'à une seconde à se rendre compte de ce que nous avons *déjà* ressenti. Il est toujours en retard sur « nous » !

C'est ici que l'on comprend que notre « mécanique » nous sert à fonctionner mais que ce n'est pas elle qui tient les commandes ! « Vous » êtes conscient de tout, en temps réel, sans décalage. « Vous » pouvez bloquer les réflexes de votre Inconscient. Ce « Vous », c'est votre sentiment d'être, d'exister. Le seul « Vous » qui vous intéresse : votre Conscience.

Voyager au-delà de l'espace et du temps

Il serait un peu complexe d'expliquer ici comment votre Conscience fait pour aller dire à votre cerveau *dans une demi-seconde* que ce qu'il ressent s'est déjà produit *il y a une demi-seconde* (donc, au présent pour nous) ! Il y aurait de quoi s'arracher les cheveux ! Retenez simplement que la Conscience est dite « non-locale », c'est-à-dire qu'elle ne se préoccupe guère du temps ou des distances.

Rien d'extraordinaire à cela (bien que cela puisse choquer le bon sens). En Physique, il existe quantité de phénomènes que l'on appelle « non-locaux », c'est-à-dire qui n'obéissent pas à l'espace et au temps. Les *gravitons*, les particules de la gravité qui vous tiennent assis sur votre siège, en font partie.

Vous êtes entouré de phénomènes « non-locaux ». Un grand nombre est utilisé pour faire fonctionner votre téléphone cellulaire ou votre ordinateur et même la machine qui compte vos achats au supermarché.

L'information est aussi une chose qui fait partie des phénomènes « non-locaux » : elle n'a ni énergie, ni masse et ne dépend pas du temps ou de l'espace. Et nous verrons que l'information est ce qui constitue la Conscience ! Donc, tout va bien, tout s'explique !

Votre Conscience étant « non-locale », elle n'est pas liée au temps ou à l'espace. Elle a ainsi tout loisir d'informer votre cerveau quand elle le veut – comme de vous apporter diverses intuitions.

Autre caractéristique amusante de la Conscience : qu'une chose soit passée, présente ou future, imaginaire ou réelle, que la chose vous concerne ou plutôt quelqu'un d'autre : dans tous les cas, votre cerveau agit comme si vous étiez, *vous,* en train de réaliser cette chose maintenant !

Exemples :

- **Imaginez jouer au tennis** (ou autre chose), que vous sachiez jouer ou non, votre cerveau se comportera comme si vous étiez *réellement* en train de jouer !
- **Pensez au soleil** et cela activera instantanément votre cerveau comme s'il était devant le soleil... alors que même la lumière du soleil met huit minutes à parvenir jusqu'à vous !

Votre Conscience est plus rapide que la lumière. En fait, elle est instantanée.

Des faits connus depuis des millénaires

Pour expliquer l'ensemble des expériences humaines, il manquait donc un gros morceau à la psychologie universitaire et le plus important : la Conscience.

Pourtant, cela fait près de trois millénaires que les philosophes ont décrit cette Conscience, de manière quasi-scientifique – ce que l'on retrouve depuis plus d'un siècle en physique quantique. Alors, en attendant que la psychologie se mette à jour, si nous commencions à utiliser la plus belle et plus vaste part de nous-même ?

À l'heure actuelle, on connaît bien les zones du cerveau qui s'occupent de voir mais on n'a encore aucune idée de la manière dont les vibrations lumineuses se transforment en couleurs à l'intérieur de nous. On sait bien comment notre cerveau va traiter par la suite ces images mais on ne sait pas par quel miracle des ondes lumineuses sont devenues des images dans notre cerveau ! Idem pour les sons et même pour nos sensations. On ne sait même pas expliquer comment nous pouvons percevoir le temps qui s'écoule – même si on sait bien quelle partie de notre cerveau va encoder « le temps », une fois que *quelque chose* l'a rendu tangible pour nous.

Benjamin Libet, célèbre neurologue américain, a travaillé toute sa vie sur le cerveau et la conscience. Il explique ceci dans le livre qui résume ses découvertes :

> *« Le caractère non-physique de la prise de conscience subjective – qui comprend les sentiments de spiritualité, de créativité, de volonté consciente et d'imagination – n'est pas directement descriptible ou explicable par la seule preuve physique.*

Les phénomènes mentaux de la conscience ne sont ni explicables, ni réductibles aux connaissances que nous pouvons avoir en matière d'activités des cellules nerveuses. Vous pourriez vous immerger dans un cerveau (…) vous n'y observeriez pas le plus petit phénomène mental caractérisant la conscience subjective. Seul le témoignage d'un individu vivant et éprouvant ce phénomène aurait la faculté de vous éclairer en la matière. »

Voilà pourquoi, en Hypnose Humaniste, le thérapeute est un guide. Benjamin Libet le dit bien : « *Seule la personne peut prendre conscience de ce qui la constitue intimement* ». Personne ne peut prétendre savoir à votre place ce qu'il y a dans votre esprit.

En revanche, on peut aider la personne à gagner en conscience d'elle-même (augmenter l'amplitude de son esprit conscient) afin qu'elle découvre *ce qu'elle est vraiment* – le positif, comme les ombres à chasser ou transformer.

Bien sûr, n'étant pas thérapeute, la personne aura besoin des instructions de son guide mais c'est bien elle qui agira, selon ce qu'elle estimera devoir faire. Ainsi, pas d'approximation, ni de risque d'erreur du thérapeute ou du coach : aucune manipulation, aucune ingérence !

La Conscience est le fondement de toutes choses

« *La matière n'est essentiellement que du vide, rien de plus ; elle ne possède absolument aucune substance. Ce que l'on peut dire de plus sensé au sujet de toute cette matière sans substance, c'est qu'elle est assez semblable à une pensée ; c'est comme de l'information concentrée* », explique Jeffrey Satinover, physicien américain.

Il y a presque 2 700 ans, les philosophes présocratiques (Pythagore, Thalès, etc.) pensaient déjà que l'Univers était fait d'idées. Plusieurs centaines d'années après, Platon en parlait encore. À sa suite, Xénocrate expliquait que ces idées étaient des nombres qui avaient une vie propre et qu'ils formaient notre « âme ».

Les Grecs de l'Antiquité, non contents d'avoir déduit l'existence des atomes, avaient aussi compris de quoi était faite la Conscience : de l'information, tout comme dans un gigantesque ordinateur. La connaissance de tous les possibles ! Ils pensaient que c'était la source de tout ce qui existe dans l'Univers – le monde concret n'étant que la projection de cette *réelle réalité*.

Platon utilisait le terme de « Conscience » pour désigner ce *monde des idées*, source de toutes choses (mythe de la caverne). C'est le terme que nous utilisons aussi en Hypnose Humaniste car cela correspond exactement à ce que l'on ressent « en conscience » : une impression de plénitude, de calme, d'être tout. En fait, simplement d'être… conscient.

La Conscience est donc faite d'informations. C'est logique : la racine latine du mot « information » est *informare* qui signifie « donner forme à » et par extension « former une idée ». Vous voyez, c'est inscrit dans notre vocabulaire !

L'information est littéralement « ce qui donne une forme à » toutes choses. C'est le moule et le matériau de tout ce qui existe. Tout est de la même essence. Tout se trouve donc interconnecté.

Max Planck, prestigieux père de la physique quantique témoignait ainsi lors du discours qu'il a donné en France en 1944 (« Das Wesen der Materie ») :

> *« Ayant consacré toute ma vie à la science la plus rationnelle qui soit, l'étude de la matière, je peux vous dire au moins ceci à la suite de mes recherches sur l'atome : la matière comme telle n'existe pas ! Toute matière n'existe qu'en vertu d'une force qui fait vibrer les particules et maintient ce minuscule système solaire de l'atome. Nous pouvons supposer sous cette force l'existence d'un Esprit intelligent et conscient. Cet Esprit est la matrice de toute matière. »*

Cet « Esprit », nous le nommons « Conscience ». C'est l'Information qui fabrique le monde, le rend réel et interactif : si vous imaginez le grand bain de la vie et vous dans cette immense baignoire, quand l'eau bouge, cela vous met en mouvement mais lorsque vous bougez, vous créez vous-même une onde qui se propagera à tout le bain !

« *Il n'y a pas d'univers extérieur qui soit indépendant de ce qui se passe en vous* » nous confirme Fred Alan Wolf, physicien américain.

Votre Conscience vous permet de créer votre vie

En plus des états de veille, de sommeil et de rêve, nous ajoutons donc la Conscience majuscule.

« *C'est l'état de conscience humain le plus simple, un état de conscience sans limite, silencieux et profondément établi, où l'esprit s'identifie au champ unifié de toutes les lois de la nature et le ressent infiniment* », explique John Hagelin, physicien quantique.

C'est un peu comme si nous étions chacun un des rayons d'un immense soleil. Ce sera d'ailleurs une métaphore pratique pour expliquer le principe de la Conscience. Chaque rayon est bien fait de la même lumière que le soleil – et il lui est connecté, donc tous les rayons sont bien interconnectés.

Bien sûr, le rayon n'est qu'un petit bout de ce grand soleil mais il en possède tout de même les caractéristiques, dont il peut prendre conscience afin de s'en servir par lui-même.

« *Tout est fait d'information* » affirme en conclusion John Wheeler, célèbre physicien, génial collaborateur et ami d'Einstein… Tout… Donc, nous avec, corps et esprit !

Nous sommes comme les grains de sable d'une plage infinie. Chaque particule d'information est une cellule de l'immense corps de la Conscience majuscule et nous sommes un maillon de ce grand Tout.

Étant plus vaste et connecté que nous ne le pensions de prime abord, pourquoi nous limiter à vivre et agir avec notre seul esprit conscient ? Surtout dans des domaines si délicats et exigeants que ceux de la thérapie, du coaching, du leadership ou du management, de la recherche, de la pédagogie, de l'innovation, etc.

La thérapie du futur est informationnelle

Les physiciens nous disent que l'Univers est en fait un immense champ d'informations, dont certaines (les « informations basses ») se coagulent par affinité et se densifient pour former tout ce que vous voyez et ressentez : les petits oiseaux, les arbres, les montagnes, la terre elle-même comme le reste des planètes, des étoiles et même nos pensées et émotions. Nous tout entier…

Certains physiciens nomment depuis longtemps ce champ d'informations : « Conscience ».

Ce qui vous rend conscient est ainsi le constituant de tout ce qui existe – vous comme le reste. En quelque sorte, ce grand « Nous » est à la fois le peintre à l'origine du tableau de la vie et le tableau lui-même ! Nous sommes la Vie en train de faire l'expérience d'elle-même, en pleine évolution.

ASTUCE

Cette compréhension engendre quantité de réponses philosophiques. Par exemple, l'une d'elle pourrait être : « *Puisque nous sommes à la fois la petite cellule et le grand corps, nous ne pouvons pas en vouloir au corps d'être malade ou en conflit. Il souffre autant que nous des maladies, des discordes et des guerres… Il fait de son mieux pour (nous aider à) guérir et nous faisons de notre mieux aussi, de notre côté, pour que tout s'arrange.* »

À SAVOIR

Même si nous ne sommes chacun que l'un des petits rayons de ce grand soleil, nous en possédons l'essence en nous. Sinon, comment expliquer que de si petites choses, les humains, moins que des poussières face à l'immensité de l'Univers, puissent réussir à découvrir et comprendre le fonctionnement de ce même Univers ? C'est que tout est holographique. « *Si nous nous montrons capables de penser l'Univers, c'est que l'Univers pense en nous* » disait le poète et académicien François Cheng. Il nous est donc possible de modeler notre existence, ne serait-ce que pour guérir, changer ou améliorer ce qui doit l'être.

Le neurologue français Dominique Laplane distingue, comme en Hypnose Humaniste, les « informations basses » : les matériaux denses qui forgent notre réalité et la « pure information » qui est le cœur de la pure Conscience.

Eh oui ! Si tout était déjà Conscience affinée, nous n'aurions aucun souci ! Mais ce n'est évidemment pas le cas. Non seulement, il y a des problèmes dans la vie mais c'est à croire qu'il s'en invente chaque jour de nouveaux ! Savez-vous pourquoi ?

En Physique, on appelle cela « l'entropie » : le fait d'être placé dans l'espace et le temps pousse tout système à aller vers le chaos. Comme vous le savez, le temps passe et, avec lui, tout se désagrège. Un objet, même protégé de la meilleure façon, finirait tout de même en poussière au bout d'un nombre variable d'années, plus ou moins grand. En dix ans, en dix siècles ou en dix mille ans, quoi qu'il arrive, ici-bas, tout se transforme un jour ou l'autre. C'est cela, l'entropie.

La bonne nouvelle, c'est que l'information stoppe et peut même inverser l'entropie ! Autrement dit, plus vous injectez d'informations dans un système, mieux il se porte et plus il peut évoluer. Cela vaut autant en psychologie qu'en biologie ou en histoire.

Vous connaissez la ville de Sparte, d'où vient l'adjectif « spartiate » ?… Dans l'Antiquité, c'était une ville puissante. La rigueur de ses règles faisait la force de son armée qui régnait sur la Grèce, remportant même une longue guerre contre Athènes.

D'un point de vue sociologique, on pourrait dire que Sparte était peuplée d'*agents de conformité* : des personnes mues par des règles strictes, dans un cadre rigide et peu évolutif.

À côté de cela, Athènes faisait figure d'arlequin. Elle comptait beaucoup de ce que l'on appelle des *agents de diversité* : cohabitaient dans la ville nombre de traditions et de religions, même opposées ; on y croisait moultes formes d'art et les mœurs étaient assez libres.

Alors, d'après vous, quelle ville a fini par conquérir et dominer cette partie du monde. Quelle est, encore aujourd'hui, la capitale de la Grèce ?... Sparte ?... Et non ! La diversité, vecteur d'innombrables informations, l'emporte toujours.

Votre corps et votre esprit fonctionnent de la même façon : ils ont besoin de bouger, de rire, de pleurer, d'être chahutés, de s'adapter, de changer… car tout cela apporte de l'information. Et l'information, c'est la vie.

Or, que fait-on en Hypnose Humaniste, lorsqu'on emmène la personne en *état de conscience augmentée*, sinon la plonger dans davantage de conscience, donc… d'informations !

Être « en Conscience » est bénéfique !

Avec le temps qui passe, les briques de toute chose s'effritent et disparaissent. Une construction (même celle de votre corps ou de votre esprit) devient ainsi de plus en plus fragile. Si chaque brique est une information, on comprend bien qu'un système sans information n'aurait plus d'existence. Logique, puisque tout est constitué d'informations !

Votre corps, par exemple, conserve sa structure grâce aux informations qui relient chacun de ses éléments. La moindre *rupture d'information* entraîne la dégénérescence d'une partie ou de l'ensemble du corps. Comme le dit le professeur Linus Pauling, prix Nobel de chimie et prix Nobel de la paix : « *La vie, ce n'est pas les molécules mais les liens qui existent entre elles !* ».

La Conscience, faite d'information pure, ramène des briques dans votre construction : elle renverse la tendance au chaos. Et c'est inestimable en thérapie comme dans bien d'autres domaines (coaching, pédagogie, management, recherche, etc.) !

L'expérience a été faite de nombreuses fois en laboratoire : des particules laissées libres perdent leur organisation avec le temps. En injectant de l'Information au système, l'organisation se reconstitue. Augmentez la « teneur en Information » d'un corps vivant et vous le verrez se restructurer !

Comme l'induction hypnotique humaniste est une connexion à la Conscience, au champ d'Information, l'Hypnose Humaniste est naturellement thérapeutique. CQFD.

Même sans la moindre technique, le simple fait de se reconnecter à soi-même, à la vie autour et à votre pleine Conscience – grâce aux inductions hypnotiques humanistes – est thérapeutique ou aidant.

Concluons ce long mais important chapitre sur la Conscience par deux citations de chercheurs éminents, qui ont influencé toute la science moderne :

Matière à réflexion

« Nous ne sommes pas de simples spectateurs sur une scène cosmique ; nous sommes des créateurs de formes, vivant dans un Univers participatif »
John Wheeler, physicien, collaborateur d'Einstein

« Quelle que soit la direction dans laquelle pourront se développer nos concepts futurs,
l'étude approfondie du monde extérieur conduit à la conclusion que la conscience est la réalité ultime »
Eugene Wigner, prix Nobel de Physique

EN RÉSUMÉ

La Conscience est un champ d'information fondateur. C'est notre « vrai Nous ».

À retenir :

- **La Conscience est toujours présente**, elle fait et imprègne toute chose.
- **La Conscience se densifie** en différentes strates, subtiles à matérielles.
- **La Conscience est individuelle autant que collective**, elle nous relie.
- **La Conscience nous rend conscient**, c'est par elle que nous existons.
- **La Conscience constitue le plus haut niveau** d'action possible.
- **Le langage de la Conscience** est intuitif, symbolique et holistique.

L'Inconscient, notre pilote automatique

Entrons dans un domaine plus connu de la psychologie.

Pythagore et Platon avaient déjà brièvement décrit les fonctions principales de ce qu'ils appelaient notre « âme mortelle » mais ce n'est qu'en 1686 que l'Inconscient fait son apparition dans les écrits de Gottfried Leibniz, génial scientifique et philosophe humaniste allemand. Et il faut encore attendre jusqu'en 1869 pour qu'un autre Allemand, Eduard von Hartmann, le popularise à travers son livre *Philosophie de l'Inconscient*, qui fut un succès mondial.

L'Inconscient, c'est notre grande machine intérieure, qui s'occupe autant du fonctionnement de notre corps que de nos apprentissages et émotions. Comme son nom l'indique, l'Inconscient regroupe l'ensemble des mécanismes en œuvre en nous dont nous ne sommes pas conscients.

À l'origine, Leibniz décrivait ce qu'il appelait « l'Automate » : un système autonome qui pouvait certes ne pas être conscient mais dont on pouvait tout de même prendre conscience. C'est von Hartmann qui le baptisa « Inconscient ».

En Hypnose Humanise, on explique que :

> *« L'Inconscient, c'est tout ce qui n'est pas encore conscient. »*

L'Inconscient, c'est donc notre « pilote automatique » personnel. En Hypnose Humaniste, pour reprendre le mot de Leibniz, on l'appelle aussi notre « Automate intérieur ».

Un ensemble d'automatismes

Bien qu'il soit constitué d'informations, comme tout ce qui existe, l'Inconscient n'a pas un niveau de complexité suffisant pour être « conscient » par lui-même. C'est plutôt *une sorte de robot, un ensemble d'automatismes*, inerte si personne ne l'active.

L'apprenti-hypnothérapeute se rend rapidement compte de ce phénomène en hypnose : quelques paroles suffisent à activer un processus de guérison, par exemple sur une allergie ou pour arrêter de fumer. Mais alors : pourquoi l'Inconscient, siège de notre instinct de survie, n'avait-il rien fait auparavant, par lui-même, pour soulager la personne de cette allergie ou l'aider à arrêter de fumer ?

La réponse est simple : *l'Inconscient est inerte. Il ne fait rien si personne ne l'y pousse.*

Bien sûr, il a des « programmes » inconscients qui tournent en permanence, pour assurer diverses tâches que nous décrirons plus bas. Mais si un programme existant ne va pas dans la bonne direction, s'il doit être corrigé ou amélioré ou, pire, s'il n'est pas actif, ce n'est pas l'Inconscient qui fera le nécessaire tout seul. Tout comme un ordinateur ne peut pas presser lui-même sur la touche « Entrée », il faut l'intervention d'une Conscience pour mettre en route l'Automate.

Si la personne sait le faire, elle pourra accéder à son Inconscient par elle-même, par exemple grâce à l'autohypnose, sinon elle devra faire appel à une personne extérieure, comme un hypnothérapeute.

Alors, autant il n'est pas question en Hypnose classique que la personne puisse prendre conscience de son Inconscient (en Hypnose ericksonienne, on fait même tout pour que cela n'arrive jamais !), autant le but de l'Hypnose Humaniste est, justement, que la personne *prenne conscience* de ses automatismes cachés afin de pouvoir les manier à sa convenance.

Par exemple, pour reprendre une image simple, votre cœur bat. C'est bien automatique mais pas inconscient : vous savez que vous avez un cœur et vous pouvez même le sentir battre. Vous pouvez l'accélérer en vous mettant à courir ou le ralentir en vous calmant. En revanche, prenez un mécanisme physiologique dont vous ignoreriez l'existence. Il serait automatique car il fonctionne tout seul, comme votre cœur, mais aussi inconscient car vous ne sauriez pas qu'il existe.

Un masque à soulever

Maintenant, vous savez que vous avez aussi acquis de très nombreux mécanismes psychologiques depuis votre enfance. La plupart de ces mécanismes vous ont été imposés, vous n'avez pas pu juger de leur intérêt – ou ils se sont installés en vous suite à des expériences personnelles – et, dans tous les cas, vous ne savez pas que vous les portez en vous !

Donc, ces programmes fonctionnent tout seul en vous, provoquant certains types de pensées et d'émotions, une vision de la vie, des jugements sur les choses et les gens... Vous pouvez même penser que tout cela est « vous », alors qu'en fait c'est seulement la carapace dont s'est revêtu le « vrai vous » pour se protéger des choses de la vie et y répondre : c'est un masque !

Ces mécanismes inconscients vous font ressentir des émotions. Ils peuvent très bien vous rendre heureux... Mais il y en a peut-être aussi qui font votre malheur. La moindre des choses serait de pouvoir en prendre conscience afin de pouvoir éventuellement les rectifier ou les retirer.

En prenant conscience de vos mécanismes psychologiques cachés, ceux-ci cesseront d'être « inconscients ». Ils seront bien sûr toujours automatiques mais au moins, maintenant, vous aurez loisir de les modifier à votre guise – même si ce n'est pas toujours évident.

ATTENTION !

On parlera *d'Inconscient* lorsque les automatismes psychologiques sont encore inconnus de la personne et *d'Automate* lorsque ces mécanismes sont conscients.

C'est votre Inconscient qui porte la mémoire de votre histoire de vie, de vos blessures intérieures. Il provoque chacun de vos ressentis, il vous donne votre caractère. C'est donc bien lui que nous soignerons par le biais de la Conscience. Il s'agit d'illuminer notre part d'ombre.

Évidemment l'Inconscient, votre Automate personnel, est avant tout une aide pour la vie.

Les trois strates de l'Inconscient

Voici nos principales fonctions automatiques, sur la base de ce qu'ont décrit Pythagore puis Platon et, plus récemment, Paul McLean (avec sa théorie du *cerveau triunique*, 1969) :

| Strate 1, corporelle | Strate 2, émotionnelle | Strate 3, intellectuelle |

Strate 1 : Régulation et coordination des fonctions biologiques

Ce niveau est très ancien (cerveau reptilien). Il gère la biologie et ses automatismes : température du corps, circulation sanguine, hormones, immunité, sommeil, faim, pour ne citer que les plus évidents. C'est le siège de votre instinct de survie.

C'est grâce à ce niveau de fonctionnement de votre automate que vous restez en vie, que votre corps garde son équilibre et guérit si besoin (dans la mesure du possible).

Bien que cela puisse paraître assez mécanique et donc peu intéressant en psychologie, *cette strate est fondamentale* dans le domaine qui nous intéresse. En effet, on explique en Hypnose Humaniste qu'elle est à l'origine de la quasi-totalité de nos maux car c'est d'ici que viennent nos peurs, notre besoin de sécurité, de protection, d'appartenance, notre agressivité, nos comportements « on/off », nos désirs de conquêtes et de reproduction, etc.

Votre instinct de survie, inscrit dans votre génétique, est responsable de la majorité de vos pensées et actions et des émotions qui en découlent : vous vous faites belle le matin ? Vous aimeriez gagner un peu plus ? Vous rêvez d'une plus grande maison (ou d'une plus belle voiture) ? Vous êtes amoureux ? Vous vous disputez avec un voisin ? Vous êtes jaloux ? Vous vous inquiétez pour l'avenir ? Ou vous êtes même simplement stressé ?... Tout cela vient de la strate 1 de votre Inconscient.

Ces comportements ordinaires peuvent provoquer des soucis à petite et à grande échelle, à tous les niveaux de la société. Ils sont la source de tous nos conflits, personnels, amoureux, sociaux, professionnels.

Vous découvrirez au chapitre consacré à la thérapie symbolique avancée (chapitre 7) que c'est aussi à ce niveau que se niche en vous un archétype très puissant, qui peut littéralement vous pourrir la vie : le Critique intérieur !

Il est facile de deviner que *le ventre est le siège symbolique de la strate 1* : quand les soucis vous empêchent de dormir, vous coupent l'appétit ou vous rendent boulimique, quand cela vous tord l'estomac, lorsque quelque chose vous « prend aux tripes » ou vous « fait ch… », quand vous êtes nerveux, agressif, autoritaire, jaloux, quand ce sont vos hormones qui ont pris le pouvoir, quand vous êtes poussé par le besoin de sécurité, de puissance, de posséder, pour vous rassurer ou pour montrer votre force ou votre « niveau » dans la vie, pour montrer que vous êtes « différent », etc. C'est toujours la strate 1.

En thérapie symbolique simple (chapitre 7), vous apprendrez à distinguer les symboles d'un problème qui vient de la strate 1, afin d'y apporter le soin adéquat.

Exemples de symptômes de strate 1

Dépression exogène, hypocondrie, troubles du comportement, violences, paralysies hystériques, compulsions alimentaires, tabagie, drogue, etc. Jalousie, possessivité, insécurité, paranoïa ordinaire (non-psychotique), angoisses, manque d'estime de soi, idées noires, etc.

Strate 2 : Apprendre et ressentir

C'est le niveau du cerveau limbique, celui de vos émotions, celui aussi qui gère vos apprentissages. C'est le « grand réservoir de ressources » cher aux hypnothérapeutes ericksoniens mais c'est aussi là que se fabriquent vos *défenses caractérielles*, les carapaces qui formeront avec le temps votre caractère.

La strate 2 a donc son importance, dans le sens où elle est responsable de votre confort émotionnel. Si quelque chose ne va pas dans votre vie (même si cela provient de la strate en-dessous ou au-dessus), cela fait frémir la strate 2 et vous le ressentez.

La strate 2 est aussi le siège de ce que l'on appelle **l'Enfant intérieur**, l'archétype inconscient qui vous procure joie de vivre, légèreté et créativité (voir page 232). Si quoi que ce soit est blessé à ce niveau, vous le ressentez amèrement. La vie devient grisaille, elle s'éteint, se fane, racornit…

Comme votre conscience basse s'est fondue et identifiée avec l'Inconscient, il est naturel de penser que ce qu'il éprouve est « vous ». En réalité, la strate 2 contient – entre autres apprentissages – tout ce qui appartient au domaine des « loyautés familiales » : des comportements, des systèmes de pensées et d'émotions, donc des façons de voir la vie et d'y réagir hérités de vos parents ou de vos éducateurs (au sens large).

Vous pensez ressentir par vous-même. En réalité, un événement extérieur vient de heurter une « corde sensible » en vous, quelque chose qui provient de votre éducation. Vous devenez agressif ou angoissé, vous êtes attiré ou repoussé et c'est juste un « programme » en vous qui s'est déclenché : rien que vous n'ayez choisi et approuvé !

La strate 2 attire vos amis et vos ennemis, fait votre couple et tout ce qui concerne votre vie émotionnelle – y compris lorsque cela contredit la survie, comme pour une femme sans cesse attirée par des hommes violents, comme son père le fut avec sa mère et bien qu'elle fuie ce genre d'homme, ou bien encore une phobie qui met votre sécurité en danger.

Par ailleurs, la strate 2 est aussi ce qui vous donne goût aux belles choses abstraites (donc sans origine génétique, strate 1), comme la poésie, la musique, la peinture, etc.

La poitrine est le domaine symbolique de la strate 2, là où nous ressentons nos émotions : ouverture du cœur ou plexus écrasé, gorge déployée ou nouée, cœur qui bat la chamade, à l'unisson ou de manière chaotique, respiration sifflante ou plénitude. Lorsque vous avez « le cœur en joie » ou que l'on vous a « brisé le cœur », quand quelque chose vous est « resté en travers de la gorge » ou que vous ouvrez les bras de bonheur.

Exemples de symptômes de strate 2

Dépression endogène (spécifique), phobies, anxiété, crises de panique, stress et mal-être, ennui de la vie, manque de confiance en soi, anorexie, maladies de peau, sexualité, etc. ainsi que ce qui concerne les sentiments (hors liés à la survie), les émotions, la communication.

Strate 3 Travailler avec votre intellect et manier des idées

C'est le décodeur qui fabrique l'illusion que vous prenez pour « la réalité ». En effet, les neurologues vous expliqueraient que vous ne voyez jamais le monde mais seulement ce que votre cerveau vous en montre, selon ses filtres. Il suffit de voir qu'un simple souci de *décodeur* peut vous rendre daltonien ! Et c'est la même chose pour les sons ou les sensations physiques : ce que vous pensez être le monde extérieur est en réalité une projection de votre cerveau, une structure qui résume l'immensité des informations du monde réel pour vous le rendre (com)préhensible, utilisable.

C'est donc en strate 3 (néocortex) que sont générées les formes que vous percevez. Une personne qui n'aurait pas de néocortex percevrait le monde comme des ensembles de halos colorés. Elle serait incapable de nommer les choses mais les ressentirait et saurait s'en servir (strate 2).

La strate 3 vous permet de parler, lire, écrire et compter, de viser, d'estimer les distances, de ranger vos perceptions en catégories, de faire preuve de logique et de déduction, de vous faire une opinion sur les choses, d'avoir des convictions, etc.

Personne ne réfléchit pour donner son nom, dire combien font 6x7, nommer le pays dans lequel il vit. Notre néocortex fonctionne en grande partie tout seul… de manière automatique : il a donc bien sa place dans l'Inconscient, avec ce qui n'est pas conscient ou contrôlé.

À SAVOIR

Seule une petite partie du néocortex, située au niveau du cortex frontal, que certains appellent notre « quatrième cerveau », serait responsable du fait que nous soyons conscients et capables de prises de décision. Et encore, rien n'est certain.

De plus, souvenez-vous que ce n'est pas parce qu'une partie du robot sert à prendre conscience du monde environnant (la connexion entre la webcam, les informations recueillies et l'écran de l'ordinateur) qu'elle correspond à « l'utilisateur » du robot ou qu'elle le génère !

En Hypnose Humaniste, on explique ainsi que la partie supérieure de la strate 3 permet aussi de « prendre conscience de la Conscience ». C'est la partie active lorsque la personne est en *état de conscience augmentée* – ce qui est *augmenté* étant, bien sûr, notre conscience habituelle ! L'archétype qui représente cette part de Conscience incarnée est le Sage (voir p. 241).

Malheureusement, la strate 3 est trop souvent « dressée » à répéter des leçons apprises par cœur, sans réflexion personnelle ou créative. La porte vers votre liberté est ainsi camouflée dès votre plus jeune âge.

La tête est le symbole de la strate 3, lorsque tout vous « sort par les yeux » (ou par les oreilles), que quelque chose vous « casse la tête », parfois jusqu'à la migraine, parce que vous avez « la tête dans le guidon » : vous avez l'impression que votre tête va exploser, vous ne sentez plus le reste de votre corps. Vous êtes envahi par le mental, les abstractions, l'intellectuel et cela vous déconnecte de la vie.

Exemples de symptômes de strate 3

Dépression endogène (cause générale), paranoïa, hallucinations, schizophrénie ou même simplement troubles obsessionnels compulsifs et psychorigidité sont parmi les symptômes de la personne qui a perdu le contrôle de son mental ou le contact avec sa Conscience.

Idéalement, toute la belle machinerie de votre Inconscient-Automate devrait offrir à votre Conscience la liberté d'agir à sa guise, sans avoir à s'occuper des « basses besognes ». Pour cela, il faut avoir guéri ses blessures principales et gagné ainsi la paix et l'équilibre intérieur.

Quelques détails importants à connaître sur l'Inconscient

Votre Automate étant une sorte de programme informatique, il peut faire énormément de choses simultanément, en utilisant la puissance de traitement de votre cerveau – l'ordinateur le plus puissant connu à ce jour !

En revanche, tout comme un ordinateur, il ne peut faire que ce pour quoi il a été programmé. Il a ses limites…

- Bien que très puissant, **l'Inconscient a un « âge mental » d'environ 6 ans** : c'est l'âge auquel vos cerveaux reptilien et limbique ont achevé leur croissance… Il continue d'apprendre toute votre vie mais il comprend et a des réactions émotionnelles d'enfant.

  Par exemple : vous avez décidé d'un commun accord de divorcer, tout est ok pour vous, pourtant une fois le divorce prononcé, vous vous effondrez en pleurs – sans comprendre d'où vous vient toute cette émotion ! C'est votre Inconscient qui réagit, en particulier la strate 2, celle de l'Enfant intérieur. Cela peut vraiment vous donner l'impression d'être deux : votre décision mentale et « autre chose » qui se manifeste indépendamment de vous !

  Autre exemple : je fais un baptême de voltige aérienne. Je n'ai pas le vertige et l'expérience est agréable. Le paysage est beau. Je passe un bon moment. Pourtant, tout mon corps finit par se tétaniser de peur ! Apparemment, mon cher Inconscient n'apprécie pas les loopings ! Me voilà contraint d'arrêter l'expérience, alors qu'elle me plaît, parce que cela ne convient pas à l'Inconscient. C'est vrai qu'il n'a que 6 ans !

- **L'Inconscient privilégie d'abord la survie, ensuite la facilité, puis enfin le plaisir**… Donc, devant un chemin dangereux et un autre qui a l'air plus tranquille, l'Inconscient choisit toujours le chemin le plus sûr – quitte à tourner en rond.

  Ensuite, face à deux chemins sécurisés, un qui monte et l'autre qui descend, l'Inconscient optera pour celui qui demande le moins d'effort.

  Enfin, s'il faut choisir entre deux chemins sûrs et faciles, l'Inconscient préfèrera bien sûr le chemin qui apporte le plus de plaisir.

  Quand on sait cela, faire changer l'Inconscient est assez facile : il suffit de lui offrir une meilleure option pour la vie (meilleure survie, plus facile, plus de confort de vie) et il s'adaptera tout seul.

- **L'inconscient fonctionne en suivant les strates** : 1 (reptilien), 2 (limbique) et seulement ensuite 3 (néocortex), comme le savent bien les publicitaires et responsables marketing, qui cherchent en priorité à activer notre strate 1, compulsive et irréfléchie. La seule raison (3) ne peut donc pas faire marche arrière et contrôler les émotions (2) ou nos instincts (1).
- Ainsi, **l'Inconscient peut être très « littéral »** (prendre les choses au pied de la lettre) car il ne comprend pas tout de suite les doubles sens, abstractions et allusions (néocortex, strate 3). Par exemple, si on lui demande « dis-moi ton nom », il pourrait bien répondre : « ton nom » ! Il faut donc s'adresser à l'Inconscient simplement, d'autant qu'il pense en enfant de 6 ans.
- Pour les mêmes raisons, **l'Inconscient ne comprend pas la négation** avant que la phrase arrive au néocortex : « ne pensez pas à un lapin blanc » ! Trop tard, vous y avez pensé ! Le « ne… pas… » est de la grammaire, donc quelque chose qui appartient au néocortex (3). La phrase « …pensez… à un lapin blanc » traverse votre cerveau de bas en haut avant que la négation soit comprise, trop tard !
- **L'Inconscient ne fait pas les choses intentionnellement**. C'est une machine. Il n'a pas de morale et ne porte pas de jugement. Il ne veut pas vous rendre la vie difficile. Il ne fait que réagir à ses programmes et à l'environnement, à ce qui vous arrive, selon votre hérédité, votre éducation, votre histoire de vie, vos blessures intérieures, etc. Inutile donc de lui en vouloir : d'abord, parce que c'est une part de vous et qu'ensuite si vous voulez obtenir de l'aide d'un ami, mieux vaut s'entendre, avec lui.
- **L'Inconscient fait toujours de son mieux**, même si cela ne suffit pas toujours ou si cela vous fait du mal. C'est simplement parce qu'il n'a pas trouvé de meilleure solution. Il fait avec ce qu'il a, d'où l'importance de lui apporter de nouvelles connaissances qui lui permettront de synthétiser de nouveaux comportements.

  Par exemple, la femme qui se jette inconsciemment dans les bras d'hommes violents : c'est son Inconscient qui reconnaît en eux le modèle paternel. L'Inconscient pense sincèrement que ce genre d'homme est « un bon reproducteur » – et lui, l'Inconscient, c'est tout ce qu'il veut ! Le papa a bien fait naître la dame en question. Donc, l'Inconscient recherche pour elle le même genre d'homme, quoi que la dame en pense et même si elle tente de les fuir…

L'Inconscient ne réagit qu'à ses programmes. Apportez-lui d'autres solutions et il ira naturellement vers une meilleure survie. Et adieu les hommes violents !

- **L'Inconscient est persévérant**: une fois lancé, il ne s'arrête plus, sauf si quelque chose le stoppe. Vous pourriez très bien traîner un vilain problème toute votre existence, si vous ne faites rien pour mettre à jour le programme.

C'est un peu comme d'être assis au bord d'une table et d'avoir les jambes qui balancent toutes seules, sans s'arrêter… Pour les jambes, c'est marrant. En revanche, quand il s'agit d'un vieux comportement, peut-être parfait quand vous étiez enfant mais déplacé ou ridicule en tant qu'adulte, c'est beaucoup moins amusant ! Bien des symptômes proviennent de comportements inconscients non-réactualisés.

Malheureusement, l'Inconscient étant ce qu'il est, le fait de savoir qu'une chose est devenue inutile ou gênante ne la fait pas cesser. Le mental ou la raison (strate 3) ne peut pas agir à reculons sur la strate 2 (pour calmer des émotions, refreiner l'éducation, etc.) ou la strate 1 (pour modifier des réactions instinctives, hormonales, etc.). Seule la Conscience, parce qu'elle englobe tout, peut commander en amont à l'Inconscient, donc soit celle d'un thérapeute extérieur, soit celle de la personne, à l'occasion de moments forts de sa vie, lors d'un *flash* de conscience (un *eurêka* !) ou bien en *état de conscience augmentée*.

Dans tous les cas, il faut *faire* quelque chose, sinon l'Inconscient poursuit sur sa lancée.

EN RÉSUMÉ

L'Inconscient est notre pilote automatique personnel.

À retenir :

- **L'Inconscient n'est pas conscient** – doit-on le préciser ?
- **L'Inconscient est un ordinateur** surpuissant avec un âge mental d'enfant.
- **L'Inconscient est le fruit de notre histoire de vie**, il porte nos apprentissages et nos blessures.
- **L'Inconscient est omniprésent**, il dirige nos pensées, actions et émotions.
- **L'Inconscient provoque des émotions** que nous ressentons comme les nôtres…
- **On peut prendre conscience de son propre Inconscient** (il devient notre Automate).
- **On peut donc le soigner**, l'améliorer ou le rediriger, s'en faire un ami.
- **Le langage de l'Inconscient** est constitué d'émotions, de sons et de couleurs, de sensations. C'est le langage de l'enfance. Son vocabulaire est symbolique.

Explorer les autres niveaux psychologiques

Maintenant que vous savez ce qu'est l'Inconscient et son fonctionnement… et qu'en plus vous avez compris que la Conscience est quelque chose de bien concret, qui peut rediriger les automatismes et guérir les blessures de votre être profond, vous avez l'essentiel pour pratiquer l'Hypnose Humaniste !

Nous conclurons donc ce chapitre sur les bases psychologiques en vous présentant trois notions complémentaires, qui vous seront utiles :

- L'esprit conscient
- La Matrice
- Le Soi idéal

L'esprit conscient : c'est vous ici et maintenant !

Savez-vous par quel miracle vous êtes conscient ? Votre Inconscient est un « bloc automatique ». C'est la Conscience qui plonge dedans pour l'animer, littéralement. Eh bien, votre esprit conscient est juste là où se rencontrent la Conscience et l'Inconscient. Il est *le fruit de l'union entre la Conscience et l'Inconscient.* Cette zone de confluence peut être étendue, bien sûr, en « prenant conscience » de votre Inconscient, qui cessera donc de l'être et en allant vers davantage de Conscience.

Lorsque vous gagnez en « niveau de conscience », c'est bien votre esprit conscient qui grandit.

Le pauvre n'a pourtant pas toujours le bon rôle ! En thérapie, on le qualifie de « mental », qui chercherait à tout contrôler, qui résiste. En développement personnel, on l'accuse d'avoir « de l'ego », dans un sens péjoratif. En Hypnose ericksonienne, on lui reproche de ne pas savoir lâcher-prise et, pire, d'être responsable de tous nos maux…

Mais, le conscient, c'est simplement notre état de conscience habituel. D'ailleurs, on en parle souvent comme de notre « conscience ». Il y a des livres sur cette « conscience » qui ne parlent que de nos mécanismes cérébraux (voir, entendre, ressentir), donc de l'esprit conscient.

Pour ne pas mélanger cette fonction de perception avec *ce qui perçoit*, il vaut mieux séparer LE conscient, au masculin, de LA Conscience, au féminin et avec une majuscule.

Alors, remettons un peu les choses en place : si vous êtes heureux ou malheureux, si vous êtes bien dans votre peau, en pleine santé ou au contraire dépressif, angoissé ou malade… « qui » se sent bien ou mal, dans tous les cas ? C'est « vous », n'est-ce pas ? Et ce « vous », c'est ce que l'on appelle *votre esprit conscient.* C'est vous consciemment.

Donc, finalement, la seule strate de vous qui vous intéresse vraiment, c'est le conscient. C'est vous ! Il ne faut donc pas mépriser, négliger ou tenter d'écarter la part la plus importante à vos yeux…

- **Certains thérapeutes pensent peut-être que vous résistez** mais en réalité vous ressentez simplement la peur de votre Inconscient face au changement. Donc, « vous » avez peur. En fait, c'est une émotion diffuse et difficile à décrire qui remonte du fond de vous. Vous avez réellement envie de changer, vous en avez probablement même besoin si la situation est devenue vraiment pénible… mais *quelque chose* en vous freine.

  En Hypnose Humaniste, c'est vous qui travaillerez sur vous, à votre rythme. Personne ne viendra toucher ce qui est fragile. Vous ferez comme vous le sentez, délicatement.

  Rien que cela rassure votre esprit profond, qui se laissera donc faire plus volontiers.

- **N'écoutez pas les ragots à propos de ce « vilain ego »** : si vous n'en aviez pas, vous seriez enfermé dans un hôpital psychiatrique ! L'ego est votre structure psychologique et sociale. Vous en avez besoin pour vivre. Tenter d'éliminer l'ego est illusoire. Si vous y parveniez, vous deviendriez fou ! Heureusement, l'Inconscient ne se laisse pas faire et vous protège malgré vous.

  Alors, bien sûr, si vous avez un caractère exécrable, c'est autre chose mais n'appelez pas cela « de l'ego » !

  L'ego est comme ces petits fruits enfermés dans une fine coque diaphane, les *physalis*. On appelle cela aussi des « amours en cage » parce que cela ressemble à un petit lampion dont le fruit forme un cœur. Certaines personnes sont comme des physalis encore verts : leur coque est épaisse et le fruit est caché. Il ne faut pas arracher la coque, ce qui laisserait le cœur sans protection. Il s'agit simplement de mûrir. Alors, la coque s'épure, les parois s'effondrent et il ne reste que la structure protectrice qui laisse passer la lumière et permet au joli petit cœur rougeoyant d'apparaître.

  En Hypnose Humaniste, vous soignerez vos blessures profondes. Au final, votre « cœur » apparaîtra à travers la structure cristalline de votre ego et il pourra rayonner.

- **Les hypnothérapeutes habituels créent de la dissociation** afin d'éliminer le conscient. La transe étant « *un état modifié de conscience impliquant d'abord un dédoublement,* *une division de personnalité* », il est normal d'écarter l'esprit conscient par ordres directs, saturation, confusion, actions subliminales, etc. L'hypnothérapeute peut alors prendre lui-même les commandes de l'Inconscient.

Mais pourquoi donc vouloir à ce point éliminer l'esprit conscient ?... Milton Erickson disait (notamment dans *Traité pratique d'Hypnose*, Grancher) que « *bien souvent, nos problèmes viennent du fait que le conscient essaie de faire ce que l'Inconscient ferait mieux à sa place* », comme si l'esprit conscient pouvait bloquer quoi que ce soit ou résister au changement. Or, nous savons maintenant que l'Inconscient réagit toujours une demi-seconde *avant* que vous n'en soyez conscient !... L'esprit conscient ne peut rien bloquer ou freiner : il arrive toujours *après* les mécanismes inconscients ! C'est donc l'Inconscient qui crée vos malheurs, pas le conscient !

- **Il n'y a ainsi aucune raison d'écarter le conscient.** Comme le dit Richard Bandler, célèbre fondateur de la PNL : « *Vous n'êtes pas fichu d'empêcher le mal, comment pourriez-vous empêcher le bien* ? » Le conscient, c'est *vous*. Et vous voulez changer !

L'union fait la force

Les approches qui séparent le conscient de l'Inconscient sont pratiques pour des interventions mécaniques mais elles ne peuvent résoudre les problèmes de fond, qui viennent en grande partie du fait d'être dissociés : en nous, de la vie, des autres, etc. Ce que confirment les récents rapports sur les vagues de suicides en entreprise ou le taux de dépression et d'obésité dans les pays occidentaux.

Souvenez-vous de Carl Gustav Jung qui expliquait dans *L'homme et ses symboles* (Robert Laffont) : « *Pour sauvegarder la stabilité mentale et même la santé physiologique, il faut que la conscience et l'inconscient soient intégralement reliés, afin d'évoluer parallèlement. S'ils sont coupés l'un de l'autre, ou dissociés, il en résulte des troubles psychologiques.* »

Carl Gustav Jung avait appris l'Hypnose avec Jean-Martin Charcot et Pierre Janet. Il a eu avec elle ses premiers résultats thérapeutiques et il l'a même enseignée (à la faculté de médecine de Zurich) mais il a fini par s'en détourner. En revanche, il aurait sans doute plébiscité l'Hypnose Humaniste, non-dissociante et qui travaille en plus avec les symboles et archétypes !

Vous comprenez mieux l'importance d'une intervention *en conscience*, en thérapie ou en coaching, « non-dissociée » et même mieux : en *état de conscience augmentée*. En union de conscience : Inconscient, conscient et Conscience.

EN RÉSUMÉ

- **En Hypnose Humaniste, votre esprit conscient**, le « vous habituel » est ce qu'il y a de plus important au monde.
- **C'est le conscient que l'on aide** à « gagner en conscience », à grandir ; c'est lui que l'on accompagne même jusqu'aux profondeurs de l'Inconscient.
- **Le conscient, une fois un peu plus « éveillé »**, participe à diriger le flux inconscient avec davantage de lucidité ; il ne refait plus les mêmes erreurs (pas de rechute après la thérapie) car il a appris (aspect pédagogique).

La Matrice : notre « grand Inconscient »

Comme vous vous en doutez, il n'y a pas d'un côté la « pure Conscience » (l'Information universelle) et de l'autre la matière – qui, du point de vue des physiciens, est aussi de l'information mais sous forme densifiée. Le passage de l'un à l'autre est graduel…

À SAVOIR

Platon avait une métaphore pour expliquer la transition entre le « monde des Idées » (pure Information) et le monde concret (informations basses) : il disait que toute cette lumière descendait sur des êtres enchaînés dans une demeure souterraine, qui ne voyaient ainsi que leurs ombres. C'est la fameuse allégorie de la caverne.

En des termes simples, on pourrait dire que la lumière est pure mais qu'elle traverse une verrière plus ou moins propre. Ainsi, cela fait des ombres projetées sur le sol en-dessous. Ceux qui essaient de nettoyer le sol (les ombres) pourraient y passer leur vie : car le souci ne vient pas d'en bas ! De même, on n'a jamais vu de taches dans la lumière, merci pour elle. Le souci, c'est bien le filtre ! C'est lui qu'il faut changer.

Notre âme est notre matrice...

Alors, il se trouve que la sagesse populaire a déjà donné un nom à cette épaisse couche d'informations. Il y a très longtemps, les Indo-européens ont baptisée « *anə* » l'information qui nous donne forme. Cela signifie « l'âme, le souffle », « ce qui anime », « l'esprit ». En français, on dit simplement : l'âme.

En grec ancien, ce même mot se dit *psukhè*, qui a donné la psyché, les psychothérapeutes, etc. En latin, c'est *spiritus*, l'esprit. Et tout cela a toujours le même sens de « souffle », « âme », au sens d'un principe de vie. Sur la même racine, on trouve aussi « animal » ou « animer ». L'âme est donc bien ce qui nous *anime*, littéralement.

En Hypnose Humaniste, pour rappeler que cette couche transforme l'Information universelle en informations spécialisées, ce qui *donne forme* aux petits oiseaux, comme aux arbres, aux poissons rouges ou aux humains, on l'appelle aussi *la Matrice*.

On retrouve l'idée de cette matrice unifiée chez les philosophes grecs autant que chez Leibniz, encore eux, ou chez nos physiciens et biologistes modernes. Certains l'appellent poétiquement : « l'âme du monde ». C'est notre grand Inconscient à tous. Un ensemble de blocs d'informations qui agissent comme des programmes pour tout ce qui existe.

À SAVOIR

Il existe donc un champ qui contient les informations (« qui donnent la forme ») de tout ce que l'on trouve dans notre monde. Et il existe des mini-champs spécialisés : les champs morphogénétiques (en biologie) ou archétypes (en psychologie).

Il y a ainsi un archétype « carré » pour tous les carrés, un archétype « moineau » pour tous les moineaux, un archétype « colère » pour la colère, un archétype « rhume » pour les rhumes, etc. La Matrice donne l'idée, la forme (information) afin que chaque chose puisse exister.

Précisions

- On appelle « Matrice » (ou âme) le champ qui contient toutes ces informations.
- On appelle « objets informationnels » les blocs d'informations spécialisés qui constituent la Matrice.

Bien sûr, c'est à double sens : nos activités *informent* en retour ce vaste champ, par un effet de résonance. C'est ainsi que tout évolue. Par exemple, le jour où un chirurgien réussit la première greffe du cœur, il partagea sa connaissance. L'information se répandit et, quelques temps après, de nombreux autres médecins réussissaient enfin les greffes du cœur.

Qui se ressemble s'assemble

Vous voyez que cela n'a rien de surnaturel. Sur internet, les gens qui ont les mêmes affinités se retrouvent aux mêmes endroits, sites ou blogs spécialisés, etc. Les informations qui forment la vie se comportent de la même manière : forcément, elles sont comme nous ou plus précisément, nous sommes comme elles !

Ainsi, il existe au niveau de la couche intermédiaire densifiée (la Matrice ou Âme) une multitude de blocs d'informations agglutinées par affinité : les objets informationnels. Lorsqu'ils sont propres à une seule personne, on les qualifie de « symboles ». Et lorsqu'on les retrouve partout autour de la planète, quel que soit le lieu et l'époque, on les appelle des « archétypes ».

Les objets informationnels sont les *idées* qui peuplent le « monde des Idées » de Platon (383 av. J.-C.). Ce sont les *monades* de Gottfried Leibniz (1714) ou les *archétypes* de Carl Gustav Jung (1907).

Le biologiste Rupert Sheldrake les nomme *champs morphogénétiques*, pour rappeler qu'ils forment le vivant et canalisent même l'évolution, selon le prix Nobel de médecine Christian de Duve ou le paléontologue Simon Conway-Morris.

Le physicien Bernard d'Espagnat dit très clairement que « *les Idées de Platon ne sont pas dans l'espace-temps ; elles existent indépendamment de l'esprit humain et sont les causes des phénomènes* » (*Un atome de sagesse*, Seuil). Ce sont donc bien des informations.

Vous connaissez ces expressions : « mais où va-t-il chercher tout ça ? », comme si les idées venaient d'ailleurs ; « je viens d'avoir une idée », « j'ai trouvé ! » ou « ça m'est venu comme ça », comme s'il y avait un espace à explorer où se trouvent les idées ; « qu'est-ce qui lui a mis ça en tête ? », « il ne peut pas se sortir ça de la tête » ou bien encore : « c'est une idée fixe ! », « c'est une idée reçue »... comme si les idées étaient habituellement douées de mouvement, qu'elles pouvaient arriver et repartir, se fixer, etc.

Ces expressions populaires sont pour nous les transcriptions d'une réalité concrète. Après tout, on sait depuis le milieu des années 1970 que notre cerveau fonctionne de manière holographique (Bohm, Pribam), comme dans les films de science-fiction où l'on voit le héros manipuler des données dans l'espace autour de lui.

« Tout ce qui peut être imaginé est réel. »

Pablo Picasso

Utilisation en thérapie et coaching

Ce sont ces objets informationnels que vous manipulerez en faisant de la thérapie symbolique, en Hypnose Humaniste. Puisqu'ils sont le « moule » qui donne forme aux moindres de nos sentiments, en les remodelant, vous remodèlerez vos pensées, émotions, comportements, etc.

En thérapie symbolique avancée (chapitre 7), ce sont ces mêmes objets informationnels, ici sous forme d'archétypes, qui vous permettront de soigner vos blessures inconscientes.

Au lieu de travailler en aveugle sur l'Inconscient, on aidera la personne à gagner en conscience afin qu'elle agisse sur la cause informationnelle de ses soucis. En modifiant le « moule », sa concrétisation émotionnelle, dans l'Inconscient, sera instantanément améliorée. Cela fonctionne même au niveau physique pour certaines choses, comme les anesthésies par exemple. Nous apprendrons tout cela.

L'accès à ces champs d'informations spécialisées est aussi une manne d'inspiration, de créativité, de découvertes (art, travaux de recherche, innovation, etc.) comme il permet de vérifier l'adéquation entre une action ou un produit et un public cible (marketing).

- **Il existe un espace intermédiaire** entre l'Information pure (Conscience) et l'information basse responsable de nos soucis : c'est notre Matrice (ou Âme).
- **Ce champ est constitué d'objets informationnels**, des blocs d'informations agglutinés par affinité qui donnent forme à toutes choses.
- **En intervenant sur nos objets informationnels** (mémoires, émotions, etc.), on peut modifier en temps réel leur répercussion en nous (au niveau de l'Inconscient).

Faire connaissance avec son Soi idéal

Vous savez que la Conscience (qui est pure Information) est à l'origine de tout ce qui est. Vous avez aussi compris que l'Information se densifiait jusqu'à former un milieu intermédiaire (Matrice) qui abrite les objets informationnels, ces blocs d'informations agglomérées qui donnent forme à la vie.

Quelqu'un de pointilleux demanderait : *et, quand est-ce que la pure Information devient « moi »* ? Oui, quand cesse-t-elle d'être totalement universelle pour se cristalliser en ce qui sera « nous », pour le meilleur et pour le pire ?

Effectivement, il existe un niveau où le collectif s'individualise. L'Information devient « votre Information », littéralement : *ce qui vous forme, vous.*

En Hypnose Humaniste, nous appelons cette frontière perméable : le Soi idéal, afin de rappeler qu'il est aussi fait d'Idées. *C'est l'Information du « meilleur nous possible »* : la strate qui contient toutes les informations nécessaires à notre vie et l'ensemble des scénarios possibles, y compris le meilleur.

Le Soi idéal n'est pas synonyme de « Soi parfait ». Le terme « idéal » signifie que ce champ morphogénétique (*qui donne forme au vivant*) est fait d'Idées, d'informations. Si ce champ donne forme à une vie de malheurs, vous conviendrez que cela n'a rien de merveilleux !

En revanche, le Soi idéal contient l'idée du plus bel aboutissement à une pareille vie car, finalement, c'est le but de toutes choses que de s'améliorer. Et vous comprenez alors que la vie forme à la fois le problème et les voies de solution possibles : les chemins qui permettent le voyage jusqu'à sa plus belle destination.

Admettons que vous vouliez nettoyer une verrière (pour reprendre la métaphore de la page 71). Si la tache qui filtre et assombrit la lumière est celle de la « jalousie », il vous faudra bien ressentir de la jalousie pour pouvoir la transcender et l'illuminer, la *nettoyer*...

Ainsi, votre Soi idéal va créer le chemin qui vous fera rencontrer la jalousie afin de vous donner la possibilité de la transcender et, ainsi, nettoyer un petit bout de la verrière commune, à votre mesure.

Partager une mission collective

Pour continuer dans la métaphore des rayons de soleil qui font ce qu'ils peuvent pour illuminer chacun un petit morceau de grisaille, nombreux sont ceux qui s'attellent à la tâche des maladies graves, comme le cancer, par exemple, pour prendre la plus répandue.

Un biologiste ou un chercheur spécialisé vous expliquerait qu'il faut un champ d'informations « cancer » pour que cette maladie existe. Par ailleurs, vous savez bien que la nature se diversifie (voyez la richesse de la faune et de la flore) : elle ne met jamais tous ses œufs dans le même panier !

La tâche « cancer » n'échoit donc pas qu'à une seule personne et heureusement, la pauvre ! Des milliers et milliers de petits rayons de lumière sont là pour nettoyer l'immense tache, certains avec plus ou moins de succès mais tous participent.

Ainsi, pour chaque personne qui guérit ou qui fait un pas vers la guérison, même si elle ne l'atteint pas : un petit morceau de la tache est nettoyé ! Un jour viendra où il n'y aura plus de tache, donc plus d'information « cancer ». Plus rien qui *donne forme à* cette maladie... Plus de cancer !

Et il en va ainsi pour toutes les « taches », toutes les maladies, tous les soucis, chaque travers humain... C'est une des choses qui rend notre Hypnose « humaniste ». Grâce à son intervention au niveau informationnel, elle travaille directement sur les « taches » (champ d'informations basses). Et chaque fois que la verrière devient plus lumineuse, elle laisse passer davantage de lumière pour tous.

C'est l'effet *d'information en retour* que décrit le biologiste Rupert Sheldrake. Et cela fonctionne à tous les niveaux, y compris les plus petits, dans un couple, une famille, une association ou une entreprise : les apprentissages, comme tous changements, font boule de neige.

Comprendre la raison de son voyage

Donc, un certain Soi idéal porte l'information d'une maladie comme d'autres portent l'information de la jalousie ou la dépression mais bien sûr aussi le bonheur, la joie, le plaisir, le talent pour la musique, la peinture, etc.

Il n'est ni mieux ni pire de porter en soi des informations « agréables », « utiles » ou « désagréables », « inutiles » : ces adjectifs sont des jugements par rapport à un ressenti émotionnel. C'est compréhensible mais le Soleil, lui, est au-delà de tout ça : il illumine sans distinction les belles et les moins belles choses. Et il faut bien que certains rayons de lumière se chargent de dissiper les ombres !

Du point de vue de la Conscience, le but de notre voyage serait ainsi d'illuminer notre part de vie : jouer avec le scénario qui nous est donné, nos ombres et notre lumière, pour amener le tout à sa plus heureuse conclusion.

Vous découvrirez que la plupart des techniques d'Hypnose Humaniste (thérapie ou coaching) se font à partir du Soi idéal – celui-ci étant votre niveau de création maximal. Cela vous permettra de prendre conscience de ce qui coince sans perturbations mentales (le conscient étant « élevé » avec vous) et de procéder facilement aux modifications nécessaires car vous serez au niveau qui crée toute votre vie.

EN RÉSUMÉ

- **Le Soi idéal est la plus haute strate** de vous-même, le « meilleur vous possible ».
- **Le Soi idéal est ce qui vous pousse** à toujours améliorer votre vie.
- **Vous placer au niveau de votre Soi idéal**, grâce aux inductions hypnotiques humanistes, vous permet de prendre conscience du travail à faire sans perturbations et de procéder aux changements nécessaires avec le plus d'efficacité car vous serez à votre plus haut niveau créateur.

Si j'ai bien compris...

La vie est un immense champ d'information qui s'exprime en cinq paliers de densification :

1. **Le corps**, la densification maximum de la Conscience.
2. **L'Inconscient**, fait de nos automatismes vitaux (3 strates).
3. **Le conscient**, rencontre de l'Inconscient et de la Conscience.
4. **La Matrice** (âme), champ de formes, de l'Inconscient au **Soi idéal.**
5. **Le Soi idéal,** l'information du meilleur vous possible.
6. **La Conscience pure**, notre être essentiel, qui englobe tous les niveaux.

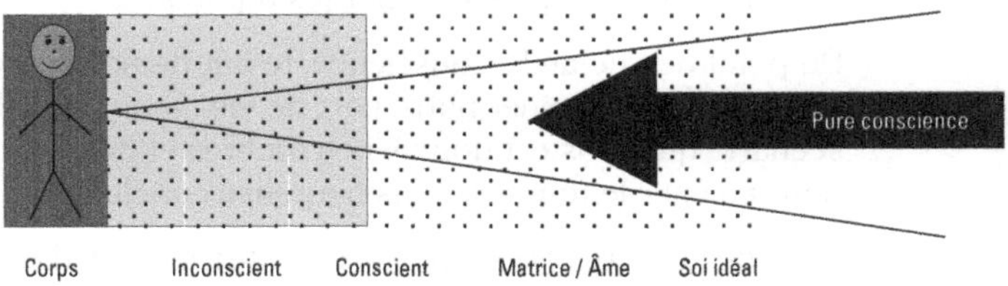

Donc, en intervenant directement au niveau supérieur de la Conscience, vous aurez le meilleur impact possible sur tous les niveaux en-dessous.

L'information constitue ainsi le matériau de base de tout ce qui existe. Souvenez-vous du mot de John Wheeler, l'ami d'Einstein : « Tout est fait d'information ! »

On pourrait faire le parallèle avec l'analyse de l'Univers, confirmée en 2013 par le satellite Planck :

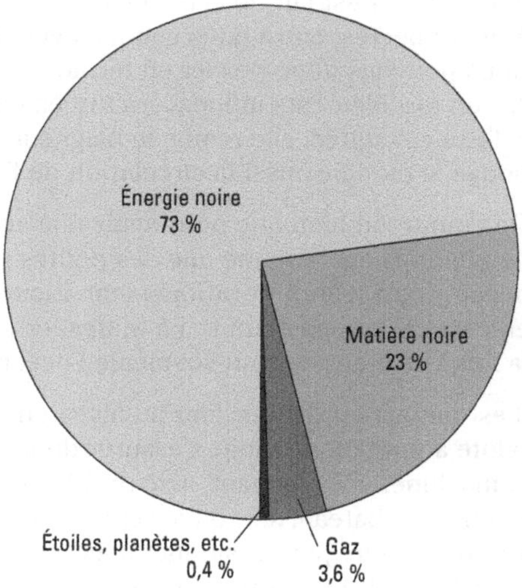

À SAVOIR

Selon les astrophysiciens, tout ce que vous connaissez de l'Univers, constitué de matière solide, liquide, gazeuse, etc. ne représente que 4 % maximum de l'Univers réel. À peine une miette ! Eh oui ! Certains pensent même qu'en fait, toute la matière connue n'est que pour 0,4 % de l'Univers…

Tout le reste est fait de composants inconnus : la *matière noire* (23 %) et *l'énergie noire* (ou lumière noire, 73 %). Autrement dit, au moins 96 % de l'Univers est invisible, plus immatériel encore que du vide : c'est de l'information !

Tout cela ressemble beaucoup à la Conscience se matérialisant : d'abord sous forme de lumière noire, puis de « matière noire » (en réalité non-matérielle, sinon on pourrait l'observer). Un peu comme la pure Conscience devenant Matrice, puis matière…

À ce jour, nous ne disposons pas des moyens techniques qui permettraient d'analyser le matériau de ces strates… Comme l'Information, en somme !

Tous connectés

Puisque tout est fait de la même essence, nous sommes tous interconnectés, entre nous comme avec tout ce qui existe. Nous pouvons donc penser en termes de *réseau*. Une action sur un des éléments influencera forcément tout le système : si l'eau est agitée, elle remue le baigneur mais si le baigneur bouge, il modifie aussi la circulation de l'eau.

On comprend bien que pour avoir une action significative, on ne peut pas agir comme une des petites gouttes d'un immense océan – cela n'aurait pratiquement aucun effet. L'action la plus efficace se fera en étant uni à toutes les petites gouttes d'eau à la fois : en étant devenu soi-même l'océan !

Il est important d'intervenir au niveau de l'Inconscient, notre pilote automatique, pour s'assurer du bon fonctionnement de la machine… Maintenant, si le problème vient des flots qui remuent le bateau, soit on accepte son sort sans rien faire, soit on s'ouvre pour fusionner avec les éléments, la Matrice, et on calme cet océan qui nous malmène.

Notre être profond aussi rêve de redevenir ce bain créateur, source de calme et de vie.

Agir sur soi pour agir sur le monde

Penser le monde de manière holistique, symbolique et systémique, comme un ensemble d'individus connectés (ou qui devraient l'être) permet une action thérapeutique ou de coaching plus vaste et plus puissante, qu'elle soit personnelle ou interpersonnelle (famille, couple, entreprise).

Chapitre 4

Découvrir les principes de l'Hypnose Humaniste

Dans ce chapitre :

- Ouvrir son esprit en s'inspirant des idées de grands penseurs
- Jongler avec les 7 principes qui sous-tendent l'Hypnose Humaniste

Chaque technique s'appuie sur un ensemble d'idées qui la caractérise et fait son originalité. Dans certaines approches, comme la Programmation Neuro-Linguistique (PNL), les expériences des praticiens les plus brillants ont été analysées afin de comprendre ce qui les caractérisaient, non pas techniquement mais par rapport à ce qu'ils pensaient : comment est-ce que ceux qui ont les meilleurs résultats voient le monde ? Quelles sont leurs idées, leurs motivations ?

Plus que des savoirs théoriques ou pratiques, ce qui distingue une personne d'une autre vient avant tout de ce qu'elle a dans la tête.

Alors, tâchons de lister quelques-uns des principes en œuvre dans l'esprit des hypnothérapeutes humanistes. Cela vous permettra éventuellement d'en adopter certains, si vous le souhaitez et du moins d'inspirer votre pratique personnelle.

Les bases d'un savoir-vivre : s'inspirer des penseurs d'hier et d'aujourd'hui

« *Comme le corps s'accroît par les aliments, notre esprit s'accroît par les idées* » expliquait le philosophe J. G. von Herder. C'est la description exacte, bien que métaphorique, du fonctionnement d'un champ d'informations tel que nous l'avons expliqué au chapitre précédent.

Ce que vous savez maintenant des mécanismes de l'Inconscient, de la Conscience, de la Matrice et de l'Information en général vous permet déjà de mieux comprendre le monde et les personnes qui l'habitent.

ANECDOTE

Hier soir, je regardai un film à grand spectacle avec mes enfants, « La colère des Titans ». Cela parlait de batailles entre les dieux grecs, affaiblis parce que les humains ne les priaient plus assez. Kronos, père de tous les dieux et maître du temps, menaçait de les faire disparaître.

Une compréhension symbolique, même simple, du scénario donne toute son ampleur à l'histoire : les dieux qui avaient donné naissances aux humains, ce sont les blocs géants d'informations à l'origine de tout, dans la Matrice. La prière des humains qui entretient la force des dieux, c'est le phénomène *d'information en retour* qui alimente ces objets informationnels. Dans le film, ces prières étant moins nombreuses, l'apport d'informations basses faiblissait, mettant en périls les « dieux » : les objets informationnels... et, par extension, la Matrice tout entière !

D'où l'arrivée de Kronos, le dieu du temps apparu au moment du Big Bang, lorsque la matière jaillit du champ infini d'Information originelle, offrant ainsi un support à l'Univers tangible. C'est donc bien le temps qui maintient la création (l'espace) et qui finira par y mettre fin.

Quelle surprise de voir les mécanismes de la vie mis en images dans un film hollywoodien ! Comprendre le monde par l'Hypnose Humaniste donne une autre dimension aux grandes interrogations de l'existence !

C'EST À VOUS

Vous pouvez jouer à décrypter d'autres films, comme :

Au-delà de nos rêves, de Vincent Ward, avec Robin Williams.	*Matrix*, la trilogie de Lana et Andy Wachowki, avec Keanu Reeves.
Cloud atlas, de Lana et Andy Wachowski, avec Tom Hanks.	*L'Agence*, de George Nolfi, avec Matt Damon
Constantine, de Francis Lawrence, avec Keanu Reeves.	*The Island*, de Michaël Bay, avec Ewan McGregor
La Belle Verte, de Coline Serreau, avec Vincent Lindon.	*Un jour sans fin*, de Harold Ramis, avec Bill Murray

Et bien d'autres… L'essentiel se cache souvent derrière les apparences ! Donc, pensez « symboles » et « informations » et comprenez au-delà de ce que l'on vous montre.

Lorsque vous aurez fait de la thérapie symbolique avancée (chapitre 7), vous pourrez aussi redécouvrir la signification symbolique des contes et légendes de votre enfance ou des histoires mythologiques.

Certaines idées importantes ne sont pas forcément médiatisées mais on les retrouve dans la philosophie de vie des personnes qui réussissent le mieux. Dans l'idéal, pour faire aussi bien, il faudrait découvrir comment ces personnes pensent, quelle est leur vision du monde.

Les citations révèlent bien des choses sur l'état d'esprit de chacun. Prenons un exemple célèbre : Pablo Picasso. Bien sûr, il peignait très bien – mais beaucoup d'autres personnes peignent formidablement. Bien sûr, il a créé un style mais nombre d'inconnus font de même et restent inconnus… Alors ?

Jetons un œil à quelques pensées de Picasso :

- « *Tout ce qui peut être imaginé est réel* » : celle-ci, vous la connaissiez déjà ! À croire que ce bon Pablo était humaniste…
- « *On met longtemps à devenir jeune* » : apparemment, il pressentait aussi que l'expérience accumulée (informations) dynamise notre système.
- « *Les accidents, essayer de les éviter… c'est impossible. Ce qui est accidentel révèle l'homme* » : il connaissait la force et le rôle des hasards de la vie !
- « *Dans chaque être humain vit une colonie entière* » : tiens, on retrouve l'idée des strates et des objets informationnels qui forment chaque personne.
- « *J'essaie toujours de faire ce que je ne sais pas faire, c'est ainsi que j'espère apprendre à le faire* » : et il considérait ses limites comme des indicateurs de croissance, des points à dépasser.
- « *Si l'on sait exactement ce qu'on va faire, à quoi bon le faire ?* » : oui, il savait que les connaissances nouvelles se cachent dans l'inconnu…

- « *Je ne cherche pas, je trouve* » : voilà la détermination et la confiance qu'apporte une telle vision du monde !

On pourrait écrire des livres de développement personnel seulement avec des citations. Si on combine les pensées les plus marquantes des personnes que l'on apprécie le plus, on finit par se construire une *vision* personnelle forte et efficace, qui nous permet de vivre mieux.

Voilà pourquoi tant de gens aiment les citations : elles les aident à construire leur esprit. Notre matrice personnelle étant faite d'idées, celles dont nous avons héritées, il est gratifiant d'améliorer chaque jour un peu plus notre édifice en récoltant de nouvelles idées à notre goût (au goût de notre Soi idéal).

Comme vous l'avez fait pour les films, prenez un temps pour rechercher sur internet les citations de personnes inspirantes.

Voici quelques auteurs aux idées différentes et complémentaires :

Alain (le philosophe)	Goethe	Montaigne
Albert Camus	Henri Bergson	Montesquieu
Albert Einstein	Henry David Thoreau	Napoléon Bonaparte
Alexandra David Neel	Héraclite d'Ephèse	Oscar Wilde
André Gide	Honoré de Balzac	Pablo Picasso
Antoine de Saint-Exupéry	Horace	Platon
Aristote	Jean Cocteau	Ralph Waldo Emerson
Benjamin Franklin	Jean-Paul Sartre	René Descartes
Blaise Pascal	Jonathan Swift	Saint Augustin
Confucius	Khalil Gibran	Sénèque
Epictète	Léonard de Vinci	Socrate
François Rabelais	Louis Aragon	Victor Hugo
Friedrich Nietzsche	Louis XIV	Voltaire
Gandhi	Marc Aurèle	William Blake
George Bernard Shaw	Mark Twain	William Shakespeare

Vous pouvez aussi piocher dans les nombreux proverbes du monde.

Choisissez 7 citations par auteur, afin d'aller à l'essentiel. Évidemment, c'est du travail mais, comme disait Picasso : « *Les autres parlent, moi je travaille !* » Voyez où ça l'a mené !

Parfois la même idée est partagée par différentes personnes. C'est le cas de Thomas Edison qui rejoint Pablo Picasso : « *Le génie est fait d'un pour cent d'inspiration et de quatre-vingt-dix-neuf pour cent de transpiration.* » Edison ne disait-il pas aussi que « *Il n'y a aucun expédient auquel un homme ne fera appel pour s'éviter le véritable travail de la pensée* » !

Au final, appliquez dans votre vie les belles idées que vous aurez récoltées. Comme le préconisent Thomas Edison: « *La valeur d'une idée dépend de son utilisation !* » et André Malraux, homme de caractère s'il en est : « *Les idées ne sont pas faites pour être pensées mais pour être vécues.* »

D'ailleurs, Edison vous encourage : « *Si nous faisions tout ce que nous sommes capables de faire, nous en serions abasourdis !* »

Vous voyez comme l'on pourrait changer notre vie en adoptant les idées des grands esprits !

Enfin, le biologiste anglais Peter Medawar nous rappelle que « *l'esprit humain traite une nouvelle idée de la même manière que son corps le ferait d'une protéine étrange ; il la rejette.* » Ayez donc le courage de lutter contre ce réflexe inconscient (strate 1, qui vous pousse à la stagnation, sous le prétexte de vous protéger). Ne faites pas l'enfant : goûtez la soupe avant de déclarer si elle vous plaît ou non !

« *Les idées des autres sont nôtres quand nous les avons faites telles par notre adhésion* » vous aurait expliqué l'aventureuse Alexandra David-Neel, qui savait comment nourrir son âme.

Et concluons cette section par un mot du réalisateur australien Peter Weir (*Le Cercle des poètes disparus*, *Truman Show*... encore de bons films à passer au crible !) :

> « *Peu importe ce que l'on pourra vous dire,*
> *les mots et les idées peuvent changer le monde* ! »

Intégrer les 7 principes de l'Hypnose Humaniste

Les idées les plus puissantes ne sont donc pas forcément exprimées par leurs auteurs mais elles guident leurs actes. Pour découvrir les sept principes essentiels de l'Hypnose Humaniste, jouons au « jeu des 7 familles ». Cela vous inspirera sans doute de nouvelles idées et vous ouvrira le champ des possibles.

Les idées que vous acceptez déterminent votre vision du monde, vos ressentis et vos comportements, en thérapie comme dans la vie.

Si vous voulez tester une idée, faites semblant de l'adopter. Croyez à cette idée pendant quelques temps, sincèrement… et constatez ce que cela change dans votre vie.

- **Si cela coince, si c'est moins bien**, vérifiez que la nouvelle idée n'est pas en train d'être boycottée par l'ancien système, celui que vous cherchez justement à faire évoluer : méfiez-vous de votre cher ami l'Inconscient. Souvenez-vous que c'est lui qui déclenche les émotions que vous ressentez et qu'il risque de rejeter toute idée nouvelle, même si elle est bonne pour vous !
- **Et si après l'avoir testée, la greffe ne prend pas**, en toute bonne écologie avec votre système : abandonnez cette idée et passez à autre chose.
- **Enfin, dès lors que vous découvrez une idée qui conduit à un mieux-être** dans votre vie, alors la question est réglée : adoptez-la ! Elle est vôtre !

L'Hypnose Humaniste préconise d'agir *en conscience*. Voici donc quelques idées essentielles avec lesquelles vous pourrez jongler dans votre vie :

1. Vous êtes fait d'informations (les *Idées* de Platon). Cet ensemble d'informations, c'est « Vous », votre esprit et même votre vie tout entière. Ce « vrai vous » crée votre réalité. *Vous pouvez donc changer de croyance ou d'idée si cela peut vous rendre plus heureux.* À vous d'en décider ! *Dites-vous que tout est possible* – et ça le deviendra !

Ah oui ! Si votre Conscience a pris la peine de se densifier pour former celui que vous êtes, ce n'est probablement pas pour rien. Ne recherchez donc pas une vie meilleure loin de vous ni dans un paradis imaginaire ! Nous sommes des êtres de chair et d'os. L'Hypnose Humaniste est une approche hédoniste. L'un de ses adages est : « *Vanille ou chocolat* ? *Pourquoi choisir* ? *Vanille et chocolat* ! » Un pied dans chaque monde : la tête dans les étoiles et les pieds bien accrochés sur Terre. D'où les inductions hypnotiques « en associé » : on ne veut pas fuir ce monde, on veut au contraire s'y enraciner, le guérir et y vivre heureux !

2. La Conscience s'exprime en différentes strates : votre corps et l'Inconscient, faits d'informations denses, qui s'élèvent jusqu'à votre Matrice (âme) et jusqu'à la pleine Conscience.

Votre esprit conscient, le « vous » qui lit ces lignes en ce moment, est la ligne de démarcation entre l'Inconscient et la Conscience. Symboliquement, c'est le trait d'union entre le Ciel et la Terre. Il a ainsi un potentiel immense ! De fait, *il vous est théoriquement possible d'accéder en conscience à chaque partie de vous-même,* de la plus profonde (mémoires physiques) à la plus pure (champs d'informations de la Matrice et de la Conscience).

Ce n'est évidemment pas si facile. Un des buts de notre voyage dans l'existence est précisément de parvenir à cette action complète sur nous-même. C'est aussi le but premier de l'Hypnose Humaniste : devenir capable de vivre et d'agir *en conscience.*

Il en découle le point suivant…

3. Vous êtes plus que ce que vous pensez. Goethe disait que « *pour qu'un homme accomplisse tout ce qu'on lui demande, il doit se considérer comme plus grand qu'il n'est.* » Arrêtez donc de penser que vous n'êtes que votre petit esprit conscient ! Votre être complet, Inconscient et Conscience, est bien plus vaste. De plus, vous savez maintenant que nous sommes tous connectés… *Vous réussirez mieux tout ce que vous faites en vivant « en votre âme et conscience ».* Ce que l'on appellerait *en état de conscience augmentée* – en attendant que cela devienne votre état ordinaire, au quotidien.

Prenez d'abord conscience de votre esprit profond, puis soignez-le pour vous en faire un allié (vous ferez cela en thérapie symbolique avancée). Vivez éveillé, conscient des éventuels soucis à régler et cherchez à maintenir votre connexion *en conscience* au quotidien. Alors, comme le disait l'écrivain Paolo Coelho : « *Quand vous voulez quelque chose, tout l'Univers conspire à vous permettre de réaliser votre désir.* »

4. La réalité est une construction de notre cerveau : comme un poisson dans l'océan qui chercherait l'eau, nous sommes aveugles à l'évidence. Notre Conscience la plus élevée est l'origine de toutes choses. Notre cerveau, en véritable décodeur, lui donne la forme que nous connaissons…

Bien sûr, nous ne sommes qu'une goutte d'eau de cet immense océan – mais l'océan n'est-il pas fait de toutes ces gouttes d'eau ? Bien sûr que si !

Étant une petite partie de l'Information du Tout, *il est possible, à votre mesure, de changer et d'améliorer votre quotidien.* Cela passe souvent d'abord par soigner le « décodeur », afin que l'Information circule librement et sainement.

Ainsi, comme le baigneur qui remue l'eau de sa piscine, votre intention mobilisera les Idées qui peuplent votre Matrice. Elle peut aller jusqu'à les réaliser (littéralement : les « rendre réelles »). *Votre intention est créatrice.*

Notez qu'à ce niveau, comme le disait Shakespeare : « *Rien n'est bon ni mauvais mais y penser le rend ainsi* ». Ni bien, ni mal : seulement la Vie qui s'expérimente. Donc, si quelque chose vous est désagréable, faites en sorte de modifier le cours de votre existence. Nul besoin de maudire la Vie ou les autres ! Shakespeare vous expliquerait que « *gémir sur un malheur passé, c'est le plus sûr moyen d'en attirer un autre !* »

Tout ce que vous pouvez imaginer existe ou peut exister ! Albert Einstein vous enseignerait que « *toute réalisation a d'abord été un rêve dans la tête de quelqu'un.* » C'est tellement vrai que Shakespeare ajoutait même : « *Ils ont échoué parce qu'ils n'avaient pas commencé par le rêve.* »

À sa manière, Saint Jean disait simplement : « *Il vous faut naître d'en-haut.* »

Votre Vie suit vos pensées : faites que celles-ci aillent dans le sens de vos rêves !

5. Nous sommes tous égaux en Conscience : le champ originel d'Information est Un. C'est un grand soleil dont nous sommes les rayons, l'expression. Bien sûr, il y a des niveaux de densité différents dans la Matrice (informations basses), sinon la Terre serait un paradis mais ces *ombres* sont les filtres, les nuages qui cachent le soleil et que chaque rayon travaille justement à dissiper.

Ne confondez pas les blocs d'informations qui distordent la pure Conscience et forgent notre réalité imparfaite avec *l'Information pure* qui vous donne vie. Vous êtes une goutte d'eau de ce vaste océan. Vous subissez plus ou moins la pollution mais vous êtes de même origine et à égalité avec toutes les autres gouttes d'eau !

C'est la Matrice (objets informationnels, archétypes, etc.) et l'Inconscient (symboles, mémoires cellulaires, etc.) qui portent notre éducation et nos blessures et nous différencient en apparence. Donc, comme déjà dit, *il n'y a ni bien, ni mal* car on ne peut pas en vouloir à quelqu'un d'être blessé ou mal éduqué. En revanche, il est de notre devoir moral de l'aider à se soigner (thérapie) et à grandir (pédagogie, coaching) si la personne en a fait la demande.

Un « idiot », un « malade » ou un « fou » est ainsi une Conscience égale à la nôtre, coincée dans une gangue blessée, qui lui fait oublier *ce qu'elle est vraiment. Nous avons tous une raison de vivre notre vie.* Vous pourrez reprendre conscience des causes de votre existence et du meilleur chemin à suivre en accédant à votre Soi idéal (le meilleur vous possible), grâce aux *états de conscience augmentée.*

Vivre connecté à ce que vous êtes vraiment a d'ailleurs tendance à augmenter la survenue de ce que Carl Gustav Jung appelait les « synchronicités », ces *heureux hasards qui prennent sens* pour vous !

6. Nous sommes tous interconnectés : comme les physiciens l'ont découvert, chaque particule qui voyage et s'entrechoque dans l'Univers n'échange pas seulement de l'énergie mais aussi de l'information. L'Univers est donc comme un ordinateur gigantesque, un système *informatique*. Notre Conscience, petite goutte d'eau dans l'océan, profite ainsi d'un champ d'informations qui nous dépasse largement et qui porte aussi la mémoire de l'Humanité.

Vous accédez inconsciemment et en permanence à davantage de ressources que vous ne le pensez. Il s'agit maintenant de s'entraîner à le faire consciemment.

Point corollaire mais utile en thérapie comme en coaching : le système fonctionne en synergie. Donc, la partie entraîne le Tout comme le Tout peut entraîner chaque partie. Lorsque vous êtes un peu plus heureux, cela rend votre entourage également un peu plus heureux et, du coup, cela se répercute sur l'entourage de votre entourage et l'entourage de l'entourage de votre entourage et ainsi de suite…

On peut ainsi mobiliser un des maillons de cette grande chaîne pour aider un autre maillon, même éloigné – par exemple, en thérapie familiale ou dans une entreprise, pour aider indirectement quelqu'un. On retrouve ces idées en thérapie systémique comme en psychologie sociale. Nous les appliquons simplement au niveau de l'Information, à l'origine des soucis et non sur leurs conséquences. Résultat :

7. Tout ce qui profite aux uns, profite aux autres – et inversement ! Puisque nous fonctionnons tous grâce au même bain d'Information, tout ce qui peut le rendre meilleur profite à tout le monde.

En agissant sur l'information qui cause vos soucis, non seulement vous changez plus facilement et plus rapidement mais cette information nouvelle, assainie, profite à la suite au plus grand nombre. C'est ce qui rend notre Hypnose… humaniste !

Autre point : la désunion, la perte du lien conscient avec la Vie et nos prochains, est à l'origine de la plupart de nos maux. Retrouver la connexion – avec soi-même, les autres et le monde autour – est donc thérapeutique et hautement profitable.

Guérir ou vivre heureux est ainsi non seulement possible mais c'est même l'évolution naturelle de toute la Création. *Être heureux est votre mission en conscience !*

Les principes de l'Hypnose Humaniste peuvent facilement trouver leur place dans votre vie quotidienne : nul besoin d'être « professionnel » ou « thérapeute » pour cela !

Troisième partie

Changer en toute conscience

Dans cette partie…

Ici vous entrez de plein pied dans les bonnes pratiques de l'Hypnose Humaniste, que vous souhaitiez en bénéficier pour vous-même ou y recourir pour les autres.

En Hypnose Humaniste, une attention particulière est accordée à l'anamnèse, cet échange primordial par lequel commence la séance. Pour enrichir cet échange, de nombreux outils sont ainsi détaillés et mis à votre disposition dans cette partie.

Au-delà du déroulement d'une séance type d'Hypnose Humaniste, c'est dans cette partie que vous apprendrez à pratiquer sur vous-même afin de vous ressourcer et de renforcer votre confiance dans cette technique.

Chapitre 5

Entrer dans la Matrice !

Dans ce chapitre :

- Apprendre à enrichir l'anamnèse pour que la séance d'Hypnose soit la plus bénéfique possible
- Explorer les différentes techniques d'induction hypnotique en ouverture
- Appréhender le déroulement type d'une séance d'hypnose

Eh oui, quand tout va mal dans la vie, on rêve parfois de « redevenir comme avant ». C'est oublier un peu vite que *la vie d'avant* a mené aux problèmes actuels. Retourner à l'état précédent ne ferait que relancer le même scénario ! Il faut donc grandir pour se mettre à l'abri des soucis.

Commençons par le début

Comment se déroule une rencontre d'Hypnose Humaniste ? Bien, merci.

Tout thérapeute ou coach vous expliquera qu'il faut d'abord faire connaissance avec la personne. C'est amusant, ce mot, n'est-ce pas ? Co-naissance… On appelle cette première phase de la rencontre : *l'anamnèse*. C'est le moment où le thérapeute (ou le coach) pose les questions qui lui sont nécessaires pour bien cibler l'objectif de la personne, mieux comprendre son caractère, ses éventuelles blessures inconscientes et, ainsi, choisir correctement la technique thérapeutique (ou de coaching).

À SAVOIR

Nous allons continuer d'écrire en parlant seulement de « thérapeutes ». Ce sera plus agréable à lire que de répéter sans cesse « et les coachs aussi ». Bien sûr, les techniques d'Hypnose Humaniste s'adressent autant aux thérapeutes qu'aux coachs, comme aux dirigeants, managers, chefs de projet, pédagogues, etc. Disons donc que « thérapeute » sera le nom générique de tout ce petit monde !

Alors, ce livre n'est pas fait pour vous apprendre à diriger une anamnèse, bien que ce soit un des moments fondamentaux de la rencontre. Ce serait hors-sujet et il y aurait trop à dire pour la place dont nous disposons : bases de communication, langage, questionnement, posture, etc.

Faites comme vous l'avez appris ou reportez-vous à des ouvrages spécialisés (cf. Bibliographie en annexes page 319). L'essentiel est de vous faire une idée précise de la situation de la personne, de sa psychologie et de lui faire passer les notions dont elle aura besoin pour la suite de la rencontre.

Au niveau de l'anamnèse, l'Hypnose Humaniste vous apportera quelques spécificités comme…

La poussée aux épaules

Le corps et l'esprit sont intimement liés, par nature. Une faiblesse dans l'un marque infailliblement l'autre : un excès hormonal peut rendre agressif, tout comme une dépression ou un chagrin fatigue le corps… L'idée est donc ici de tester le tonus physique, pour détecter d'éventuelles failles psychologiques, un peu à la manière du « test du bras » de la kinésiologie.

En Hypnose Humaniste, c'est tout le corps qui nous servira d'indicateur. On pourra, par exemple, observer si la personne est affaiblie côté droit (masculin) ou gauche (féminin), si elle manque d'enracinement, si elle est encore accrochée au passé, etc.

Ainsi, pendant ou juste après l'anamnèse, *alors que la personne est « pleine » de ses soucis*, proposez-lui une petite expérience.

Le protocole de la poussée aux épaules

1. **Levez-vous** et demandez à la personne de vous rejoindre. La plupart des gens se positionneront un peu à votre droite ou à votre gauche.

2. **Expliquez** ce que vous allez faire en le mimant sur vous : (*mettez vos deux poings fermés souplement sur le creux de vos propres épaules*) « Alors, je vais simplement poser mes mains fermées sur vos épaules et déplier les doigts, sans force. C'est tout ».
   - Gardez la main qui est du côté de la personne sur votre épaule et faites le geste d'ouvrir les doigts, doucement, avec l'autre main, devant vous, pour montrer à la personne que vous ne mettrez aucune force. Il faut qu'elle comprenne que vous ne la pousserez pas physiquement (avec votre poids) !
3. Demandez à la personne si **elle accepte que vous posiez vos mains sur ses épaules**. Puis, **approchez une main de son épaule** : votre main gauche si la personne est sur votre gauche et votre main droite si celle-ci est à votre droite.
   - Posez le dessus de vos doigts, premières phalanges, poings refermés souplement, contre le creux de l'épaule de la personne.
   - L'autre main reste éloignée un instant, puis vient se poser sur l'autre épaule de la personne (refermant le cercle qui vous unit).
   - Vos poignets doivent se faire face afin de pouvoir pousser légèrement la personne lorsque vous rouvrirez les doigts.
4. Une fois en position et après avoir encore demandé à la personne si elle est bien d'accord pour l'expérience, **demandez-lui de fermer les yeux** et de repenser à ce qui la gêne (le souci qui l'amène en thérapie ou en coaching).

   Ouvrez alors les mains sans forcer : dépliez vos doigts. Vu le peu de force émise, la personne devrait simplement « onduler » sous la pression, comme une algue dans le courant, souple, enracinée, tonique et bien en équilibre.
   - Si ce n'est pas le cas : quelque chose coince dans la personne !
   - Si la personne vous « contre » (elle donne un petit coup sec sur vos mains avec ses épaules), demandez-lui de juste se laisser faire et recommencez.

Maintenant, reculez afin de laisser la personne décrire par elle-même sa réaction physique.

Vous pouvez même lui demander de vous pousser aux épaules, à son tour – ce qui a l'avantage de montrer que le thérapeute est bien à égalité avec la personne – et vous lui mimerez différentes réactions possibles, dont la sienne.

Cet homme consulte pour un abattement général, fatigue chronique, pas de récupération, etc. Il a divorcé il y a plusieurs mois. Il doit peiner à s'en remettre car son corps a complètement cédé à la poussée du côté gauche, le côté du cœur, des émotions, qui représente symboliquement la facette « féminine » de notre Inconscient (anima) :

« (*Après la poussée aux épaules*) Alors, d'après vous, que signifie votre réaction ?

- Je ne sais pas trop…
- Eh bien, que s'est-il passé ?
- Euh… ça n'avait pas de force à gauche *(Remarquez qu'il parle en dissocié.)*.
- Oui, c'est ça, *vous* avez lâché du côté gauche *(Je le réassocie : « vous avez… »).*

  (Silence, il attend que le thérapeute donne la réponse !)
- Et donc, que cela signifie-t-il d'après vous ? *(Je ne me laisse pas faire.)*
- Je ne sais pas, moi… C'est la fatigue, peut-être ? *(Il ne veut pas s'avouer qu'il est encore marqué par son divorce.)*
- Ben, je ne sais pas… (*Je joue à son petit jeu « je ne sais pas » mais je propose un début de compréhension.*)… Il vous est déjà arrivé qu'une jambe vous lâche tout d'un coup, pendant que vous faisiez du sport ?… Un peu comme une suspension qui s'affaisse… (*métaphore automobile qui lui parlera certainement*)
- Oui, c'est une faiblesse du côté gauche… (*pensif*) C'est le côté du cœur, c'est ça ?
- Eh ! *(Il a trouvé* !) Vous avez le cœur de quel côté, vous ? Et où mettriez-vous vos émotions ?… Qu'est-ce qui peut bien provoquer cette faiblesse ?

– Vous voulez dire que c'est mon divorce qui me rend encore comme ça ? C'est incroyable ! J'en avais fait mon deuil, pourtant…

– Vous voyez comme les choses du cœur peuvent vous marquer profondément. Ce n'est pas que dans la tête. D'ailleurs, quand une personne vient de rompre une relation amoureuse, elle dit souvent « j'ai le cœur brisé ». Eh bien, son cœur est plus fragile, réellement, pendant plusieurs mois ! Incroyable, n'est-ce pas ? La sagesse populaire l'avait deviné ! Bon, nous allons y faire quelque chose… »

Le thérapeute propose alors à la personne de s'installer dans un bon fauteuil pour réaliser un exercice. C'est le début de l'induction hypnotique.

Acquérir quelques clés de compréhension

Vous pourrez constater la réaction physique de la personne mais vous ne pourrez évidemment pas savoir *pourquoi* cela coince. C'est à la personne de faire un éventuel parallèle avec les circonstances de sa vie. Vos explications seront donc purement factuelles et symboliques : on constate ceci, donc logiquement il faudrait faire cela. Point, cela ne va pas plus loin.

Par exemple, si la personne :

- **Oscille vers l'arrière** (peut-être même avant la poussée) : quelque chose retient la personne, a priori une chose du passé. Il faudra l'aider à s'en décrocher…
- **Oscille vers l'avant** (peut-être même avant la poussée) : quelque chose pousse la personne à « aller de l'avant ». Ça, c'est plutôt positif, si cela reste raisonnable !
- **Recule de déséquilibre** : la personne recule à la poussée, ce qui témoigne d'un manque d'accroche, d'ancrage au présent, ou d'un manque de volonté.
- **Recule d'un ou deux pas** : une chose du passé retient et tire même la personne vers l'arrière. Là aussi, il faudra l'aider à s'en décrocher.

- **Est molle du côté droit** (effet porte de saloon) : blessure émotionnelle du côté social, professionnel, masculin, logique (tête). À traiter en thérapie symbolique avancée (TSA au chapitre 7).
- **Est molle du côté gauche** (effet porte de saloon) : blessure émotionnelle du côté familial, couple, féminin, émotionnel (cœur)… À traiter en TSA.
- **A les bouts de pieds qui se soulèvent**, le corps est tonique mais il se déséquilibre en arrière : manque d'ancrage à la Terre (les choses concrètes, matérielles, la structure). L'induction humaniste aidera la personne à se reconnecter.
- **A les jambes bien enracinées**, le corps est tonique mais le tronc bascule en arrière, parfois jusqu'à provoquer un pas en arrière : manque d'ancrage au Ciel (fantaisie, créativité, flexibilité, imagination). Encore une fois, l'induction humaniste aidera à se reconnecter.
- **A le corps qui plie en deux à la poussée**, le tronc part en arrière et même les jambes perdent contact : rupture du lien entre le corps (émotions) et l'esprit (mental). La personne est coupée en deux au milieu du ventre. À voir en thérapie symbolique.
- **A le corps qui tient la poussée mais la personne est raide comme du fer** : blocage complet, la personne tient par les nerfs, elle est en mode survie, en défense ! Il va y avoir du boulot !…

Et, bien sûr, tout cela peut se combiner. De plus, ce sont des « interprétations de psy », symboliques. Il n'y a pas forcément de réalité physique à chercher derrière ! Laissez la personne faire elle-même le lien avec les situations ou les événements de sa vie.

En résumé

La poussée aux épaules vous sert à tester l'état de la personne avant la séance d'hypnose et à vérifier physiquement le changement après.

Cela peut aussi faire office de « phénomène de persuasion » en montrant à la personne que la séance a eu un effet sur elle. Puisque c'est son esprit qui crée sa réalité, autant qu'elle prenne conscience que le mieux-être s'installe.

Augmenter le niveau vibratoire

Hola ! Voilà un terme curieux… Rassurez-vous, c'est tout à fait rationnel. Vous savez que lorsqu'on est en pleine forme, on dit que l'on a « la pêche », on est « au top », voire même « rayonnant ». Et si on est vraiment « survolté », on dit même que l'on est « speed » !

En revanche, quand ce n'est pas la grande forme, on dit plutôt que l'on est « bien bas », « vidé », que l'on a « grise mine »… On a l'impression de « tourner au ralenti ».

Il y a une histoire de « forme », de tonus ou d'énergie, d'être « plein » de quelque chose, qui peut même « rayonner » de nous. Cela parle aussi de vitesse (« speed »). Bien sûr, ce sont des expressions populaires. Mais elles ne sortent pas du néant. Elles se sont forgées sur un ressenti partagé par le plus grand nombre.

Des petites cordes danseuses !

Comme tout ce qui existe, les atomes qui nous composent « vibrent ». C'est une métaphore, bien sûr mais toute chose possède bien sa propre fréquence de vibration.

En Physique, la « théorie des cordes » décrit l'élément le plus petit de l'Univers : de petites *cordes*, nichées au cœur de toutes choses, qui nous maintiennent en cohésion grâce à leur vibration. Ces *cordes* seraient si petites qu'elles ressembleraient plus à une pensée qu'à d'infimes grains de matière. Notre unité physique tiendrait à une sorte de danse, sur une musique intérieure…

Faire le plein avant le voyage

Réaliser des exercices de thérapie demande de l'énergie et c'est là le paradoxe : la personne qui va bien aurait la force nécessaire pour changer (mais elle n'en a pas besoin, puisqu'elle va très bien) et celle qui a besoin de retrouver la forme n'a précisément plus l'énergie de faire quoi que ce soit. C'est un cercle vicieux !

C'est un peu comme être mince et pouvoir courir facilement (mais on n'en a pas forcément besoin, puisqu'on a la ligne) et souffrir d'embonpoint et ne plus avoir la force de se bouger : alors que c'est précisément là que cela nous ferait le plus grand bien !

Alors, avant de faire vivre une expérience d'hypnose à la personne, on va l'aider à faire *danser* ce qui vibre en elle. Ainsi, elle fera « le plein » et retrouvera la force de réussir. Nous allons lui montrer comment provoquer plein de petites vibrations qui vont pouvoir se gorger toutes seules de bonne énergie vitale, naturellement et sans besoin de personne.

Quelques exemples de métaphores

Puisque vous n'agirez qu'avec des mots, en bon thérapeute, c'est ce que vous raconterez à la personne qui enclenchera la « danse intérieure ».

Idéalement, vous devriez inventer une métaphore, une histoire qui explique quoi faire à la personne, selon son caractère et ses idées. Sur-mesure, donc. Il s'agit simplement d'avoir bien compris vous-même ce qu'il faut faire (augmenter le niveau vibratoire) et transmettre cette idée à la personne – puis, de vérifier qu'elle le fasse !

Bon, d'accord, voici quelques exemples ! Nous vous expliquons comment guider *une autre* personne mais il est grandement recommandé de pratiquer d'abord ces exercices *sur vous-même*, pour les vivre, mieux les comprendre et ainsi pouvoir mieux guider quelqu'un d'autre.

La danse des cellules

C'est une image : vos cellules ne vont pas se mettre à vibrer davantage ! Mais ce sera une manière simple de faire comprendre à la personne ce qu'elle doit faire.

Elle peut être assise, allongée ou même debout. Demandez-lui de fermer les yeux et expliquez-lui qu'elle peut *imaginer toutes ses petites cellules qui s'allument* comme des ampoules…

Comme on privilégie surtout l'intuition, la personne n'a pas besoin de « voir » ou « ressentir physiquement » quoi que ce soit. Du moment qu'elle « sait » comment sont les choses en elle, même sans savoir comment elle le sait… C'est cela, l'intuition. Maintenant, si en plus elle peut « voir » ou « entendre » ou « ressentir », tant mieux, ce n'en sera que plus agréable.

En s'aidant de sa respiration, la personne peut *renforcer la lumière de ses cellules*. Ceci étant fait, demandez-lui de *se sentir onduler*, des pieds à la tête et de la tête aux pieds, en aller-retour. L'important est *d'agir réellement en esprit*, de vraiment imaginer que l'on ondule – ensuite peu importe qu'on le ressente physiquement ou juste en imagination.

En revanche, si ça l'aide, la personne peut bouger physiquement. Le but est d'accélérer progressivement l'ondulation, jusqu'à ce qu'elle parcoure le corps de haut en bas et de bas en haut, si vite que ce n'est plus une ondulation mais plutôt une infime vibration, comme un laser ou des roues de chariot qui tournent si vite qu'elles semblent fixes !

La personne peut s'imaginer que cette vibration forme *une résonance lumineuse autour et en elle* et que cette lumière peut se projeter par ses pieds et par le haut de sa tête, vers l'infini. Si cela lui semble positif, elle peut même s'imaginer s'ouvrir de tout son corps, afin *de libérer la lumière comme un soleil*, partout autour d'elle.

L'envol

Autre métaphore, qui joue cette fois plus directement sur un archétype, celui de la lumière. Depuis toujours, les êtres humains ont construit leurs idéaux sur la base de cet archétype. En sanskrit, le préfixe *div* signifie « illuminer », « ce qui brille »… qui a donné *diva*, *divin* ou *dieu*. Ce parallèle entre la lumière et ce qui est pur ou élevé existe dans la tête de tous les êtres humains – même sans connotation religieuse ou philosophique.

Vous allez donc exploiter cela pour aider la personne à « grimper dans les tours ». La lumière étant ce qui vibre naturellement au mieux pour notre santé (le soleil stimule déjà nos cellules, déclenche nos productions hormonales, etc.), vous allez emmener la personne « dans la lumière ».

Demandez-lui de fermer les yeux afin d'effacer les limites qu'elle se pose elle-même en voyant les murs ou le paysage autour d'elle. Yeux fermés, il n'y a plus de frontières.

Il y a de grandes chances que la personne voit « tout noir » derrière ses paupières, donc faites-lui remarquer et *demandez-lui de remettre la lumière du jour* – par exemple un beau paysage ou un grand ciel bleu, même avec de douillets nuages blancs.

Il peut arriver que la personne se retrouve (en imagination) dans la grisaille, puisqu'elle n'est pas très en forme – faites-lui alors remarquer que le soleil brille toujours au-dessus des nuages… Et *demandez-lui d'ouvrir de grandes ailes* (« comme un ange », si l'idée lui convient) et d'appuyer autant qu'elle le peut sur l'air *pour s'élever vers le ciel.*

La personne va se placer confortablement dans le ciel ou un bel endroit ensoleillé, afin de *se reposer un moment*, « regonfler ses batteries ». Elle peut même s'endormir quelques minutes. Généralement, cela ne dépassera pas 15-20 minutes.

Si vous faites l'expérience vous-même, ne prenez pas de rendez-vous urgent tout de suite après, laissez-vous du temps… Et si vous guidez quelqu'un, prenez un peu de lecture pour patienter à ses côtés ! Surtout si la personne est malade physiquement, l'expérience lui fera le plus grand bien.

En cas de besoin, vous pouvez expliquer à la personne qu'ainsi, elle va rejoindre le même endroit que durant ses nuits, lorsque son corps se ressource : elle va « faire le plein », « reprendre des forces », etc. Certaines personnes peuvent avoir besoin d'être rassurées sur le fait qu'elles vont bien *revenir*… Le fait qu'elles « s'envolent » toutes les nuits leur montrera que l'expérience est naturelle et bienfaisante.

La bulle de ressourcement

Si jamais la personne n'a même pas la force de faire les expériences d'imagination précédentes, vous pouvez simplement lui demander de *se blottir à l'intérieur d'elle-même*, comme au creux d'un nid, d'une bulle ou d'une grande main protectrice.

L'idée est que, si la personne ne peut pas « bouger » par elle-même (même en esprit), alors c'est la Vie qui viendra à elle.

- **Le nid** représente le petit espace douillet que la « Vie », la « Terre-Mère » ou « Dame Nature » a créé pour elle. Donnez-lui le nom qui plaira le plus à la personne, y compris « Dieu » si vous savez qu'elle a une foi religieuse : comme dans toutes thérapies, vous devez vous adapter à la personne et à ses croyances…
- **La bulle protectrice** est une densification de la « présence vivante » (ou « Vie », « Terre-Mère », etc.) autour de la personne. Comme si la Vie elle-même s'était tournée davantage vers la personne, de là à former un cocon protecteur et nourrissant autour d'elle.
- **La main protectrice**, la « main de la Vie » (ou de « Dieu », si cela convient mieux à la personne) a le même rôle que la bulle ci-dessus, avec une autre connotation pour la personne.

Dans tous les cas, vous devez trouver *un symbole qui rassure la personne, afin qu'elle s'abandonne, se relâche et se laisse dorloter, ressourcer, soigner,* etc. Souvenez-vous que c'est un exemple d'accompagnement pour une personne très faible physiquement et incapable d'accomplir un exercice plus élaboré.

C'est ce relâchement qui permettra à « l'éponge » du corps de se rouvrir et de « refaire le plein »… C'est « la Vie » (sous le nom que lui donne la personne) qui viendra à elle pour la soigner.

Là encore, la personne peut s'endormir un moment. Laissez-la profiter.

Bien sûr, dès que vous saurez faire les inductions humanistes (page 118), vous pourrez améliorer l'impact de ces expériences en les faisant en *état de conscience augmentée.*

En Hypnose Humaniste, en tant que « guide », votre rôle le plus important sera d'aider la personne à atteindre ces états d'*expansion de conscience*, de *hautes vibrations*. C'est ensuite elle qui fera pratiquement tout le reste. C'est donc la zone de compétence que vous avez à développer : apprendre à trouver les bons mots, selon les personnes accompagnées, être créatif, intuitif, etc.

C'est pour cela qu'avoir vécu ces expériences vous aidera grandement à accompagner d'autres personnes. Vous aussi, vous aurez besoin d'être connecté, à vous-même et à la personne, à la vie et à votre intuition, pour que tout se passe au mieux.

Chaque accompagnement est une expérience unique.

Le cercle de conception

Voilà une autre technique qui se place durant l'anamnèse, afin d'aider la personne à découvrir des éléments de réflexion utiles, plus subtils ou profonds que ses pensées habituelles.

Notez que vous n'aurez pas forcément besoin d'utiliser dans la même séance toutes les techniques que nous vous présentons, ni même de les utiliser dans l'ordre de présentation du livre !

Par exemple, vous pourriez très bien pratiquer le Cercle de conception sans avoir augmenté le niveau vibratoire de la personne (cf. chapitre précédent). Vous pourriez très bien aussi faire un Cercle de conception avant de faire une poussée aux épaules (ou après) – ou ne pas faire du tout de Cercle de conception ou pas de poussée aux épaules !

En fait, ce sont différents outils, que vous utiliserez – ou non – et dans l'ordre de votre choix, selon les situations. Vous êtes en train de développer plusieurs niveaux de compétence qui vous seront utiles chacun en leur temps et pas forcément tous à la fois.

Alors, qu'est-ce qu'un cercle de conception ? C'est un jeu que vous ferez avec la personne, debout ou assise. La plupart des personnes en coaching ou thérapie aiment les exercices qui se font debout. Cela les change des séances habituelles. Maintenant, si la personne est fatiguée ou malade, laissez-la donc assise.

Nous savons que le cerveau fonctionne de manière holographique (Bohm, Pribam, 1975). Ainsi, il devrait être possible de « prendre conscience », littéralement, c'est-à-dire : « d'attraper des informations » dans l'espace qui nous entoure, en 3D – et même en 4D, si on compte le temps… C'est ce que vous allez proposer à la personne.

Encore une fois, nous vous recommandons de faire cette expérience par vous-même ou guidé par un ou une amie. Lorsque vous connaîtrez par cœur le cercle de conception, vous pourrez l'utiliser quand vous le voudrez, à l'aise et sans avoir à réfléchir.

Voici comment cela commence. *Dites à la personne qu'il y a comme un cercle autour d'elle* et qu'elle peut lancer son attention dans diverses directions :

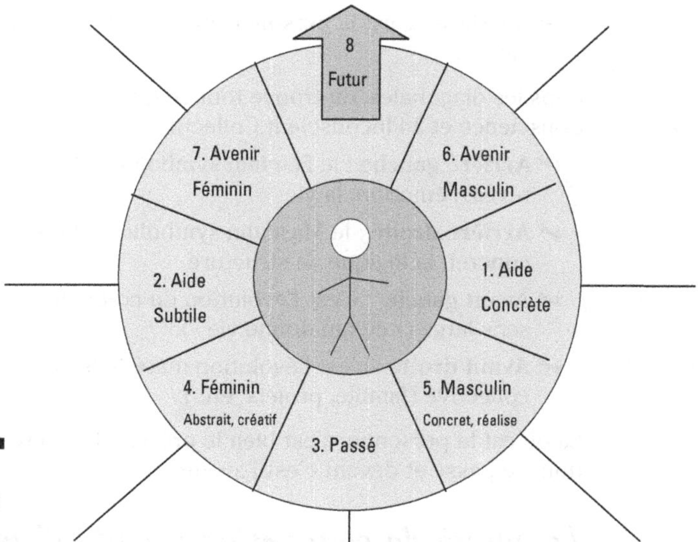

Figure 5-1 : Le Cercle de Conception.

Le bonhomme du dessin est vu de dos, il se dirige donc vers l'avenir, droit devant lui, ce qui est pour vous le haut du livre.

ASTUCE

Vous pouvez utiliser la métaphore du phare pour faire comprendre le jeu à la personne : « *C'est comme si votre esprit conscient était un phare qui ne peut éclairer que dans une direction à la fois… Vous allez diriger votre phare dans diverses directions de votre plus grande Conscience, en restant bien centrée, ici… et laisser venir les réponses qui se présenteront spontanément à votre esprit.* »

Alors, voici à quoi correspondent les différentes cases :

- **Au centre** : c'est la personne au présent. C'est ici qu'elle posera la question de départ, à haute voix (et vous la reformulerez, afin qu'elle l'entende à nouveau). C'est aussi là qu'elle recevra toutes les réponses, une à une.
- **Côté droit** : c'est tout ce qui peut constituer une aide concrète, matérielle : la famille, les amis, les connaissances, etc.
- **Côté cœur** : ce sont les aides subtiles, spirituelles, les forces de l'Inconscient et autres anges gardiens, bonne étoile, etc. (selon les croyances de la personne).
- **Derrière** : c'est la personne au passé et son histoire de vie.

Dans les diagonales, on trouve tout ce qui touche à la Conscience et à l'Inconscient Collectif :

- **Arrière gauche** : le Féminin symbolique, la créativité, les rêves, l'émotion, la vie.
- **Arrière droite** : le Masculin symbolique, la réalisation, le concret, la logique, la structure.
- **Avant gauche** : c'est l'évolution du cœur, de la vie au sens large (« ce qui donne vie »).
- **Avant droite** : c'est l'évolution matérielle, sociale ou collective (famille, projets, etc.).

Là où est la personne, c'est bien le présent. Derrière, c'est donc le passé et devant c'est l'avenir.

Le cercle de conception : mode d'emploi !

La première chose est d'avoir une bonne question à poser. Vous savez ce que l'on dit : « Bonne question, bonnes réponses… Mauvaise question ? Mauvaise réponse ! » Donc, prenez un temps pour aider la personne à trouver la bonne question à poser.

ASTUCE

Quelques points importants à rappeler à la personne :

- **Posez vraiment une question** ! Pas de : « Je veux ça » ou, pire « Je n'ai plus envie de (ceci ou cela) »… Votre esprit profond se dira : « Eh bien, tant mieux… et alors ? » Vous n'obtiendriez aucune réponse ! Formulez une question !

- **Évitez les questions fermées** : celles où l'on ne peut répondre que par « oui » ou « non » car elles ne vous apporteraient aucun détail. « Puis-je réussir mon projet ? » ... « Oui ! » ... Bon et après ? Ce n'est pas très enrichissant...
- Donc, **posez une question ouverte** : « *Comment* puis-je réussir mon projet ? » Et là, vous récolterez de l'information utile !
- **Demandez quelque chose qui ne tienne qu'à vous**. Même si vous réussissiez à savoir comment votre entourage pourrait s'améliorer (et même si leurs manières vous gênent vraiment), ce n'est pas ça qui leur donnera envie de s'améliorer !

  Au lieu de demander (par exemple) : « Comment mon mari pourrait devenir plus aimable ? », posez-vous plutôt la question : « Que pourrais-je faire, moi, pour améliorer ma relation avec mon mari ? »

La question étant découverte :

1. Demandez à la personne de **se placer au centre de son Cercle** (imaginaire ou symbolisé par des petits papiers sur le sol) et de **fermer les yeux**...

   Elle va « lancer » sa question d'abord sur son côté droit, vers une *Aide concrète* : quelqu'un qui pourrait l'aider de manière physique ou matérielle, ou même par sa présence. Elle peut prononcer sa demande à haute voix ou mentalement, peu importe, du moment qu'elle pose vraiment sa question.

   Ensuite, la personne doit vous *dire à voix haute la réponse* qu'elle reçoit en retour. Bien souvent, elle n'en aura pas elle-même d'idée avant d'ouvrir la bouche ! C'est vraiment un exercice de spontanéité et d'intuition.

   La personne peut penser à quelqu'un, le « voir » ou « l'entendre », le « ressentir »... ou simplement donner une réponse sans savoir comment elle la connaît. C'est cela, l'intuition. Ce n'est pas réfléchi. En revanche, ce serait intéressant que la personne sache *qui* est son *Aide concrète*.

   Sitôt que la personne a prononcé sa réponse, d'une phrase simple : *répétez-la à haute voix,* afin qu'elle l'entende une deuxième fois, d'une autre source (renforcement).

2. Une fois que la personne a trouvé le truc, c'est plus facile. Maintenant, elle va **lancer sa question vers sa gauche, vers son** *Aide subtile* – quoi qu'elle imagine que ce soit, son Inconscient, son ange-gardien ou autre – et elle se met aussitôt à l'écoute de la réponse. Ce qui lui « revient en écho », dès qu'elle a prononcé ou pensé sa question… C'est toujours une question d'intuition, ce qui est un excellent exercice pour les esprits les plus cartésiens.

   Bien sûr, aussitôt que la personne aura formulé sa réponse à haute voix, vous la répéterez, comme vous l'avez déjà fait à la 1re étape. Prenez la peine de mémoriser les réponses car il est possible que la personne les oublie et vous aurez à les lui rappeler.

3. Expliquez maintenant à la personne qu'elle va **demander son avis sur sa situation à « elle-même plus jeune »** (derrière elle)… La réponse est parfois cinglante, du style : « Quel gâchis ! ». Il peut y avoir de l'émotion… Bref, la personne envoie à nouveau sa question mais cette fois-ci vers l'arrière. Et elle prend le temps de bien recevoir la réponse, autant en esprit qu'en sensations, émotions, etc.

   Ensuite, demandez à la personne de trouver les mots pour résumer en une phrase simple ce qu'elle a reçu-ressenti. Cela devient moins évident à ce niveau !

4. Maintenant, la personne va **demander à la Source de toutes choses, à la Vie**, un avis ou un conseil sur sa situation ! (vers l'arrière, en diagonale à gauche)

   Bien entendu, adaptez votre description de cette strate à la personne : parlez de « champ de pensées » ou de « champ d'informations » aux plus cartésiens ! Si vous avez affaire à un publiciste, parlez-lui de « l'esprit de masse, d'où naissent les tendances ». Bref, si vous savez adapter votre langage, vous plairez et intéresserez tout le monde, du plus simple au philosophe et jusqu'au plus mercantile.

   Ensuite, c'est toujours la même chose : la personne reçoit sa réponse et la formule à haute voix, puis vous la répétez. Rappelez-lui : « Accueillez ça bien en vous (*tapez un peu sur votre ventre, pour qu'elle entende que vous parlez de son corps*) afin que ces différents ingrédients se mélangent, pour former dans un moment la solution que vous recherchez… »

5. C'est le moment de **se tourner vers l'expression concrète de la vie**, sa forme réalisée (toujours en arrière mais en diagonale droite). C'est l'esprit du monde de tous les jours, celui de la famille, de l'entreprise, des amis ou même du pays ou du monde tout entier. Ce n'est plus « l'Essence qui donne vie » (la Source, qui est sur la gauche, côté créatif-féminin) mais bien « l'enfant de la Source, sa réalisation » : dans un langage moins poétique, le monde concret.

   La personne repose encore sa question et guette sa réponse, qui sera probablement moins philosophique ou émotionnel que celle qu'elle aura reçue de « la Vie ». Cela lui permettra de mettre son projet en adéquation avec son environnement quotidien. Le publiciste prendra la température de son idée, le chercheur s'imprégnera des informations qu'il avait oubliées, etc. Chacun aura sa réponse.

6. Tout naturellement, étant connecté à l'esprit du collectif, du monde créé, on voudra s'aligner sur son meilleur avenir possible, donc on demandera à la personne de **reposer sa question vers le meilleur avenir** de la société, sa famille, sa ville, etc. (vers l'avant et la droite, en diagonale) afin d'obtenir une réponse qui lui permettra de mettre son projet en alignement avec cet idéal.

   L'idée est que *si votre demande va dans le même élan que l'évolution, elle se développera plus facilement.* Un peu comme les cellules du corps qui sont rejetées car devenues inutiles (phénomène de l'apoptose), les choses qui ne suivent pas la « tendance » sont condamnées à disparaître à plus ou moins long terme – voire même à ne jamais apparaître. Si la personne réaliser son projet de manière pérenne, mieux vaut qu'il soit aligné sur ce « meilleur avenir possible », que l'on parle de santé, de coaching ou de choses plus matérielles.

À nouveau, elle exprime sa réponse, que vous reformulez. Notez *qu'il est toujours possible de discuter de chaque réponse reçue.*

7. Ici, vous demanderez de **poser sa question (toujours la même) à l'évolution de la vie elle-même**, de la vie tout entière (toujours vers l'avant mais sur la gauche) ! Car même les choses les plus stables (cultures, sociétés, etc.) finissent par disparaître si elles ne vont pas dans le sens de l'évolution du tout. D'un point de vue individuel, c'est une manière de s'aligner sur l'élan de vie le plus positif et le plus durable, de surfer sur la grande vague de la vie, plutôt que de chercher à la remonter, à l'envers – ce qui est difficile et ne dure pas…

   Depuis le début de cette expérience, les réponses obtenues côté cœur sont toujours plus sensibles, poétiques, philosophiques ou profondes que celle du côté droit. C'est normal. Vous pouvez le faire remarquer à la personne pour qu'elle prenne conscience de ses deux facettes complémentaires : le cœur et la raison.

8. Enfin, la personne va **contacter le meilleur conseiller qui soit**, le seul qui puisse vraiment lui dire quoi faire et comment pour réussir : **elle-même au futur**, qui a *déjà* réussi ! Elle va projeter sa question à « elle du futur » afin de recevoir un avis ou un conseil et peut-être même plus, quant à sa question, son projet.

   C'est un point d'orgue, un bouquet final qui conclut l'expérience avec de bonnes et fortes émotions. Une fois emplie de tous les indices récoltés, il n'y a plus qu'à avancer dans la vie, vers cet avenir prometteur, pour guérir ou changer, réaliser ses rêves.

Lorsque l'expérience est complète, rappelez à la personne toutes les réponses reçues. Expliquez-lui que ce sont les *ingrédients* qui vont forger sa solution.

L'anamnèse est terminée. Selon la situation, poursuivez la rencontre avec une technique thérapeutique, parmi celles que vous apprendrez au chapitre 6.

À SAVOIR

Remarquez que le but de cette technique n'est pas de fournir une réponse concrète, toute faite. Ce serait trop limité et probablement inefficace.

Le cercle de conception va « imbiber » la personne des ingrédients qui vont lui permettre de réussir à guérir, à changer, etc. exactement comme on pourrait *charger* une aiguille de fer pour la transformer en boussole : désormais, posée en équilibre, elle se dirigera automatiquement vers l'objectif.

La personne, *chargée* grâce au cercle de conception, va aller toute seule et souvent sans s'en rendre compte vers le changement ou la guérison. C'est autrement plus puissant que d'avoir découvert une réponse sous forme de phrase, dont elle pourrait ne rien faire à la suite !

Allez, il est temps de passer à la séance d'hypnose !

Les inductions hypnotiques en ouverture

Comme on le sait depuis plusieurs dizaines d'années en thérapie : la phase d'anamnèse est primordiale ! Elle met à jour, valide et remplit la personne des informations qui permettront à la technique thérapeutique (ou de coaching) d'être efficace. Ainsi, on a coutume de dire que 80 % de la réussite de la séance tient à l'anamnèse – et c'est souvent vrai.

Maintenant, si vous ne faites rien de cette belle préparation, il ne se passera rien tout seul ! C'est donc bien le moment de passer à l'action. Et, en tant qu'hypnothérapeute, cela commence par une « induction hypnotique » : la technique qui permet d'accéder à un *état modifié de conscience*. Autrement dit, d'entrer en état d'hypnose.

ATTENTION !

Si vous êtes arrivé à ce point du livre en sautant les premières pages, il est possible que vous ne compreniez pas tout. Si, par exemple, vous vous demandez encore ce que peut bien être l'état d'hypnose, l'Inconscient ou la Conscience, retournez faire un tour au début du livre !

À partir de maintenant, nous allons faire comme si tout cela était bien clair pour vous. Ok ? Alors... continuons.

Le langage du cœur

Nous formons des gens en Hypnose Humaniste un peu partout dans le monde. Nous accueillons ainsi souvent des personnes qui n'ont jamais pratiqué d'autres formes d'Hypnose et qui, donc, ne connaissent pas ce que l'on appelle le « langage d'influence » : les suggestions hypnotiques.

Bien sûr, comme nous vous l'avons expliqué au début de ce livre, en Hypnose Humaniste nous n'utiliserons aucune forme de suggestion indirecte, cachée. Toutefois, ce n'est pas parce que vous n'avez jamais appris les différentes formes de suggestions que vous ne les pratiquez pas sans le savoir ! Ce qui pose problème quand on souhaite n'avoir vraiment aucune influence sur la personne.

C'est la raison pour laquelle, même en Hypnose Humaniste, nous formons nos élèves aux fondements de la suggestion hypnotique… afin de ne PAS s'en servir involontairement !

Le seul langage qui nous intéresse, c'est celui qui vient du ventre, des tripes… ou du cœur ! Nous côtoyons quantité de thérapeutes, à longueur d'année et cela fait longtemps que nous avons pu constater cette évidence : le meilleur thérapeute n'est pas celui qui a la meilleure technique ou la plus grande connaissance en psychologie (bien que tout ça soit évidemment indispensable). C'est celui qui a *meilleur cœur* !

À la limite, une personne de la rue, sans aucune formation en psychothérapie mais avec un grand cœur et de l'amour pour les autres, saura mieux aider quelqu'un dans la détresse que le super thérapeute technicien mais qui aligne les consultations sans s'impliquer humainement.

Cette constatation importante fait qu'il n'y a pas de langage technique en Hypnose Humaniste. Bien sûr, si vous savez utiliser les bases de la communication, être synchrone avec la personne, en intuition, etc. pour que votre rencontre thérapeutique se déroule au mieux, si vous savez vous faire mieux comprendre grâce à quelques métaphores : servez-vous de ce que vous savez, c'est évident. Une bonne tournure de phrase, qui permet à la personne de « saisir l'info » du premier coup, sera toujours utile.

ATTENTION !

Le plus important en Hypnose Humaniste, afin de respecter sa philosophie, c'est :

- de ne pas chercher à influencer la personne ;
- de vous surveiller pour stopper d'éventuelles suggestions ou allusions involontaires ;

- et d'ouvrir un espace de liberté, finalement assez rare au quotidien.

Laisser la personne libre…

Comme M. Jourdain faisant de la prose, lorsque vous communiquez normalement avec quelqu'un, vous faites sans le savoir des *suggestions directes* : vous expliquez et demandez simplement les choses, sans rien cacher. « Passe-moi le sel, s'il te plaît » est une suggestion directe ! Il est évident que la personne garde toujours la liberté de faire ce qu'elle souhaite. Si votre demande ne lui convient pas, elle la refuse. C'est tout !

Expliquer ou persuader ne veut pas dire obtenir !

Une étude scientifique (en psychologie sociale) a démontré qu'une approche reposant sur la présentation d'arguments, d'informations et même, pourquoi pas, de persuasion, n'avait **« aucune espèce d'efficacité »** par rapport aux outils d'influence connus (Carducci & Deuser, *Basic and Applied Social Psychology*, 1984).

En clair, si vous ne faites qu'expliquer, argumenter, démontrer, même si vous cherchiez à persuader la personne, *tant que vous dites les choses directement, votre technique reste consciente pour la personne et elle garde donc son libre-arbitre*. Il faut des techniques indirectes, inconscientes, comme celles de l'Hypnose ericksonienne, pour influencer vraiment une personne, infléchir son libre-arbitre et obtenir ce que l'on appelle de la « soumission librement consentie ».

En Hypnose Humaniste, nous ne faisons qu'expliquer les choses, avec des phrases simples et sans artifice. Cela entre dans la catégorie de la présentation d'information. Et il est démontré que cela n'a « aucune espèce d'influence » sur la personne. Ouf ! C'est justement ce que nous voulions…

Garder la personne connectée à elle-même

Alors, voici deux points essentiels pour éviter d'influencer involontairement la personne :

1. D'abord, guettez vos sous-entendus et autres projections. Il faut que tout soit bien clair et exprimé dans ce que vous dites. Pas de : « Quel chemin allez-vous choisir ensuite ? » Qui vous a dit que la personne voulait choisir un chemin ! Laissez-la vous dire elle-même ce qu'elle compte faire !

À une personne hypnotisée qui vous dit qu'elle est blottie dans une masse nuageuse (en imagination, bien sûr), ne demandez pas : « Et comment allez-vous vous libérer de cette grisaille ? » Qui vous dit que les nuages étaient gris ? C'est votre imagination à vous ! Et qui vous dit que la personne se sentait bloquée ? Personne, vous l'avez interprété ! Donc, ne parlez pas de « se libérer »... Attention à vos idées personnelles : gardez-les pour vous et contentez-vous de réutiliser les mots qui ont été exprimés par la personne.

Vous devez être un guide « transparent » pour la personne. Aidez-la à choisir la meilleure direction *pour entrer en état d'hypnose* mais n'exprimez aucune idée personnelle, aucun avis. C'est elle qui choisira ses solutions ! Expliquez la manière de se soigner (la structure) mais ne le faites pas à sa place et ne lui dites pas comment *vous* le feriez *sur vous*. Chacun sa façon de faire !

2. Faites la chasse aux phrases ou aux expressions qui coupent la personne en deux (on appelle cela *dissocier*). Parlez en « vous faites cela » et non pas en « votre esprit fait cela », sous-entendu : vous n'êtes que spectateur de ce qui se passe, impuissant à faire quoi que ce soit !

Remettez la personne en contact avec ce qu'elle est. Si sa tête bouge, dites-lui : « tiens, vous bougez votre tête ! » Bien sûr, c'est involontaire mais ainsi vous lui dites que cet *automate intérieur* est aussi « elle », un plus grand « elle » incluant son esprit conscient et inconscient (ce qui est vrai !).

Donc, ne formulez pas de phrase qui impliquent que la personne est fractionnée et, même lorsqu'il se produit un phénomène spontané, faite-le remarquer (afin qu'il cesse d'être inconscient). Attribuez à la personne son origine : « *Vous* faites cela… » Ainsi, petit à petit, celle-ci comprendra que « elle » est plus vaste que son seul esprit conscient.

De même, *évitez de fractionner vous-même la personne*, en lui demandant par exemple de s'envoler (en esprit) : où serait donc son corps pendant ce temps ? Sur le siège ? Et elle, dans les étoiles ? C'est de la dissociation ! Et on ne veut pas de cela en Hypnose Humaniste ! N'encouragez pas le phénomène qui est responsable de la plupart de nos maux (souvenez-vous du mot de Jung, page 70).

Même demander à la personne en fin de séance de « revenir » présuppose qu'elle était « partie » et va donc créer une dissociation après coup ! Oops ! Demandez-lui plutôt de se « réorienter ici et maintenant » : une manière de lui dire qu'elle peut être dans bien des endroits simultanément et qu'il lui faut maintenant centrer son attention uniquement sur cette strate précise de la réalité – tout en conservant, pourquoi pas, sa connexion en Conscience.

Faire une ratification veut dire restituer à la personne en état d'hypnose toutes les manifestations de son Inconscient. En Hypnose dissociante (classique, ericksonienne, etc.), **la ratification** sert à augmenter les phénomènes incontrôlés et ainsi plonger la personne en mode inconscient. En Hypnose Humaniste, on ratifiera aussi mais exactement dans le but inverse.

Par exemple, si l'index de la personne tressaille inconsciemment, au lieu de dire :

« Oh, l'index tressaille », ce qui met la personne en spectatrice de ce qui lui arrive, donc la dissocie, l'empêchant à terme de reprendre contrôle des phénomènes hypnotiques.

On dira plutôt :

« Tiens, *vous* avez senti que *vous* avez bougé *votre* index ? » Bien sûr, c'était un mouvement automatique – et il peut le rester – du moment qu'il cesse d'être inconscient pour la personne.

Souvenez-vous qu'en Hypnose Humaniste, on veut bien que notre *Automate* se charge des tâches du quotidien – du moment que l'on soit au courant, afin de pouvoir le laisser faire ou, si besoin, le stopper, le corriger, l'améliorer, etc. Et, petit à petit, par bribes de conscience reprises sur l'Inconscient, la personne gagne en lucidité. Ses parts d'ombre s'illuminent.

Caractéristiques de l'induction hypnotique en Hypnose Humaniste

L'induction humaniste :

- « Ouvre » en transe et fait rayonner la personne.
- Amène un élargissement du champ de conscience.
- Est un état physique et non mental : on se sent lourd, détendu.
- Est une exploration psychologique globale.
- Est basée sur l'intuition (et non sur les sens habituels).

Techniquement, l'induction hypnotique de l'Hypnose Humaniste est à l'opposé de celle que l'on connaît en Hypnose ordinaire. La personne n'y est pas « un patient », endormi et passif. Elle est l'actrice principale de la rencontre, connectée à elle-même et en maîtrise de son être global.

ASTUCE

Si vous savez faire une induction hypnotique classique, alors vous aurez à procéder aux mêmes étapes mais *à l'envers* !

Au lieu de focaliser la personne sur elle-même pour restreindre son registre cognitif et sensoriel, vous l'aiderez à porter son attention sur mille et une choses, afin justement *d'augmenter* son registre cognitivo-sensoriel. Résultat, l'esprit conscient va saturer (trop d'informations) et la personne va basculer en *état de conscience augmentée*. Elle continuera de percevoir ce qui se passe, probablement sans même se rendre compte de la différence, mais elle sera alors dans la même sorte de « conscience » que lorsqu'on sait que l'on rêve, la nuit.

Avec l'aide de la ratification que vous venez juste d'apprendre, vous restituerez à la personne tous les phénomènes inconscients qui apparaîtront l'un après l'autre et à chaque fois elle développera ainsi encore un peu plus sa conscience d'elle-même.

Au lieu de parvenir à une « absorption » de la personne dans l'expérience, par réduction de son champ de perception et de cognition, celle-ci va se mettre à rayonner grâce à la suractivation de ses sens. La personne ne se sentira pas *flottante*, *détachée* (dissociée) mais lourde, détendue et ancrée, pleinement associée, à elle et toutes choses.

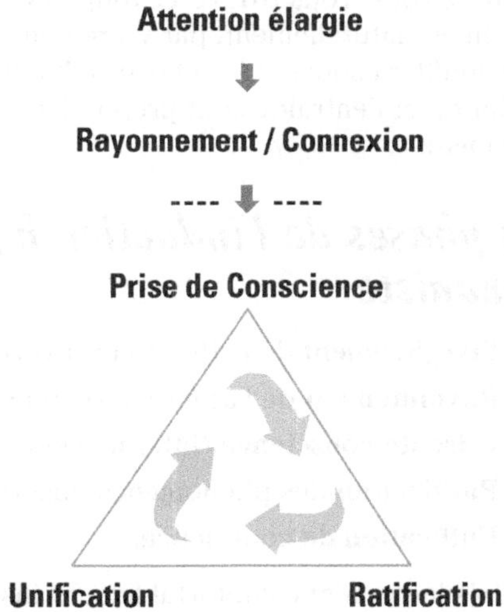

Figure 5-2 : Schéma d'une induction hypnotique en hypnose Humaniste.

Quand on « tombe dans les pommes » (fruit symbole de connaissance, d'immortalité et de sagesse), perd-on « connaissance » ou perd-on « conscience » ? Eh bien, on dit indifféremment les deux ! La sagesse populaire a bien compris que « connaissance » et « conscience » étaient une seule et même chose ! Alors, pour « augmenter la conscience », durant l'induction humaniste, on apportera naturellement de la connaissance à la personne. Son esprit fera « oh ! », « ah ! », « génial ! »… et à chaque fois grandira un peu plus.

Pour aider une personne à s'ouvrir à elle-même, le thérapeute doit s'appuyer sur sa créativité, sur des savoirs et sur des expériences. Voilà pourquoi l'on ne peut pas emmener une personne plus loin qu'on ne peut aller soi-même…

L'hypnothérapeute humaniste doit avoir quelque chose à donner à la personne et pas seulement un discours intellectuel, sophistiqué. Non, *le thérapeute doit pouvoir offrir un savoir à forte charge informationnelle*, capable de « faire sens » pour la personne. Ce savoir repose le plus souvent sur des choses simples et porteuses d'émotions.

À vous d'être curieux de la vie, afin de grandir vous-même et de porter en vous ce qui aidera les autres à grandir.

Rassurez-vous, vous trouverez toujours de l'aide sur votre chemin et, naturellement, par votre connexion, la personne vous soufflera souvent les choses à lui dire pour l'aider. L'intuition et l'entraide sont prépondérantes en Hypnose Humaniste.

Les phases de l'induction hypnotique humaniste

1. **Élargissement** de l'attention (ouverture).
2. **Rayonnement** de l'attention (connexion).
3. **Prise de conscience** (littéralement !).
4. **Ratification** des phénomènes observés.
5. **Unification** de conscience.

Une fois la personne confortablement installée, on lui demandera de fermer les yeux et là commencera le travail en imagination. On entendra souvent l'hypnothérapeute humaniste débuter l'induction hypnotique en disant à la personne : « Fermez les yeux, vous y verrez plus clair ! »

L'hypnothérapeute commencera à parler en suivant une des techniques que nous découvrirons dans un instant. Il racontera à la personne quelque chose qui l'aidera à éveiller ses sens, à s'ouvrir et à prendre de plus en plus conscience... Il y a plusieurs méthodes.

Bien souvent, la structure ira du dedans vers le dehors (sauf cas de la technique d'intériorisation consciente). On veillera simplement à ce que la personne reste bien unifiée : surtout pas de dissociation ! Cela ferait « perdre conscience » à la personne (qui deviendrait inconsciente, comme en hypnose dissociante) – bref, tout l'inverse du résultat souhaité !

Lorsque l'hypnothérapeute aura réussi à ouvrir l'attention de la personne, par ses descriptions et explications, celle-ci rayonnera comme un petit soleil. On lui fera alors raconter ce qu'elle vit, ce qui achèvera de l'intégrer à cette plus grande conscience.

La personne va littéralement « prendre conscience » ! Et le fait que l'on valide son expérience en lui donnant ce que nous percevons aussi (ratification) finira de densifier ce qui se passe pour elle : la personne sera alors « unie en conscience », connectée à elle-même et à ce qui l'entoure, en *état de conscience augmentée.*

La parole crée

Le fait de verbaliser va aider la personne à rendre son expérience plus réelle. Au début, ce ne sera peut-être qu'un rêve intangible – et plus cela ira, plus cela deviendra réel pour elle. Et ce qui est « réel » devient « vrai » car on peut le toucher, donc le manipuler. Ce qui est densifié devient possible à changer !

Faire parler la personne régulièrement est donc très important. Selon les personnes accompagnées, ce sera à l'hypnothérapeute de percevoir s'il faut la faire parler plus ou moins. Si la personne reste bien connectée à elle-même, elle pourra témoigner de ce qui se passe pour elle de temps en temps. En revanche, si l'hypnothérapeute perçoit que la personne risque de *décrocher*, de perdre cette expansion de conscience (si, par exemple, cela va trop loin pour son esprit conscient), alors il faudra la faire parler pratiquement en permanence. Cela l'aidera à rester éveillée, comme lorsqu'on chante au volant de sa voiture pour ne pas s'endormir (sauf qu'en voiture, il faut s'arrêter et dormir !).

Les différentes inductions hypnotiques

Il existe 8 grandes familles d'inductions hypnotiques en Hypnose Humaniste :

1. **Élévation matérielle** (en hauteur).
2. **Élévation subtile** (en esprit).

3. **Expansion matérielle** (monde concret).
4. **Expansion subtile** (imagination).
5. **Identification consciente**.
6. **Expansion temporelle** (passé, présent, futur, ailleurs).
7. **Intériorisation consciente**.
8. **Expansion globale** (mondes matériel, subtil et temporel).

En Hypnose dissociante, on peut utiliser n'importe quelle induction hypnotique pour amener la personne en état modifié de conscience. Il faut juste que la personne soit bien en hypnose pour pouvoir commencer la procédure thérapeutique.

En revanche, en Hypnose Humaniste, vous vous rendrez compte que chaque famille d'induction a ses particularités. Ainsi, on optera pour l'une ou l'autre, selon la technique thérapeutique à effectuer.

Par exemple, vous aurez compris, rien qu'à son nom, que *l'expansion subtile* conviendra pour pratiquer le cercle de conception. Cette induction aidera la personne à prendre conscience des choses de l'esprit, autour d'elle. Le cercle de conception repose sur l'utilisation de notre cerveau holographique, donc étendu autour de nous.

Dans tous les cas, quel que soit le moyen utilisé (élévation, expansion, identification, temps, etc.) une induction hypnotique humaniste doit arriver à reconnecter la personne à elle-même et à ce qui l'entoure. En suivant les exemples ci-après, vous verrez que cela se fait heureusement assez naturellement.

Commencer avec l'élévation matérielle

C'est, traditionnellement, « l'induction des débutants » car elle est facile à réaliser pour l'apprenti hypnothérapeute humaniste. Il y a peu à décrire pour parvenir à l'effet désiré. En revanche, ce ne sera peut-être pas l'induction hypnotique la plus facile à suivre pour la personne, qui préfèrera souvent l'induction dite « en expansion matérielle », moins évidente à pratiquer pour l'hypnothérapeute mais plus accessible pour la personne.

Alors, comme vous l'avez deviné, l'élévation matérielle consiste à aider la personne à grandir, quasi physiquement. Bien sûr, son corps ne va pas prendre 20 cm, mais c'est l'impression que l'on aimerait lui donner. Le but du jeu est que la personne se sente devenir tellement grande qu'elle pourrait voir tout de plus haut, toujours avec les pieds bien sur Terre : ce n'est pas un *envol*, qui serait une dissociation : corps « en bas » et esprit « en haut »...

Si la personne se coupait en deux, corps-esprit (comme en hypnose habituelle), ce qu'elle apprendrait « là-haut », en esprit, ne pourrait pas tout à fait redescendre en elle. Cela ferait une de ces nombreuses personnes qui ont parfaitement compris les causes de leur situation, qui ont une grande compréhension de la vie, voire une sagesse au-dessus de la moyenne... et qui, pourtant, sont toujours malades, malheureuses, sans-emploi, etc. En fait, l'apprenti-sage ne sera jamais passé de la théorie (l'esprit) à la vie concrète (le corps), tout simplement parce que la personne n'était pas « une », connectée à l'ensemble d'elle-même lorsqu'elle a appris.

De même, si l'hypnothérapeute se charge d'activer lui-même l'Inconscient, la personne étant « débranchée » en esprit, elle n'apprendra rien et n'évoluera pas.

ASTUCE

En Hypnose Humaniste, lorsque vous décrirez à la personne la sensation de *grandir*, afin de provoquer cette élévation matérielle, vous veillerez à l'aider à rester « une », « associée », connectée et entière.

Par exemple, rappelez régulièrement à la personne qu'elle est « à la fois ici, avec vous, et... » Faites du « plus », additionnez, ne scindez pas : « et alors que... et pendant... et puis... » et parlez à la personne entière (corps + esprit) : « vous faites... et vous... au moment où vous... »

Et, comme vous l'avez appris page 46, que vous fassiez réellement une chose (nous avions donné l'exemple de jouer au tennis) ou que vous l'imaginiez seulement : dans tous les cas, votre cerveau fait la même chose ! Grâce à vos neurones miroirs, même quand vous voyez une autre personne jouer au tennis, votre cerveau à vous « bouge » comme si *vous* étiez aussi en train de manier la raquette !

Cela nous permet d'apprendre beaucoup de choses sans avoir à les faire physiquement – ce que font déjà beaucoup de sportifs de haut-niveau pour leur entraînement.

Conclusion : lorsque vous imaginerez vous élever, votre cerveau (le « vous ici » concret) sera persuadé de le faire vraiment ! Bien sûr, votre petit esprit conscient saura que ce n'est pas physiquement vrai mais votre Inconscient voyagera réellement – et comme c'est lui que nous comptons soigner, éduquer ou améliorer, c'est tout ce qui importe.

Vous vous souvenez de la citation de Goethe : « *Pour qu'un homme accomplisse tout ce qu'on lui demande, il doit se considérer comme plus grand qu'il n'est !* »

C'est une constatation psychologique. Toutes les personnes qui ont confiance en elles, qui réussissent dans la vie, surestiment leur taille physique. Elles se ressentent (involontairement) plus grandes, plus larges, plus rayonnantes… C'est une des caractéristiques importantes d'une personne dynamique et en bonne santé.

Alors, vous pouvez rappeler ce fait à la personne, avant de commencer votre accompagnement :

Exemple d'accompagnement pour une élévation matérielle

« Voilà, fermez les yeux… vous y verrez mieux… comme si le plafond au-dessus de vous s'était ouvert… Vous le sentez ?… C'est comme si on était dehors, avec le ciel au-dessus de nous… C'est vrai que, de toute façon, il est toujours au-dessus, le ciel… Eh bien, vous pouvez commencer à imaginer que vous devenez physiquement plus grand… que le sommet de votre tête s'éloigne… et que votre corps grandit… Exactement comme quelqu'un qui est en train de grandir, en vrai… Avec les fesses qui touchent toujours bien le siège… Comme ça, vous pouvez à la fois être bien là, avec moi et écouter ce que je vous raconte… Et, en même temps, à chaque respiration, vous vous élevez de plus en plus… Doucement… Vous le sentez.

…

Exemple d'accompagnement pour une élévation matérielle (suite)

Par exemple, peut-être que vous pouvez déjà commencer à voir... ou percevoir... vous savez, on n'a pas besoin de voir comme avec les yeux ouverts pour savoir les choses... oui, vous pouvez peut-être déjà percevoir les choses comme depuis le plafond... Comme dans ce film, vous savez... les poètes disparus... Cela change les choses de voir la vie d'un peu plus haut... Cela ouvre les perspectives...

Et comme vous avez besoin et envie de retenir tout ce que vous allez apprendre dans cette expérience, veillez à bien rester unifié... Il y a des gens qui ne retiennent pas les blagues, par exemple... Bien sûr, ça les amuse... ils rient beaucoup et puis ils se disent : il faudra que je la retienne !... Trop tard !... C'est avant la blague qu'il faut mettre l'enregistreur de votre esprit en route... Sinon, quand on veut se rappeler la blague, on n'a enregistré que du vide... ... Alors, vous, vous pouvez être bien branché... ...comme allumé... l'esprit ouvert et aiguisé... vif... sensible à reconnaître et apprendre tout ce qui vous sera utile... Bien branché... de la tête au pied... un... et de plus en plus grand... élevé.

Vous en êtes où ?

Faites parler régulièrement la personne, pour l'aider à rester connectée.

Ok... alors, vous pouvez maintenant aspirer l'air plus profondément... comme pour vous aider à déployer de grandes ailes... et appuyer fort sur l'air... et vous élever encore et encore davantage... Grandir de plus en plus... ...Vous avez déjà vu un phénix, l'oiseau mythique ?... On le représente souvent avec une longue queue qui frotte encore par terre lorsqu'il s'envole... C'est comme un contact... quelque chose qui l'enracine, le maintient relié à la terre... C'est ce que vous faites aussi : ressentez bien vos pieds qui touchent le sol... Gardez votre enracinement... Plongez même vos racines loin dans le sol, si besoin... solidement... et servez-vous de cet appui pour grandir plus haut... On dit que les plus hauts arbres ont les racines les plus profondes... » Etc.

Une induction hypnotique en ouverture prend toujours un peu de temps car il est moins rapide de reconnecter une personne à elle-même que de l'endormir, comme en hypnose dissociante. Nous avons déjà tous un Inconscient, il est donc facile d'appuyer dessus pour y plonger la personne ! Mais, en Hypnose Humaniste, votre but consiste au contraire à « éveiller » davantage la personne. Alors, surtout avant de pratiquer une technique thérapeutique, veillez à ce que la personne soit le plus « élevée », « ouverte », « connectée » possible : en *état de conscience augmentée.*

Comptez entre dix et vingt minutes d'accompagnement avant le travail thérapeutique.

Notez qu'**une telle durée n'est utile que pour un travail *psychologique*.** Si vous souhaitez juste obtenir un effet physique, travailler au niveau du corps, comme pour réaliser une anesthésie, votre induction en ouverture pourra être très rapide, en quelques phrases explicatives.

En moins d'une minute la personne sera dans une « ouverture » suffisante pour générer une anesthésie – aussi vite qu'on pourrait « l'endormir » en hypnose dissociante.

Mais pour un travail sur l'esprit, thérapie ou coaching : prenez votre temps ! L'induction humaniste reconnecte et fait partie intégrante de ce qui fera du bien à la personne.

Expérimenter l'élévation subtile

Alors qu'une élévation matérielle s'appuie seulement sur des éléments concrets, on utilisera plutôt des choses impalpables, imaginaires ou intuitives pour l'élévation subtile.

Certaines personnes préfèreront ce type d'accompagnement. Ce seront essentiellement les plus :

- **Intuitives**, artistes, fantaisistes ou sensibles au domaine spirituel.
- **Rationnelles**, quasi scientifiques, qui connaissent les choses invisibles du monde.

Pour toutes les autres, préférez la version « matérielle » de cette induction.

Donc, vous avez compris le principe de l'élévation ? La personne, en s'élevant en esprit finit par avoir une perception plus large, plus vaste, qui rejoint « l'ouverture » que l'on recherche.

Pour obtenir une élévation subtile, il faudra simplement appuyer votre discours sur des éléments abstraits, spirituels ou invisibles à l'œil.

Exemple d'accompagnement pour une élévation subtile (métaphore de l'air, en imagination)

« Bien… fermez les yeux… vous y verrez plus clair… Voilà… Vous sentez votre respiration ?... L'air qui entre en vous… C'est bien, respirez profondément… Vous sentez comme l'air entre en vous… Cela fait ce que l'on appelle une « colonne d'air »… C'est ce qui vibre en vous lorsque vous chantez…. Jusque dans votre ventre… Eh bien, poussez doucement sur cette colonne d'air pour la prolonger jusque dans vos pieds… Je vous laisse faire… Vous pouvez vous aider de votre respiration… …C'est bien…

Maintenant, quand vous inspirez, vous pouvez imaginer que la colonne d'air s'élève au-dessus de vous… comme un rayon lumineux… De la même manière, servez-vous de votre respiration pour faire grandir cette colonne d'air… Sentez comme votre respiration pousse l'air vers le bas lorsque vous soufflez profondément… et l'envoie vers le ciel, à chaque inspiration…

Parfois, on croit que l'élévation, c'est juste vers le haut… Mais on ne sait pas trop où est le « haut »… Vous pensez avoir la tête vers le ciel… et de l'autre côté de la planète, les gens pensent la même chose que vous !... En fait, il n'y a ni haut ni bas… C'est un alignement… Comme une colonne de lumière, traversante… Vous la ressentez ?

Faites parler un peu la personne :

Bien… alors, laissez maintenant votre esprit s'élever en suivant cette colonne… soit vers le ciel, si vous cherchez des réponses… soit vers la terre, afin de plonger vers vos racines… et mieux vous connaître… soit les deux à la fois… en même temps… À la fois… En même temps… Et toujours aussi avec moi ici, bien sûr… »

Demandez à la personne de vous décrire ce qu'elle fait, ce qu'elle ressent, etc.

Autre exemple d'accompagnement pour une élévation subtile (métaphore scientifique)

« *Voilà, fermez les yeux… cela permet à votre imagination de se libérer… J'ai un ami physicien qui m'expliquait l'autre jour comment il réfléchit à ses problèmes scientifiques… En fait, quand il pense à une équation, il ne perçoit pas des éléments séparés, a, b, x, y, etc. Il la connaît tellement qu'il la ressent… Il sait ce qu'elle représente, de manière globale… C'est devenu aussi intuitif pour lui que les gammes de musique pour un pianiste expérimenté… D'ailleurs, beaucoup de très bons musiciens sont aussi excellents en mathématiques et inversement…*

Tiens, vous connaissez l'exemple célèbre d'Einstein, bloqué dans la genèse de la Relativité, qui fait le rêve qu'il parcourt l'Univers à cheval sur un photon… Il raconte que c'est ce qui a tout débloqué en lui… …Et vous pourriez faire ce même rêve… Saisir en pensée, de manière intuitive, un photon, parmi tous ceux qui passent autour de vous en ce moment… C'est une expérience de pensée… Et suivre ce photon…

Tout ce que je vous demanderai, afin que nous puissions communiquer, c'est de garder votre ancrage ici… les pieds bien par terre, comme enraciné… Et c'est aussi ce qui permettra à vos découvertes de prendre corps… de façon logique et palpable.

Vous y êtes ?

Faites parler la personne…

Ok, donc laissez votre esprit s'ouvrir et s'élever encore plus… Fixez votre attention sur ce photon… Au début, vous aurez probablement besoin d'accélérer un grand coup, à l'intérieur de vous, comme de donner une poussée, afin d'égaliser votre vitesse de pensée…

Attention, il n'est pas question de se prendre pour une lumière pour autant (un peu d'humour fait toujours du bien, quelle que soit la thérapie)… *Sentez-vous au mieux voyager avec ce photon… Percevez le monde autour qui s'accélère… Sentez-vous filer à travers l'Univers… et, curieusement, toujours très présent et très conscient d'être ici, avec moi… les pieds bien accrochés à la planète…* » Etc.

Comme pour toutes les inductions hypnotiques, dans votre discours, suivez bien la figure 5-2 que nous vous avons indiqué page 119 et pensez à faire parler la personne régulièrement :

| Elargissement de l'attention | Rayonnement - connexion |

| Faire parler (conscientisation) | Ratification |

=> Unification de conscience

Pratiquer l'expansion matérielle

Cette induction se déroule exactement comme une élévation matérielle, sauf que vous décrirez davantage de choses – non plus sur un axe vertical mais sur le plan horizontal et en élargissant.

Ce sera un voyage simple à suivre pour la personne, en revanche, cela vous demandera un peu de créativité ! Une fois que la personne aura fermé les paupières, vous commencerez par lui rappeler ce qui l'entoure (décor, personnes, etc.), puis vous pourrez, par exemple, lui expliquer que ce qu'elle voit réellement ou ce qu'elle imagine s'active de la même manière dans son cerveau.

Et voilà, c'est aussi simple que cela, une expansion matérielle.

Bien sûr, vous pouvez aller plus loin, décrire davantage de choses matérielles, le monde autour, la ville, les gens, les différentes activités de chacun… Vous pourriez décrire aussi le paysage, de plus en plus vaste et couvrir tout un pays, tout un continent et – pourquoi pas ? – la planète entière. Certaines aimeront que vous les emmeniez jusque dans les étoiles !

Comme pour toutes les formes d'induction hypnotique, le vrai challenge est d'adapter à chaque fois votre accompagnement à la personne car ce qui plaira à l'une ne plaira peut-être pas à l'autre…

À SAVOIR

La seule chose à retenir, c'est que la personne pensera faire une expérience d'imagination, un voyage en pensées, alors que pour son cerveau le voyage sera réel. C'est cela qui produira un *état de conscience augmentée*. Le flot d'informations finira par être tel qu'il dépassera ce que le mental est capable de gérer par lui-même (de l'ordre de 6 ou 7 informations en même temps, ce qui est assez peu). À partir de là, la personne continuera de suivre votre récit mais avec la même forme de conscience que celle que l'on a durant les rêves : on se sent conscient, bien que l'on dorme. Ici, on se sent « conscient comme d'habitude », alors qu'on sera en « conscience augmentée » : en état d'hypnose mais par davantage de conscience !

Exemple d'accompagnement pour une expansion matérielle

« Ainsi, que vous soyez réellement à la plage ou que vous y pensiez seulement... que vous ayez le souvenir d'un bon moment à la plage – ou même que vous voyiez quelqu'un d'autre à la plage... dans tous les cas, votre cerveau a la même réaction : il croit que vous y êtes, là ici et maintenant... C'est curieux, n'est-ce pas ?

Alors, vous savez bien que vous êtes ici, avec moi.

Décrivez à nouveau un peu du décor qui vous entoure...

Et vous savez bien aussi qu'il y a la rue, devant la porte... Et seulement en y pensant, votre esprit croit que vous êtes dehors... et pourtant vous êtes toujours bien ici... Pour votre cerveau, vous êtes à la fois ici et devant la maison, en même temps... Et vous n'avez pas besoin de savoir comment une telle chose est possible... car c'est amusant de penser à plein d'autres endroits... même juste un peu plus loin dans la rue... vers la droite... ou vers la gauche... peu importe...

À vrai dire, votre esprit ne se contente pas de percevoir juste ce qu'il y a devant vos yeux... Sa perception est bien plus vaste, sans que vous le sachiez... Alors, ce que vous faites en ce moment, c'est juste prendre conscience de ce que vous percevez déjà d'habitude... sans le savoir... Par exemple, votre esprit profond détecte d'infimes variations de température, d'odeurs, de vibrations, de couleurs... Et vos sens peuvent s'ouvrir, comme pour vous permettre de mieux percevoir tout ça, maintenant.

Et si vous imaginez être chez vous... votre esprit pense y être... En même temps, vous êtes avec moi, ici... et en train d'explorer la rue devant... Et cela peut aller bien plus loin... car, parfois, quelque chose attire notre attention... vous savez, comme lorsqu'un poste de télé est allumé et que le regard est sans cesse attiré... C'est que votre Conscience aime ce qui regorge d'informations, ce qui bouge, ce qui pétille, ce qui change... Par exemple, lorsque vous regardez la télé, à chaque changement de plan, quand la caméra passe à d'autres images, ailleurs... eh bien, votre cerveau produit un peu d'endorphine, l'hormone du bien-être... Il aime ça !!... Votre esprit aime quand les choses changent... Et c'est ce qui rend la télé hypnotique car *elle nous amène plein d'informations* et *notre Conscience aime ça... se nourrir d'informations nouvelles.*

Et c'est ce que vous faites en ce moment : vous pensez à tout un tas de choses... et à chaque fois que votre esprit passe d'ici à ailleurs, d'*une chose à une autre, il s'ouvre... vous vous ouvrez... et cela fait du bien... Vous le sentez ? »*

Faites parler la personne : décrire ses impressions les renforceront.

Tester l'expansion subtile

Suite logique : puisque vous savez faire une élévation subtile et que vous avez compris en quoi consiste l'expansion matérielle, il vous suffit d'appliquer le principe de l'expansion mais en vous appuyant seulement sur des éléments abstraits, métaphoriques, intuitifs.

L'indication est toujours la même : pour tout le monde, vous préfèrerez l'expansion matérielle, qui sera votre induction passe-partout. Et pour les plus artistes, les personnes sensibles aux choses de l'esprit, les intuitifs… et les cartésiens qui aiment les faits scientifiques, le savoir des choses invisibles qui forgent notre monde : vous opterez pour l'expansion en version « subtile ».

Bien sûr, ne vous lancez pas dans la description des particules de l'Univers si vous ne maîtrisez pas le sujet, sinon votre super cartésien ne réussira pas à se mettre en état d'hypnose !

La personne entrera dans votre histoire, comme elle le fait spontanément en regardant un film : c'est ce qui fait que notre cœur bat plus vite, au rythme de l'action ou des émotions de l'histoire. On se prend au jeu ! Ici, notre cartésien voyagera dans le monde invisible et pourtant bien concret des structures de l'Univers. Il suffira juste de veiller à régulièrement faire allusion à « lui ici et maintenant », afin d'éviter qu'il parte complètement dans le cosmos, ce qui serait une forme de dissociation – dont on ne veut évidemment pas en Hypnose Humaniste.

Extrait d'un accompagnement pour une expansion subtile « rationnelle »

La personne a fermé les yeux.

« *Vous avez déjà vu la neige d'un écran de télé qui n'a pas de connexion ? Tous les petits points blancs...* (La personne hoche la tête)... *Vous savez qu'un point sur cent est la marque sur votre écran du rayonnement cosmique ?... Un point blanc sur cent, parmi tous ceux qui sautillent à l'écran... ce n'est pas beaucoup mais quand même... Le rayonnement cosmique, c'est bien l'écho lointain de l'immense déflagration du Big Bang, c'est ça, hein ?...* (Les personnes très rationnelles aiment qu'on leur permettent de montrer leur savoir, donc ne soyez pas trop sûr de vous et offrez-leur la possibilité de vérifier vos dires)... *C'est l'écho du Big Bang, de la création de tout l'Univers... Quand on y pense... C'est quand même incroyable... Et un simple écran de télévision capte encore ça... Des petites particules qui ont traversé le temps... Plus de 13 milliards et demi d'années... Et qui passent encore partout autour de nous... À travers nous, d'ailleurs, aussi.*

Bien sûr, ce n'est pas comme le rayonnement solaire, que les astronautes perçoivent derrière leurs paupières fermées comme de petites étincelles de lumière... Les cellules de leur yeux qui flashent de temps en temps, traversées par le rayonnement solaire... Heureusement, le champ électromagnétique de la planète nous en protège en grande partie... La nature est bien faite, tout de même... Non, là c'est bien plus léger... mais peut-être pouvez-vous imaginer ce fin rayonnement, venu du début des temps, qui passe à travers vous en ce moment ?... Vous pouvez même jouer, si cela vous amuse, à suivre une de ces particules fossiles... Imaginer son histoire... tout ce qu'elle a traversé pour arriver à vous... Ce qu'elle emporte de vous, pourquoi pas aussi, comme une mémoire...

Vous savez que l'on s'est rendu compte, depuis longtemps, en physique, que les particules de l'Univers ne faisaient pas qu'échanger de l'énergie, comme d'infinies petites boules de billard miniatures qui s'entrechoqueraient partout... à la Newton... Et non : elles échangent aussi – et surtout – de l'information. They compute, *disent les anglophones, comme si elles calculaient des choses. Elles échangent de l'information, comme en informatique, quoi... Presque comme si l'Univers était un gigantesque Univers... Un cerveau immense... prodigieux.* »

Extrait d'un accompagnement pour une expansion subtile « intuitive »

Il y aurait 1001 manières de faire, puisque nous avons ici la liberté de l'imagination, libéré des contraintes de la réalité matérielle. Prenons l'exemple de notre métaphore du soleil :

La personne a les yeux fermés. « *Alors, vous percevez les différences de coloration, derrière vos paupières* ? (La personne confirme). *Bien, alors attirez à vous de la lumière… Vous pouvez vous servir de votre respiration pour cela…* Laissez du temps à la personne jusqu'à ce que son visage soit concentré puis faites-la verbaliser :

– *D'abord, c'était plus orangé… et puis, cela s'est ouvert… je pense à cause de la lumière… C'est beaucoup plus lumineux.*

– *Et cela vous donne l'impression que tout est plus vaste autour de vous* ?

– *Oui, c'est ça.* (Les yeux ont des petites saccades, le visage est toujours concentré).

– *Bien, alors faites en sorte d'augmenter cette luminosité à chaque inspiration… comme si, lorsque votre poitrine se soulève, c'est tout vous qui s'ouvre…* (La personne laisse tomber ses bras de chaque côté du fauteuil, les paumes ouvertes, tournées vers le haut)… *C'est bien… Et vous sentez comme cela peut s'inverser, maintenant ?... Votre esprit s'est ouvert à chaque profonde inspiration… Et, maintenant, c'est comme si vous pouviez souffler votre esprit tout autour de vous, à chaque respiration… comme lorsque l'on attise un feu, en soufflant doucement dessus… Vous sentez ce que cela fait comme impression, au niveau des paumes des mains et de la poitrine* ?

– *Oui, maintenant tout est d'un beau bleu ciel léger… C'est immense…*

– *Oui, vous vous sentez être bien avec moi, ici… Et votre esprit emplit cet endroit* (ambiguïté volontaire entre le « ici » du cabinet de consultation et le « ici » de son paysage bleuté)… *À la fois ici et… partout* !… (après un instant de silence) *Voilà… Maintenant, imaginez que Ce Que Vous Êtes rayonne d'une certaine lumière… d'une certaine couleur aussi, peut-être, ou d'une certaine harmonie reconnaissable pour vous… Cela va vous permettre de constater à quel point Ce Que Vous Êtes rayonne partout… en vous, ici… et autour de vous… partout…* (la tête de la personne hoche)… *Continuez de bien respirer, tranquillement… et commencez à suivre en esprit votre lumière… en restant toujours bien connectée ici, pour garder le contact avec moi… et me raconter ce que vous vivez… Car, les plus belles pensées, ce n'est pas là-haut qu'elles sont le plus utiles… c'est ici, dans votre vie concrète, qu'elles vont vous aider… devenir vraies… De plus en plus vraies.*

…

Extrait d'un accompagnement pour une expansion subtile « intuitive » (suite)

D'ailleurs, à chaque fois que vous trouverez les mots pour… faire vibrer l'air, ici… Cela n'a l'air de rien mais – vous le savez – la parole crée… Et cette parole… cette musique intérieure exprimée… c'est un peu de votre plus beau Vous qui devient vrai ici. »

ASTUCE

Bien sûr, n'allez pas tenir ce discours au cartésien de l'exemple précédent : à chacun son accompagnement personnalisé ! Si la personne est férue de psychologie, vous raconterez peut-être des histoires d'archétypes, de relations et d'émotions. Si la personne a une foi religieuse importante, vous pourrez vous en servir pour la guider. Si la personne est sensible à l'art, aux belles choses, vous volerez sur les ailes de la musique ou sur les contrastes magiques d'un lever de soleil, etc.

Adopter l'identification consciente

Voici l'induction humaniste par excellence ! En effet, le but de toute induction humaniste est d'arriver à ce que la personne se sente reconnectée à elle-même et à tout ce qui l'entoure. Cette reconnexion profonde est si peu ordinaire qu'elle place la personne en *état de conscience augmentée* : en état d'hypnose ! Pourtant, à notre naissance, nous n'avions pas encore séparé le monde de nous : notre néocortex n'était pas complètement développé et nous percevions alors tout de manière interconnectée – et c'est encore le cas pour les strates profondes de notre psyché.

Il nous a fallu du temps, tout bébé, pour donner une forme séparée aux choses du monde, à commencer par nous et notre maman. C'était alors important pour nous de le faire et cela nous permet de fonctionner aujourd'hui correctement dans l'existence.

Mais, toute chose poussée à son extrême devient nocive. Nous avons maintenant besoin de retrouver la connexion, l'appartenance qui nous a aidé, jadis, à grandir… Même les animaux maintiennent une meilleure connexion à la nature que nous – un comble pour des êtres prétendument évolués, que de ne plus savoir faire ce qu'une bactérie ou un petit oiseau sait faire !

Il y a quelques années, un journal scientifique des plus sérieux affichait en couverture la déclaration d'un chercheur réputé : « L'être humain fait partie intégrante de l'Univers ! » Oh ! Grande découverte ! Car, avant, nous n'habitions pas dedans ? Nous n'étions pas faits des mêmes composants ?... Vous voyez à quel point l'humain peut se couper de la vie.

Bon… Pour aider la personne à se reconnecter à elle-même et à la vie, il vous faudra un minimum de connaissances ou d'imagination : l'idée est de construire un récit qui va lui permettre de comprendre qu'en réalité, par nature, elle n'a jamais été séparée du monde qui l'entoure. Même mieux : qu'elle est faite de la même « matière » que le monde autour. Enfin, qu'elle *est* une petite parcelle de ce grand monde – ou, si elle préfère, que le vaste monde fait partie d'elle.

Pour cela, vous pourrez utiliser différents moyens. L'identification à un animal favori, à la manière des pratiques chamaniques, pourrait être une base mais trop limitée pour que l'on s'en contente. Il vous faudra trouver le moyen d'aller plus loin, par exemple en faisant le parallèle entre ce qui compose la personne et ce qui l'entoure, comme l'eau ou l'air, le carbone, etc.

Exemple d'accompagnement pour une identification consciente

« Voilà, fermez vos yeux, cela vous aidera à mieux percevoir ce qui se passe en vous… Respirez tranquillement… et sentez l'air entrer en vous… C'est probablement un peu curieux de penser cela… mais vous savez que l'air que vous respirez maintenant a circulé dans les poumons de bien d'autres êtres vivants avant d'arriver jusqu'à vous… Notre petite planète n'a qu'une quantité limitée de ce précieux aliment invisible… On oublie souvent que l'on respire… alors, prenez un temps pour prendre conscience de ce mécanisme vital… Goûtez l'air, comme on goûte une chose délicieuse… qui vous apporte la vie… Sentez comme vous le respirez… Suivez-le mentalement, alors qu'il entre en …

Exemple d'accompagnement pour une identification consciente (suite)

vous... et qu'il devient vous... grâce à vos poumons, qui envoient l'air circuler dans tout votre corps, à travers votre sang... Sentez comme cet air devient vous... Se charge de vous... avant de repartir dans le vaste monde.

On dit parfois que le battement d'aile d'un papillon, d'un côté de la planète, peut provoquer une tempête de l'autre côté du globe... Alors... que peut faire votre souffle... ou même un rire !... C'est bien plus fort qu'un battement d'aile de papillon, ça !... Vous commencez à comprendre à quel point vous êtes relié à tout... notre grand système... à toute la vie... autour de vous.

Et, qu'en savez-vous que l'air que vous respirez maintenant ne circulait pas dans un bel arbre, il y a quelques jours ?... Ou dans les brins d'herbe d'un jardin lointain... quelque part sur Terre... Et l'air s'est chargé de la mémoire de cet arbre, peut-être centenaire... De l'histoire de cet oiseau qui traversait le ciel, solidement appuyé sur cet air, qui le respirait aussi... L'air a porté jusqu'à vous la vie de tous ces êtres... Et vous l'avez inhalé... Cela participe à faire de vous celui que vous êtes... depuis toujours... sans que vous le sachiez... Et juste, aujourd'hui, vous pouvez en prendre conscience... Et laisser votre souffle se nourrir du monde autour... puis se charger de vous, consciemment, pour porter autour de vous ces petites graines de vous... nourrir le monde en retour... comme il le fait pour vous, à chaque instant.

Voilà, vous pouvez même suivre ce courant... cette extension de vous... alors qu'elle s'envole, comme les rayons d'un soleil ondulant dans l'air du temps... Vous pouvez sentir cette part de vous s'étendre... comme l'extension de votre propre sang... comme des bras invisibles... grand ouverts sur le monde... Et presque même – pourquoi pas – ressentir comme vous vous fondez à cet arbre, qui vous respire... Comme vous nourrissez à votre tour les océans, qui se gorgent de vous... et oui, l'air fait partie de l'eau, comme l'eau fait partie de l'air... H2O !... Et vous continuez à inspirer davantage d'air, tranquillement... conscient de ce qui vous nourrit, maintenant... conscient d'être fait de cet immense océan... et de participer à le nourrir en retour... le remplir de vous... »

Bien sûr, les inductions hypnotiques que nous vous proposons ne sont à chaque fois que des exemples résumés. Le récit est toujours adapté à la personne – comme déjà dit – et en plus, il est construit graduellement, pour être sûr que la personne suive et intègre, vive ce qui est dit. C'est ce qui la conduit en *état de conscience augmentée.*

Vous comprenez que vous pourriez faire ce genre de récit avec l'eau : il y en a partout sur Terre et on sait maintenant que, loin d'être une denrée rare, l'eau est un des éléments les plus répandus dans l'Univers.

Vous pourriez construire un récit plus scientifique sur la base du carbone ou du fer, qui n'existaient pas au moment du Big Bang et qui sont issus de la fin des premières étoiles, répandues en poussières dans l'Univers et qui font désormais tellement partie de nous qu'ils nous sont essentiels !

Cet apport de connaissance ouvre littéralement la conscience de la personne. Souvenez-vous que c'est de l'information : « prendre connaissance » équivaut à « prendre conscience ».

Essayer l'expansion temporelle

Découvrons maintenant une induction hypnotique très spéciale. Encore une expansion mais cette fois-ci à travers le temps. Elle vous sera utile pour tout ce qui sera « voyages en Conscience », comme les effets de *régression dans le temps* ou de *futurisation*, que vous apprendrez dans un moment.

Comme pour toutes les formes d'inductions hypnotiques, qu'elles soient humanistes (associantes) ou traditionnelles (dissociantes), c'est toujours le récit, la description de l'hypnothérapeute qui provoque l'effet chez la personne – sauf qu'en Hypnose Humaniste, nous ne cherchons pas à faire perdre conscience à la personne, bien au contraire.

C'est donc à nouveau par un apport de connaissances que vous aiderez la personne à étendre sa conscience du temps.

Construisez votre récit sans chercher à imiter un autre hypnothérapeute – ni même les exemples de ce livre. Ils peuvent vous inspirer, bien sûr mais si vous ne maîtrisez pas votre sujet, la personne le sentira. Il vaut mieux faire simple et crédible, que plus compliqué et tout louper !

Exemple d'accompagnement pour une expansion temporelle

« *Voilà, fermez les yeux… et portez votre attention sur un phénomène curieux…* (Faites silence un instant)… *Vous le ressentez ?… …On ressent mieux ce genre de chose justement quand on fait silence… car notre esprit se met en attente… et alors, vous ressentez davantage… le temps qui passe… C'est vrai que l'on y fait rarement attention. C'est tellement habituel pour nous… Un peu comme l'air que l'on respire. Il est là…* (Faites à nouveau silence)… *C'est intéressant, non ?… Nous avons besoin du temps pour vivre… Je ne sais pas si vous avez déjà pensé à ça.*

Prenez un CD de musique. Il contient déjà toutes les informations, toute la musique… mais tout est figé car toute la musique est déjà présente, là… d'un coup… instantanément… Et, du coup, c'est statique… Cela attend de pouvoir s'exprimer… Imaginez d'avoir entre les mains la plus belle des mélodies et de ne pouvoir rien en faire… comme il serait tentant de créer un espace pour faire danser ces notes de musique : leur donner vie !… Un espace… Un point de départ et un point d'arrivée… Une distance… qui nécessite du temps : pour parcourir cette distance… L'espace et le temps… C'est ça, notre univers… de l'espace… et du temps.

Et quand on insère toutes les informations du CD de musique dans cet espace… la musique a du temps pour devenir vivante : les notes ne sont plus toutes là d'un coup. Elles apparaissent les unes après les autres, dans un certain rythme… Voilà ! La musique prend vie ! Grâce à l'espace et au temps… Et c'est un peu cela, la vie… du temps… que nous parcourons… pour faire l'expérience de ce que nous sommes… Et, si possible, nous améliorer aussi.

Alors, je ne sais pas si vous avez entendu parler de cette découverte scientifique récente : on sait que le temps est une sorte de nappe… un tissu… le tissu de l'espace-temps… et certains chercheurs ont émis l'idée que le temps ne s'écoule pas… mais que nous le parcourons… C'est nous qui bougeons dans le temps… pas lui qui s'écoule… C'est amusant, comme idée ! Ce serait comme un dessin animé : toutes les possibilités de notre vie, étalées là devant nous et comme nous les franchissons une par une, très vite, comme des images l'une après l'autre, cela fait un dessin animé… les images

…

Exemple d'accompagnement pour une expansion temporelle (suite)

s'animent… prennent vie… Cela bouge !… Voilà pourquoi nous avons certains moments qui semblent passer plus vite que d'autres… Là où on s'ennuie… on stagne, cela n'avance pas… et le temps paraît si loooong… …Et d'autres moments au contraire qui pétillent de vie… où tout est si plein d'énergie… et le temps file à toute vitesse !

Alors, vous pouvez à la fois garder votre conscience d'être ici… c'est votre point fixe… votre espace… ici… et ouvrir votre esprit au temps qui vous entoure… Passé… Présent… Futur… et même tout ce qui est au-delà … Comme de percevoir la nappe, le tissu de l'espace et du temps par le dessus… comme un soleil qui éclaire cette nappe, toute d'un coup… …Et vous pouvez vous sentir comme ce soleil, si vaste que votre perception englobe futur, passé et présent… toute la nappe, d'un coup. »

Vous pourriez aussi décrire des expériences ordinaires, comme nous l'avons effleuré dans l'exemple ci-dessus mais plus en détails, comme un cours, à l'école, qui semble durer une éternité, ou un moment de plaisir qui paraît toujours trop court, ou encore l'expérience du temps qui se fige au moment d'un accident, ou bien le fait d'avoir plongé son regard vers les étoiles, ces astres dont la lumière ne nous parvient qu'après des millions, voire des milliards d'années de voyage à la vitesse de la lumière (ce qui est une façon ordinaire de « voir du passé »).

Encore une fois, retenez qu'il y aurait mille et une autres manières de procéder, tant en contenu que pour adapter le récit à la personne. Ces exemples d'accompagnements sont à prendre comme tels : des exemples pour vous aider à trouver vos propres inductions hypnotiques.

Exemple d'accompagnement pour une expansion temporelle avec un voyage à travers les années-lumière

« Et c'est quelque chose que vous avez déjà fait, sans le savoir : voir à travers le temps… Avez-vous déjà passé un moment à regarder les étoiles, par une belle soirée d'été peut-être ?… Oui, n'est-ce pas ?… Et, vous savez que la lumière de bien des étoiles a traversé l'Univers pour parvenir jusqu'à vous… Un voyage si immense qu'il a parfois pris plusieurs milliards d'années-lumière !… Cela veut dire que la lumière de ces étoiles a commencé son voyage souvent même avant que la planète Terre n'existe !… C'est fou de penser cela !… Lorsque vous regardez les étoiles, vous voyez du passé, en temps réel… Et c'est comme ça tout le temps, à moindre mesure… Eh oui car tout ce que vous voyez, c'est grâce à la lumière… Et c'est le soleil qui nous envoie cette lumière… …Vous savez combien de temps met la lumière du soleil à arriver jusqu'à vous ?… Huit minutes !… Eh oui, huit minutes ! Cela veut dire que nous ne voyons toujours que de la vieille lumière, jamais rien d'instantané… C'est bizarre, n'est-ce pas ?… Lorsque vos yeux sont ouverts, ce que vous voyez est déjà étalé dans le temps… Alors, puisque vous avez fermé vos yeux, vous avez la possibilité de penser au soleil et là vous y êtes vraiment… maintenant !… Voyez ? Cela n'a pas pris huit minutes ! Votre pensée est bien plus rapide que la lumière !… Votre esprit est parfaitement capable de voyager à travers l'espace… et le temps. »

Plonger dans l'intériorisation consciente

Ah ! Voici une autre induction hypnotique humaniste très spéciale. En effet, c'est la seule induction humaniste qui soit « en repli sur soi », comme les inductions hypnotiques dissociantes. Mais, comme toujours en Hypnose Humaniste, il faudra maintenir la personne consciente durant cette *plongée* en elle-même. Autant dire que ce ne sera pas évident pour elle car, naturellement, lorsqu'on se rapproche de l'Inconscient, on a tendance à le devenir, inconscient : c'est même le propre des inductions hypnotiques non-humanistes !

On sait que le fait d'être conscient est le résultat de la rencontre de la Conscience avec l'Inconscient. Donc, en appuyant sur la balance du côté de l'Inconscient, on y fait basculer la personne – tout comme on l'amène vers davantage de conscience en appuyant sur la balance du côté de la Conscience.

Si vous pratiquez déjà l'Hypnose dissociante, vous pourrez utiliser les inductions hypnotiques que vous connaissez en retirant tout ce qui influence l'Inconscient de manière cachée (suggestions indirectes, Milton-modèle, métaphores profondes, langage subliminal, etc.). Vous devrez également ratifier les phénomènes observés comme vous l'avez appris page 117, afin de redonner à la personne la maîtrise de son Inconscient – qui le sera alors de moins en moins.

Maintenant, si vous commencez à pratiquer l'Hypnose directement avec l'Hypnose Humaniste, ce qui est une très bonne idée, vous ne connaissez peut-être aucune induction hypnotique dissociante. Voici donc la structure globale résumée de ces inductions :

1. **Faites focaliser la personne**, yeux ouverts sur un point devant elle, ou yeux fermés sur un souvenir, un récit, etc.
2. Au bout d'un petit moment, **la personne sera absorbée par l'expérience**. Elle ne percevra plus (ou moins) le monde autour et sera uniquement dans l'expérience, comme on peut être absorbé par un bon livre. Cette étape arrive naturellement, suite à la focalisation.
3. L'absorption de **la phase précédente va libérer l'Inconscient** car la personne sera « ailleurs », « dans les nuages » – tout comme quelqu'un qui s'endort ne surveille plus sa respiration, qui devient alors audible. Vous pourrez donc **ratifier les phénomènes inconscients** qui vont apparaître (cf. les signes de transe, page 17).
4. **La ratification va amplifier ce qui se produit** chez la personne et donc renforcer l'état d'hypnose grandissant… et donc les phénomènes hypnotiques, les signes de transe, que vous pourrez à nouveau ratifier, etc. …en **un cercle vertueux** qui maintiendra l'hypnose.

La différence entre une induction hypnotique ordinaire et une intériorisation consciente, en Hypnose Humaniste, portera donc sur la ratification, qui sera associante, et sur le vocabulaire utilisé : aucune forme de suggestions, pas de langage hypnotique, etc. comme nous vous le disions un peu plus haut. Il s'agit que la personne reste bien consciente…

ASTUCE

Petit rappel. Alors qu'en Hypnose classique ou ericksonienne, l'hypnothérapeute ratifierait un spasme dans les doigts de cette manière :

- « *Tiens ! Avez-vous remarqué ce mouvement dans l'index droit ? Il vient de sursauter légèrement… C'est amusant…* » Ce qui place la personne en observatrice d'elle-même, passive et séparée de l'expérience produite par le thérapeute ou par l'Inconscient, sur elle. La personne perd le contrôle, doit se laisser faire, lâcher prise. On la rassure en qualifiant l'expérience « d'amusante ».

Au contraire, en Hypnose Humaniste, le guide fera plutôt remarquer :

- « *Tiens ! Vous avez bougé légèrement votre index droit… Un petit sursaut… L'avez-vous fait exprès ou était-ce automatique ?…* » On ne sépare par le doigt de la personne, c'est le sien, il fait partie d'elle. Rien ne lui arrive, elle fait les choses, même automatiquement, mais on ne présuppose pas que « cela lui arrive » ou qu'autre chose prend le contrôle (et, sous-entendu, qu'elle n'y peut rien).

Bien sûr, au début la personne n'aura pas fait exprès d'avoir un sursaut dans une main, d'avoir modifié sa respiration, calmé sa tension physique, aplani les muscles de son visage, etc. Mais, à force de lui attribuer l'origine de ces phénomènes, ils cesseront d'être inconscients : la personne prendra de plus en plus conscience que « l'Inconscient » n'est en fait qu'une partie d'elle, cachée, qui fonctionne en *pilote automatique*, comme son cœur, par exemple. La personne aura pris conscience de son Inconscient. Bientôt, elle pourra même apprendre à le contrôler consciemment (physique et psychologique).

Exemples d'intériorisation consciente

Si vous ne connaissez pas d'induction hypnotique dissociante à utiliser en mode humaniste, je vous propose trois techniques, assez simples à réaliser.

Exemple d'accompagnement pour une intériorisation consciente avec induction classique

« *Je vais vous demander de garder les yeux ouverts, du moins au début… Fixez simplement du regard quelque chose… ce que vous voulez…* (Cela peut être sa propre main, un objet, un point sur le mur ou au plafond, le doigt levé du thérapeute, etc.)… *C'est bien… Fixez juste ce point… et prenez conscience de l'effet que cela vous fait… Vous sentez ?... Sitôt que vous avez commencé à fixer le point, votre respiration s'est calmée… Vous respirez plus légèrement… Cela s'est fait tout seul, c'est naturel et automatique… Alors, continuez de bien fixer ce point… Vous pouvez cligner des yeux, bien sûr… mais gardez bien encore les yeux ouverts.* (Petite remarque si la personne venait à fermer les paupières)… *Voilà, merci, c'est bien… Respirez tranquillement… et fixez ce point… sans penser à rien de particulier… D'habitude, lorsqu'on fixe un point comme ça, cela nous focalise tellement que l'on en perd la perception du monde autour… mais vous pouvez laisser venir cette impression… d'entrer en vous… comme si le monde se repliait sur vous… cette impression de plonger… et pourtant bien rester accroché à la conscience… bien écouter ma voix qui vous parle…*

C'est très bien… Vous êtes en train de faire comme ces plongeurs, qui se laissent descendre de plus en plus profondément dans l'océan… très lucide… très conscient, justement… de tout ce qui les entoure… pour découvrir ce monde silencieux… caché au plus profond… Voilà, respirez toujours calmement… Sentez comme vous vous alourdissez… Vous pouvez maintenant donner l'autorisation à vos paupières de se refermer… et laisser votre tête se reposer en avant, sur votre poitrine… et continuer ainsi à vous enfoncer, guidé par ma voix… de plus en plus profondément… Et, lorsque vous serez arrivé assez profond en vous… assez profond en vous pour pouvoir me décrire ce qui se passe… ce que vous ressentez… ce que vous percevez… et que cet état reste aussi profond… très profond… et aussi profond que vous avez besoin aujourd'hui… alors, vous pourrez commencer à me raconter, en quelques mots simples… juste ce qu'il faut pour que je comprenne… »

Faire silence et attendre que la personne s'exprime.

1. **Suivez la structure type d'une induction** classique, comme je vous l'ai indiquée :

| Focalisation | Absorption | Apparition de signes – Ratification |

C'est la structure de la quasi-totalité des inductions hypnotiques non-humanistes. Nous ferons juste en sorte de gommer l'effet dissociant, pour préserver la conscience de la personne pendant qu'elle plonge dans son Inconscient.

Si la personne n'est pas assez profondément en état d'hypnose, le fait de parler pourrait suffire à dissiper l'hypnose en réactivant, même un peu, son mental (néocortex, aire de Broca). Si la personne est bien entrée en transe, la stimulation mentale de la parole ne peut plus annuler l'état d'hypnose. Cela vaut autant en hypnose dissociante qu'en Hypnose Humaniste.

La différence est qu'en hypnose dissociante, si on fait beaucoup parler la personne, elle risque de finir tout de même par sortir de l'état d'hypnose (la parole fait cesser l'inconscience). Bien entendu, en *état de conscience augmentée*, faire parler la personne lui apporte toujours davantage de conscience, donc cela ne pourra jamais la faire sortir de son état d'hypnose, dès lors qu'elle y est bien installée.

2. Servez-vous de l'imagination. Bien sûr, le fait de créer une histoire ou de suivre un scénario, dans sa tête et les yeux fermés, pourrait fort bien séparer le corps et l'esprit. C'est, à proprement parler, ce que l'on appellerait « être dans la lune », « avoir la tête ailleurs », etc.

Ici, le fait de faire parler la personne dès le début de l'induction ralentira l'installation de l'induction mais cela empêchera aussi la personne de se dissocier, de « partir dans sa tête » et, en insistant, celle-ci finira tout de même par générer une sorte d'autre réalité, « à la fois ici et ailleurs », dans laquelle elle pourra agir en conscience sur les matériaux qui se présenteront à elle (forcément issus de son Inconscient).

Cette manière de procéder est très courante en thérapie symbolique avancée (TSA, voir chapitre 7) :

Même si, au départ, la personne est davantage « ici » que « là-bas », à force d'interagir avec ce paysage intérieur, elle finira par s'y associer de plus en plus. Ensuite, ce sera à vous de maintenir un équilibre, afin d'éviter à la personne de basculer complètement dans son rêve et de perdre conscience.

Exemple d'accompagnement pour une intériorisation consciente avec paysage intérieur

« Bien, fermez les yeux... et prenez doucement conscience de ce qui vous entoure, comme un décor, un paysage... Vous savez que votre cerveau fonctionne de manière holographique... Il se déploie tout autour de vous... sans que vous sachiez... Alors, aujourd'hui, vous pouvez laisser émerger l'intuition de ce véritable pays intérieur... Et, puisque vous avez besoin de travailler sur quelque chose en particulier, votre esprit génère pour vous un paysage original... Mer ou montagne... Ville ou campagne... Un endroit que vous connaissez ou qui semble tout à fait fantastique... peu importe... c'est ce qui vous vient... (Laissez passer un instant)... *Voilà... À quoi cela ressemble-t-il ? Dites-moi... »*

ANECDOTE

Lors de formations, il nous arrive d'accompagner en Hypnose Humaniste tout un groupe de personnes en même temps. Comme nous ne pouvons alors bien évidemment pas faire parler tout le monde, nous rappelons qu'il est important de maintenir sa conscience d'être « à la fois ici et là-bas », sous peine de glisser en mode inconscient.

En général, ce sont toutes des personnes expérimentées en hypnose mais, immanquablement, faute d'avoir eu un guide personnel qui veille, qui fait parler régulièrement et empêche de se dissocier, il y en a toujours un qui rouvre les yeux à la fin de l'exercice, tout surpris : « Désolé, que s'est-il passé ? Je me souviens que vous avez parlé de (telle chose) et puis, ensuite, plus rien... » Et cela arrive même aux plus *résistants*, ceux qui pensaient ne jamais entrer en état d'hypnose (même s'ils savent accompagner les autres en hypnose) !

ASTUCE

Faire parler la personne est donc important si on veut travailler en hypnose en conscience.

3. Créez un phénomène hypnotique, de type *lévitation du bras* par exemple, sur vous ou sur la personne accompagnée. Si vous ne savez pas encore faire, filez apprendre page 156.

Exemple d'accompagnement pour une intériorisation consciente avec un phénomène hypnotique généré de manière lucide

« Tentons une expérience, si vous le voulez bien… Fermez les yeux afin de vous focaliser sur vos sensations… et restez attentif à votre ouverture d'esprit… Parfois, on se sent s'assoupir, un peu comme lorsque l'on s'endort au volant… C'est vraiment la chose que nous voulons éviter ici… D'accord ?…

Laissez la personne confirmer.

Bien. Alors, focalisez-vous… et restez bien vigilant… C'est votre attention grande ouverte qui va permettre le succès de cette expérience… Vous allez apprendre à entrer dans un état d'hypnose… en toute conscience !

Bon. Peut-être avez-vous déjà remarqué ces petits mouvements que l'on a, en permanence, involontairement ? Par exemple, vous pouvez avoir de petits spasmes inconscients dans les doigts… Eh bien, vous noterez que, depuis le début de notre expérience, vos mains sont bien calmes… Aucun petit mouvement… C'est curieux, non ?… …Et savez-vous ce qui provoque ce calme ?… C'est que votre cher Inconscient se sent observé : comme un petit lapin à l'entrée de son terrier, il n'ose plus bouger… Mais, c'est bien, ça… car cela vous montre qu'il est là, tout près.

Alors, voici ce que vous pouvez faire : envoyez une pensée vers votre main… et demandez-lui… sans un mot… sans même penser… souhaitez simplement qu'elle retrouve sa liberté de mouvement… Souhaitez qu'elle produise à nouveau l'un de ces micro-mouvements, un peu spasmodiques… Comme une saccade nerveuse… … Je vous laisse faire… Envoyez votre intention… intensément… et pourtant très calmement… Attendez-vous vraiment à ce que votre main bouge… et, à la fois, n'ayez aucun mouvement volontaire… Vous voulez un mouvement automatique… *Non pas* inconscient, *puisque vous en êtes l'origine, très consciemment… mais bel et bien automatique… »*

Continuez ainsi jusqu'à ce que la personne obtienne ce qu'elle souhaite. Félicitez-la et encouragez-la à poursuivre encore plus loin, jusqu'à ce que toute la main se soulève par elle-même en l'air. C'est ce que l'on appelle une *lévitation du bras.*

Étant alors en présence d'un phénomène hypnotique, vous saurez que la personne est bien en état d'hypnose – et en toute conscience car c'est elle et elle seule qui aura provoqué cela.

Cette façon de faire se rapproche de ce que font déjà certaines personnes en auto-hypnose, lorsqu'elles demandent à leur Inconscient de provoquer tel ou tel phénomène. La différence ici est que l'on ne délègue pas l'action, en attendant gentiment que cela arrive tout seul (ou non !). La personne se place au contraire à l'origine du phénomène inconscient et active elle-même en conscience son Automate.

Vous en apprendrez plus et vous le pratiquerez, dès le début du chapitre 6.

L'intériorisation consciente est l'induction hypnotique dont vous vous servirez pour plonger en conscience à la découverte de vos archétypes profonds (page 227) ou pour mettre à jour votre joyau intérieur, votre identité profonde (chapitre 8).

Réaliser une expansion globale

Une fois que vous saurez accompagner efficacement une personne dans un *état de conscience augmentée* grâce aux sept approches ci-dessus, vous pourrez prendre la liberté de toutes les mélanger.

Toutes les inductions humanistes ont pour but de reconnecter la personne à la vie et à elle-même. Donc, si on y réfléchit bien, l'induction « d'ouverture » idéale amènerait la personne en expansion de conscience, en l'aidant à s'élever sur les plans matériel, subtil et, si besoin, à travers le temps, autant par rapport à ce qui l'entoure qu'avec son être profond… afin qu'elle se sente Une avec le Tout.

C'est cela, une expansion globale, c'est l'addition de toutes les techniques d'induction que vous avez apprises jusque-là ! Non pas que l'on cherche à compliquer les choses mais plutôt à ne pas rester figé dans le même carcan : « soit en expansion », « soit en identification », etc.

L'Hypnose Humaniste étant une pratique hédoniste, une philosophie de gourmand, nous aimerions avoir *le beurre et l'argent du beurre* et nous faisons en sorte que ce soit ainsi. Donc, souvenez-vous, en Hypnose Humaniste : « vanille ou chocolat ? »… Non ! « Vanille et chocolat ! »

Ainsi, lorsque vous aurez assez pratiqué chacune des inductions humanistes précédentes, donnez-vous la liberté de les cumuler comme bon vous semble, en fonction de ce qui vous paraît bénéfique pour la personne, afin qu'elle accède au mieux à son *état de conscience augmentée.*

C'est à chaque fois du sur-mesure, improvisé en temps réel pour la personne, comme tout bon accompagnement hypnotique – quelle que soit l'approche, dissociante ou humaniste. Chaque séance d'Hypnose est ainsi unique, comme ces œuvres « d'art éphémère ». Elle ne dure que le temps de la rencontre avec la personne. Et même quand on revoit la même personne en consultation, elle a changé entre-temps et la nouvelle rencontre est différente.

Exemple d'accompagnement pour une expansion globale

« Voilà, fermez les yeux… vous y verrez plus clair… Inspirez doucement l'air qui vous entoure… et, lorsque vous soufflez, suivez-le en esprit, alors qu'il se diffuse dans la pièce… Voilà… encore… C'est très bien… et continuez comme cela, à votre rythme, pendant que je vous raconte mes histoires… Inspirez… et sentez la douceur de l'air qui entre en vous… … Vous savez que lorsque vous êtes dans une pièce chauffée par un radiateur électrique, l'air peut devenir irritant pour vos bronches… C'est que l'air est trop sec… Il manque l'eau qui est dans l'air… C'est l'eau qui donne sa douceur à l'air que vous respirez… l'eau… qui est là… sans que l'on s'en préoccupe, d'habitude… Parce que votre corps à vous est aussi fait d'eau, pour plus de la moitié… C'est fou, n'est-ce pas, de penser ça ?… Votre corps est gorgé d'eau… La vie elle-même est née dans l'eau… Et vos cellules contiennent de l'eau… Et saviez-vous que cette eau a quasiment la même composition que les eaux des océans qui couvraient la planète, tout au début des temps ?… Incroyable !… La même eau qu'au début des temps, dans chacune de vos cellules… Un peu comme si vous étiez dépositaire de toute la mémoire de la vie sur Terre… D'ailleurs, quand nous sommes fœtus, nous parcourons l'histoire de la vie… en repassant par tous les stades de l'évolution, des poissons aux lézards… La vie est étonnante… Nous portons en nous la grande histoire de la vie… Et comme vous respirez toujours tranquillement… vous accueillez en vous à chaque fois un peu de cet air, qui a voyagé, d'êtres en êtres, tout autour de la planète… Eh oui car nous partageons tous le même air, forcément… Ainsi, savez-vous si l'air que vous respirez en ce moment n'était pas dans les poumons d'un noble cerf, au fond d'une forêt ?… Ou dans la sève d'un arbre… D'ailleurs, la chlorophylle qui circule dans les feuilles de l'arbre ou les brins

…

Exemple d'accompagnement pour une expansion globale (suite)

d'herbe a une structure très proche des globules rouges qui circulent dans votre sang… Le sang qui coule dans vos veines, pour emporter dans tout votre corps l'air que vous respirez en ce moment… Et vous commencez à comprendre à quel point tout est lié… Alors, continuez donc de suivre cet air… en esprit… à la fois ici, avec moi et plus grand, plus large… plus vaste… comme si votre être se répandait dans la salle… comme un parfum… en suivant les courants de l'air… partout jusqu'au dehors… Jusqu'aux arbres et aux brins d'herbe… qui ont laissé leur trace… leur mémoire… que vous respirez… Conscient… de l'eau que cet air porte aussi… La même eau qui vous compose… Et vous avez peut-être déjà vu ces formidables images de plancton, phosphorescent, dans les océans… Vastes masses d'eau… véritables poumons méconnus de la planète… Ce plancton, qui est l'espèce végétale la plus répandue dans les mers… gorgé aussi de chlorophylle… tout comme vous du sang qui circule dans vos veines… au milieu de toute cette eau… Presque comme si… vous étiez vous aussi un vaste océan… Et peut-être sentez-vous votre respiration onduler… comme les vagues océaniques… profondes… et puissantes… Un beau temps… le ciel bleu… et l'ampleur des vagues… comme votre respiration… calme… et qui ondule… vivante… Voilà… Sentez-le en vous !.... Sentez-vous aussi vaste que l'océan… Aussi riche, profond et connecté à toute cette vie… Aussi sage que la mémoire du monde… Et laissez la nuit vous couvrir de son manteau d'étoiles… Ces étoiles… dont la lumière vous parvient du début des temps… et qui vient danser… en reflet… sur l'ondulation de votre respiration… Prenez-vous conscience de ce qu'il y a d'infini et d'universel en vous ?... C'est… comme… magique… indescriptible… Sentez-le en vous… Sentez-vous… vaste… comme la vie. »

Maintenant, à vous d'improviser vos propres inductions hypnotiques en ouverture, pour une personne qui souhaitera voyager avec vous, ou pour vous-même en auto-hypnose.

Mener à bien une séance type d'Hypnose Humaniste

Concluons ce chapitre en résumant ce que sera une rencontre d'Hypnose Humaniste. La prochaine étape de notre voyage sera dédiée aux techniques de changement, pour la thérapie et le coaching – ce que vous attendez certainement avec impatience !

Alors, vous vous doutez bien qu'aucune rencontre ne ressemble à une autre. La « séance type » que je vous propose ci-dessous est donc simplement un moyen de résumer vos connaissances à ce point du livre.

Les rencontres sont parfois très courtes, parfois très longues. Pour certaines, vous irez droit au but, par exemple grâce à la thérapie symbolique (simple ou avancée) que nous apprendrons bientôt. Pour d'autres séances, vous voudrez vérifier votre travail par une poussée aux épaules et peut-être aussi compléter votre anamnèse par un cercle de conception… ou peut-être pas, car vous vous adapterez aux besoins de la personne.

Soyez donc flexible et adaptable. Votre ami l'Inconscient aime la routine (strate 1) et elle vous apporte un sentiment de sécurité – comme aux personnes que vous aiderez sur votre chemin. Pour autant, ce n'est pas une raison pour vous laisser dominer par les besoins de l'Inconscient.

Prenez conscience de cela : « vous » ressentez les émotions de « l'Inconscient ». Donc, lorsque vous aurez envie de refaire encore et encore ce qui a déjà bien fonctionné une première fois, juste parce que cela vous fait du bien de décider de faire cela plutôt que d'improviser, alors vous reconnaîtrez le besoin de sécurité de votre Inconscient ! Conscient de cela, vous pourrez choisir d'obéir à vos pulsions, quitte à stagner ou louper une séance… ou bien reprendre la barre et mener votre navire comme bon vous semble.

Eh oui ! Le thérapeute aussi est humain ! Il a un Inconscient, des émotions et des blessures intérieures, comme tout le monde. La différence, c'est qu'il le sait, qu'il comprend le fonctionnement de la vie et qu'il peut ainsi mieux et plus vite se sortir des ennuis et autres cercles vicieux.

ATTENTION !

Donc, règle numéro 1 : flexibilité et adaptabilité ! Pour cela : soyez vous-même en *état de conscience augmentée*, le plus souvent possible, si ce n'est tout le temps, afin d'être naturellement en connexion avec la personne (pour l'adaptabilité) et avec la vie (pour l'inspiration et la flexibilité).

La séance type d'Hypnose Humaniste

Comptez 1h00 à 1h30 par rencontre.

1. **Anamnèse afin, entre autres, de :**
   - Cibler l'objectif de la personne (en une phrase simple) et préparer la séance d'hypnose.
   - Choisir le protocole technique à suivre (cf. chapitre 6).
2. **(option) Test aux épaules afin de calibrer l'état initial de la personne**. Éventuelles explications symboliques sur la réaction physique de la personne.
3. **(option) Augmenter le niveau vibratoire** afin de permettre à la personne d'être en bonne condition pour réussir sa séance d'hypnose.
4. **(option) Cercle de conception** pour recueillir des informations complémentaires et connecter la personne aux différentes facettes de sa vie.
5. **Induction hypnotique en ouverture** : prenez votre temps, il est moins facile de gagner en conscience que de plonger dans l'Inconscient. L'induction humaniste peut prendre jusqu'à 20 minutes. Les techniques thérapeutiques humanistes se font en *état de conscience augmentée*.
6. **Placez la technique thérapeutique choisie durant l'anamnèse** (vous découvrirez différentes techniques au chapitre suivant).
7. **(option) Test aux épaules : pour vérifier l'efficacité de la séance** d'hypnose et le faire ressentir à la personne.

Un **débriefing** avec la personne est possible. Puisque la procédure thérapeutique ou de coaching a été effectuée en conscience, nul besoin de cacher ce qui a été fait à la personne, pas d'amnésie nécessaire et aucun risque de « casser » la séance en discutant après coup avec la personne.

Chapitre 6

Intégrer les techniques thérapeutiques de l'Hypnose Humaniste

Dans ce chapitre :

- Apprendre à pratiquer sur vous-même
- Découvrir la thérapie symbolique simple et comment l'utiliser
- Mettre en place les jalons d'un accompagnement adapté
- Adapter les outils non-humanistes pour les exploiter en mode « associé »

Appliquer le protocole de soin est toujours stimulant. Cela paraît être le moment le plus important de la thérapie, ce qui fera tout changer... C'est donner beaucoup d'importance à la technique. En réalité, elle n'est que l'aboutissement de tout ce que vous avez appris jusqu'à présent.

Plus que la technique, c'est le lien, la relation humaine que vous aurez avec la personne qui déterminera la réussite de la rencontre thérapeutique ou de coaching.

La bonne compréhension de la situation de la personne (ou la vôtre, le cas échéant) est primordiale. C'est la raison pour laquelle nous avons passé du temps sur l'acquisition de connaissances psychologiques, sur la Conscience, l'Inconscient, les principes et idées, etc.

Ensuite, sans une bonne induction hypnotique, la meilleure technique resterait inefficace.

Dans une rencontre thérapeutique...

Comptez :

- **50 % du temps dédié à l'anamnèse,** y compris la poussée aux épaules, booster le niveau vibratoire de la personne et, si besoin, lui faire vivre le cercle de conception.
- **20 à 25 % du temps dédié à l'induction hypnotique,** afin d'être sûr de bien travailler en *état de conscience augmentée*
- **25 à 30 % du temps dédié à la technique thérapeutique**

En situation de coaching, toute la première séance peut être dédiée à l'anamnèse.

Enfin, un élément est fondamental : vous ! En tant que thérapeute ou coach, c'est parce que vous aurez *déjà* parcouru le chemin que vous saurez l'indiquer correctement à la personne. Et même si vous souhaitez pratiquer uniquement sur vous-même, les résultats que vous pourrez espérer dépendront de votre entraînement personnel.

Voilà pourquoi les premières techniques de ce chapitre vous sont destinées.

Expérimenter sur soi

Vouloir pratiquer l'auto-hypnose semble paradoxal venant de la part d'humanistes qui prônent la reconnexion avec les autres et le monde. C'est pourquoi il s'agira ici de développement personnel et non d'auto-thérapie : si vous avez besoin d'aide, demandez de l'aide. Ne restez pas tout seul ! À deux on est toujours plus fort pour changer les choses.

Il est normal de savoir se débrouiller tout seul, quand tout va bien. Mais si une situation vous dépasse, n'attendez pas qu'il soit trop tard pour vous faire aider !

Ceci étant dit, pratiquer l'auto-hypnose est un entraînement indispensable à qui veut maîtriser le fonctionnement de son esprit. Et c'est un travail de toute une vie ! Vous saurez rapidement générer les phénomènes de base ci-après. Par la suite, vous découvrirez que les applications du « travail en conscience » couvrent tout ce qu'il est possible de vivre.

Commençons donc simplement.

L'Auto-hypnose Humaniste

Vous avez bien testé sur vous les inductions hypnotiques, n'est-ce pas ? Sinon, retournez vite les apprendre, page 119 ! Car, c'est juste cela, l'auto-hypnose : pratiquer sur soi les inductions et techniques d'hypnose – les mêmes qui servent habituellement à aider les autres.

Bien sûr, dans les livres d'auto-hypnose, on utilise des techniques simplifiées. Les versions professionnelles seraient fastidieuses à apprendre ! Toutefois, lorsque l'on se forme en Hypnose, on apprend forcément les techniques « des pros » (comme celles de ce livre), donc il suffit de bien les connaître pour se les appliquer à soi-même. En Hypnose Humaniste, c'est très possible, puisque tout se fait *en conscience.*

Quelle différence entre l'auto-hypnose habituelle et sa version humaniste ?

Peut-être pratiquez-vous déjà l'auto-hypnose ? Si oui, il vous sera facile de passer en mode humaniste : quand vous êtes encore « conscient » durant l'auto-hypnose, c'est déjà grâce à votre Conscience – celle que vous conservez aussi parfois durant vos rêves. C'est elle qui est à l'œuvre et qui dirige votre esprit Inconscient.

Alors, bien sûr, on peut s'entraîner graduellement pour dompter l'Inconscient et faire en sorte qu'il accomplisse le plus souvent ce qu'on lui demande. Il n'empêche que, dans tous les cas, on passe par son intermédiaire : la personne n'agit pas directement sur elle, en connexion avec elle-même. Elle délègue ce pouvoir à son Inconscient (dissociation).

En Hypnose Humaniste, la différence importante tient au fait qu'on ne se dissocie jamais :

- **L'induction hypnotique se fait en ouverture**, par la technique de votre choix (voir p. 121).
- **On s'adresse directement au mécanisme** physique ou psychologique à déclencher.

Illustrons cela tout de suite par des exemples concrets, avec l'art et la manière de générer par vous-même des phénomènes hypnotiques, sur vous. On appellera cela : « agir en conscience ».

Créer les phénomènes hypnotiques en Hypnose Humaniste

Le premier rôle des phénomènes hypnotiques physiques est de valider l'état d'hypnose, tant pour la personne que pour l'apprenti hypnothérapeute ! Celui-ci peut ainsi apprendre à créer des « mouvements inconscients » faciles à vérifier, avant de se lancer dans des changements psychologiques.

Puisque vous savez vous mettre en transe avec les inductions hypnotiques humanistes, voyons ce que vous pouvez faire d'intéressant avec…

S'entraîner avec la lévitation du bras

Il s'agit de faire s'envoler votre bras afin qu'il flotte en l'air, sans intervention volontaire de votre part.

Vous pouvez apprendre la sensation que cela procure en vous mettant épaule contre un mur, sans le toucher et en forçant le plus possible pour tenter de relever le bras, comme pour repousser le mur, pendant au moins une minute.

Ensuite, arrêtez de forcer et reculez du mur : vous sentirez votre bras se soulever tout seul, comme porté par les airs ! Ce sera la même sensation, lorsque votre bras se soulèvera automatiquement, grâce à l'état d'hypnose.

Pour obtenir une lévitation hypnotique de votre bras, à la manière humaniste, commencez bien évidemment par vous mettre en *état de conscience augmentée*. Prenez le temps qu'il faudra, jusqu'à ressentir vos signes habituels d'hypnose : respiration calme, petites oscillations du corps, visage impassible, peut-être quelques spasmes dans les doigts, votre esprit comme en attente, etc.

Vous pourrez ensuite vous adresser directement à votre Automate intérieur. Faites comme si vous étiez vous-même la Conscience, capable d'activer l'Automate :

« *Allez le bras, deviens léger, léger, léger… et envole-toi… Allez allez !...* » ou bien encore : « *Allez, mon bras, bouge-toi de là, envole-toi… Vas-y, tu peux le faire…* » C'est un langage simple et direct, sans fioriture, comme vous le pensez – d'ailleurs, il n'y a pas besoin de parler à haute voix, ni même de vraiment penser, si c'est plus facile pour vous : c'est votre force d'intention qui compte !

Vous pouvez aussi utiliser des métaphores, qui parleront davantage à votre Automate :

« *Bon, ma main, deviens comme une plume portée par le vent… soulevée facilement… comme lorsque je nage dans l'océan… et que je flotte dans les vagues… en ondulant…* »

Au début, ce ne sera peut-être pas évident : rendez-vous compte, ce sera certainement la première fois que vous ferez un geste *conscient* ! Eh oui, d'ordinaire, tous vos gestes sont activés par l'Inconscient une demi-seconde avant que vous ne le sachiez. Votre libre-arbitre se résume à prendre conscience de ce qui a *déjà* été décidé à votre place…

Dans cette expérience, grâce à *l'état de conscience augmentée*, c'est « vous » (conscient + Conscience) qui activerez vos propres mécanismes automatiques. C'est cela « agir en conscience ». Bravo ! C'est un grand pas en avant !

Alors, bien sûr, il ne faut pas lever exprès votre bras. Physiquement, laissez-le faire. En revanche, en conscience, poussez-le à bouger, à se soulever. Guettez la moindre petite secousse, le moindre spasme qui pourrait aller dans votre sens ! Et dès que votre bras bouge vraiment, encouragez-le, félicitez-le.

Votre Automate n'a pas l'habitude que vous le dirigiez de cette manière – habituellement, c'est juste votre Conscience qui s'en charge, sans le petit conscient. Et, en plus, vous-même n'avez jamais fait cela ! C'est donc bien normal que cela démarre doucement. Voyez cela comme une (ré)éducation. Prenez votre temps mais soyez déterminé à réussir. Souvenez-vous que la seule manière d'échouer est d'abandonner avant d'avoir réussi !

Maintenant, si cela ne donne rien au premier essai, dites-vous bien que c'est de l'entraînement et que vous réussirez la prochaine fois (ou la suivante, peu importe). Ce que certains réussissent à faire, vous pouvez le faire aussi, plus ou moins facilement, selon votre constitution, mais tout le monde a un cerveau et une Conscience, donc tout le monde peut réussir : accrochez bien cela dans votre tête !

Et sitôt que vous aurez réussi : félicitez-vous ! Votre esprit profond engramme vos apprentissages et vous apporte vos émotions. Il aime les récompenses, la reconnaissance, il veut qu'on l'aime. Donc, félicitez-vous et recommencez dès que possible. À chaque nouvelle expérience, ce sera de plus en plus facile – non seulement pour la lévitation du bras mais aussi pour tout ce que vous tenterez d'autre.

Renforcer ses acquis avec la catalepsie du bras ou des mains

Sitôt que vous aurez réussi à faire s'envoler votre bras, vous pourrez passer à l'expérience suivante : la catalepsie. C'est comme si votre bras ou vos mains se rigidifiaient. Vous avez peut-être déjà vu ça dans les spectacles d'hypnose, quand l'artiste met tout le corps d'une jeune femme en catalepsie puis l'étend entre deux tréteaux, la tête posée d'un côté, les pieds de l'autre. Certains artistes lui montent même sur le ventre – ce qui serait impossible hors hypnose.

Alors, vous allez tenter l'expérience mais en rigidifiant seulement votre bras ou vos mains serrées l'une dans l'autre (afin de les rendre impossible à desserrer), toujours par vous-même, en auto-hypnose.

Puisque vous savez déjà vous mettre en *état de conscience augmentée* et produire une lévitation du bras, créer une catalepsie vous paraîtra facile. Vous avez de l'entraînement maintenant !

Comme pour la lévitation du bras, ce sera votre état d hypnose qui fera tout : ayez l'intention du phénomène à réaliser, *poussez-le* en conscience, encouragez-le, guettez le moindre signe et félicitez votre Automate pour le plus petit progrès. C'est comme d'apprendre à un enfant à marcher ou à faire du vélo.

Pensez en métaphores, cela aidera votre Automate à comprendre ce qu'il faut faire.

Exemple avec votre bras tendu. Prenez un poids et chronométrez le temps que vous tenez bras tendu. Ce sera votre référence. Ensuite, entrez en *état de conscience augmentée* et commencez l'expérience. Tendez le bras avec votre poids, enclenchez le chronomètre de l'autre main et pensez :

> « *Bien, maintenant mon bras se rigidifie... de plus en plus... Mon bras devient une barre d'acier... renforcée... Tendu* (imaginez que votre bras se prolonge et se plante dans le mur d'en face)... *comme une poutrelle d'acier... Et le poids ne pèse rien... Il repose, suspendu à la poutrelle...* »

Continuez ainsi jusqu'à ce que votre bras ne puisse vraiment plus porter le poids. Stoppez le chronomètre et extasiez-vous de la différence incroyable de durée !

Bien sûr, vous pourrez reproduire l'expérience sans aucun poids, puisque vous aurez gagné la conviction de la force de votre catalepsie.

Exemple avec vos mains serrées. Écartez les doigts et imbriquez chaque main dans l'autre. Ensuite, refermez les doigts et les mains. Puis, fermez les yeux et entrez en *état de conscience augmentée*. Quand vous voudrez commencer l'expérience, pensez :

> « *Voilà, mes mains forment une boule compacte, solide... comme si mes mains s'étaient collées, soudées... serrées l'une et l'autre... Mes mains sont unies et rien ne peut venir les désunir.* »

Là, vous pouvez tirer volontairement sur vos mains, pour tester la solidité de leur union ou, encore mieux, demandez à quelqu'un de tirer sur vos poignets ou au niveau des coudes, pour défaire vos mains. Impossible ! C'est comme si vous aviez une force herculéenne... sauf que vous ne ferez aucun effort physique pour cela car vos mains seront réellement comme collées, d'un seul bloc !

Lorsque vous serez convaincu vous-même du phénomène, il vous suffira de souhaiter que cela s'arrête pour que tout redevienne normal. C'est bien votre intention qui dirige la manœuvre.

Produire en conscience des actions inconscientes, c'est possible !

Encore une fois, nous sommes très proches des techniques de l'auto-hypnose habituelle, la différence réside dans la production *en conscience* des phénomènes, qui sont bien les mêmes que ceux de l'Hypnose classique ou ericksonienne.

En revanche, ici personne n'agit sur vous et vous-même ne déléguez pas non plus l'action à l'Inconscient. Pour rappel, ordinairement, on aurait procédé à une induction dissociante, afin d'endormir le mental, la volonté consciente et on aurait formulé les suggestions en dissocié : « l'Inconscient va (faire ceci-cela)... », « les mains se serrent », etc. Vous auriez alors été passif, spectateur de l'Inconscient qui produit le phénomène, sans que vous n'y puissiez rien.

À ce point du livre, la différence peut sembler minime mais parvenir grâce à l'Hypnose Humaniste à générer des actions « inconscientes » tout en préservant l'autonomie de pensée de la personne est une avancée souvent qualifiée de « révolutionnaire » par les professionnels expérimentés de l'Hypnothérapie.

Quand « ça pense » en nous, comme le disait Lacan, il ne peut y avoir de liberté, nous rappelle le neurologue Dominique Laplane. Être à l'origine directe de nos mouvements automatiques est le début d'une vraie liberté de vie, de pensées et d'émotions.

Générer la lourdeur

Si vous avez eu des soucis à générer la lévitation du bras, ce phénomène vous paraîtra peut-être plus facile à réaliser. Vous avez compris comment déclencher une action automatique, donc provenant de votre Automate (votre ex-Inconscient). C'est donc seulement l'acte à produire qui sera différent.

Une fois en *état de conscience augmentée*, les mains posées sur vos cuisses, pensez :

« Mes mains commencent à s'alourdir considérablement... elles deviennent si lourdement pesante qu'elles glissent imperceptiblement sur mes jambes... de plus en plus... de plus en plus... Allez ! » ou bien « Mes mains sont comme de lourdes masses... si lourdes qu'elles roulent sur le côté... et glissent toutes les deux vers le sol, comme pour m'ancrer, solidement... »

L'idée étant de réussir à ce que vos mains tombent de chaque côté de vous (toujours sans le faire exprès, bien sûr !).

Mieux vaut donc alourdir vos deux mains ensemble car l'expérience montre qu'une seule main devenue lourde peut entraîner tout votre corps en glissant de vos jambes ! Comme vous êtes assez détendu, en état d'hypnose, il serait facile de tomber de votre chaise, emporté par ce déséquilibre ! Vous ne seriez pas le premier !

Et vous pouvez aussi faire le même exercice avec vos jambes ou même tout le bas de votre corps : sentir vos fesses et vos cuisses appuyer de plus en plus fortement sur le siège, jusqu'à sentir que vous ne pouvez plus vous lever !

Pour l'instant, entraînez-vous à générer des phénomènes hypnotiques seulement pour gagner en contrôle conscient de vos phénomènes (autrefois) incontrôlés, inconscients.

Lorsque vous connaîtrez des techniques thérapeutiques, d'ici quelques pages, alors vous pourrez insérer des phénomènes hypnotiques dans vos accompagnements. Nous n'en sommes pas là et, le moment venu, les phénomènes intéressants et leur utilité thérapeutique vous seront indiqués.

Si vous souhaitez rendre l'exercice utile, mélangez la lourdeur et la lévitation.

La lourdeur est symboliquement assimilée aux ennuis, aux soucis, « ce qui plombe », oppresse, écrase, etc. Et la légèreté est tout au contraire synonyme d'apaisement, de libération, de bien-être, d'élévation d'esprit. Donc, associez en esprit la lourdeur aux soucis et la légèreté aux bonnes choses, puis mettez-vous en *état de conscience augmentée* et provoquez la lourdeur de votre main gauche (passé) et la légèreté de votre bras droit (présent, futur) : l'idée est ici que les soucis et mauvais souvenirs glissent dans votre main gauche, ce qui provoquera la lourdeur, jusqu'à ce que tout tombe par terre ! Simultanément, votre main droite ira chercher la force d'apaisement, la légèreté, la lumière dont vous avez besoin pour, justement, bien alourdir votre main gauche et chasser toutes les mauvaises choses.

Plus votre main gauche se débarrassera des soucis, plus votre main droite sera facilement légère… Et, réciproquement, plus votre main droite gagnera en légèreté, en vitalité, plus cela aidera votre main gauche à vous débarrasser de ce qui vous pèse.

Encore une fois, pensez en « associé », en connexion de conscience : ne vous laissez pas faire, n'attendez pas que *cela arrive* ou que *les mains* fassent le travail ! Vos mains ne sont que le signe visible du travail symbolique que vous effectuez sur vous-même. Donc, remplissez-vous très consciemment de lumière en inspirant, par exemple, et « sentez » par avance votre main droite qui s'élève dans les airs… Et, à chaque expiration, « sentez » aussi vos soucis, même non-identifiés, qui coulent de long de votre bras gauche, l'alourdissent un moment puis tombent à terre (un engrais pour la Terre !).

Lorsque le maximum de soucis aura été évacué, votre main gauche redeviendra neutre – vous pouvez même lui demander de se remplir de lumière-légèreté à son tour – et vos deux mains se rejoindront sagement sur vos cuisses.

Stopper le pouls dans un bras

Oui, vous avez bien lu : « dans un bras » ! Il ne s'agit bien évidemment pas de stopper votre cœur (votre corps ne vous laisserait pas faire, de toute façon !) mais *juste le pouls* que l'on peut prendre à votre poignet. Idéalement, vous ferez l'exercice à deux.

Votre assistant aura pour charge de prendre votre pouls et de l'indiquer à haute voix : « bip… bip… bip… bip… » à chaque battement. Pendant ce temps, mettez-vous en *état de conscience augmentée*. Lorsque vous vous sentirez prêt, écoutez les « bip… bip… » et souhaitez simplement (mais fermement !) qu'ils ralentissent et disparaissent.

Vous verrez que cela fonctionne étonnement bien !

Rassurez-vous, tout cela est parfaitement inoffensif, tant que vous ne passez pas vos journées à freiner la circulation sanguine dans votre main !

Que se passe-t-il ? Votre action *en conscience* amène les veines du bras à se clampser légèrement, comme on le ferait avec un garrot mais naturellement et à un moindre degré, bien sûr. Et cela ne durera qu'une dizaine de secondes, le temps de constater l'effet.

Les « bip... bip... » de votre assistant s'espaceront, jusqu'à cesser complètement, à la surprise générale. Bien sûr, nous contrôlons déjà notre pouls, si on peut dire, avec nos émotions : notre cœur bat plus ou moins fort selon ce que nous vivons. Le tout, c'est de réussir à gérer le phénomène consciemment.

Lorsque nous faisons la démonstration de ce phénomène, généralement en même temps que la démonstration des anesthésies hypnotiques, la personne réussit en quelques dizaines de secondes et du premier coup à « cacher » son pouls – et, en formation, nous avons quantité d'infirmières, médecins ou sages-femmes, qui savent très bien prendre un pouls et qui sont les premières étonnées du phénomène.

À SAVOIR

Vous êtes toujours en période d'entraînement personnel, pour développer votre capacité à contrôler *en conscience* des paramètres de votre vie mais vous comprenez déjà qu'être capable de calmer votre cœur pourrait vous être utile, un jour ou l'autre, par exemple pour gérer votre stress, pour calmer une crise d'hypertension ou si un jour vous êtes blessé et que vous saignez de trop : le même mécanisme vous permettrait de clampser la veine et freiner les saignements, en attendant les secours.

Créer une anesthésie

Voilà qui complète bien le phénomène précédent ! Il ne s'agit pas ici de supprimer une douleur déjà existante : en cas de blessure ou de douleur d'origine non-identifiée, consultez un médecin avant toute chose ! Procéder à des anesthésies et analgésies en situation réelle demande des précautions. Pour l'instant, c'est juste un autre exercice d'entraînement, pour vous.

Pas question non plus de jouer aux fakirs et de se blesser volontairement, même si l'exercice peut faire penser aux exploits de ces yogis. Vous vous exercerez avec une douleur inoffensive pour votre corps, rien qui ne fasse saigner, par exemple.

Alors, comme nous l'expliquons à nos élèves en formation : ce n'est pas lorsqu'on a soif qu'il faut creuser le puits ! En clair, ce n'est pas au moment où ça va mal qu'il faut commencer à s'entraîner !

Donc, lorsque vous avez un moment de calme, entraînez-vous aux anesthésies, on ne sait jamais…

À SAVOIR

Pour être exact, ce que vous allez faire s'appelle une « analgésie », littéralement : *plus de douleur*. Une « anesthésie », ce serait : *plus de sensations* du tout (donc plus de possibilité de bouger non plus, par exemple). Ce n'est pas ce qui nous intéresse. En revanche, une analgésie : chasser la douleur et conserver la possibilité de faire tout ce qui vous plaît, voilà qui est intéressant !

C'EST À VOUS

Comme toujours, cela commence par vous mettre en *état de conscience augmentée*. Vous comprenez bien que si on vous pinçait très fortement en temps normal, vous auriez mal ! Donc, dès qu'on peut le faire sans que vous ne ressentiez quoi que ce soit, c'est que vous êtes en état d'hypnose, d'une manière ou d'une autre.

Les néophytes en Hypnose pensent qu'une personne qui a les yeux ouverts est « consciente », qu'elle n'est pas en état d'hypnose. Alors, il suffit de voir les gens dans le métro pour se rendre compte qu'on peut être « ailleurs » et avoir les yeux ouverts (comme au cinéma, aussi). Sachez qu'il arrive qu'un patient en anesthésie hypnotique ouvre les yeux en plein milieu d'une opération chirurgicale ! Si cela suffisait à le faire sortir de transe hypnotique, il se mettrait aussitôt à hurler (car il a le ventre ouvert et on l'opère !). Or, il n'en est rien. L'anesthésiste le rassure, lui dit que l'opération est encore en cours. Le patient referme les yeux et continue son voyage intérieur. C'est pareil en Hypnose Humaniste !

Pour commencer, posez l'ongle de votre pouce droit juste sur la petite peau qui est à la limite de l'ongle de votre pouce gauche. Sur l'ongle, pas de sensation. Sur la peau, peu de sensations. Sur la petite peau : cela fait très mal ! Même en appuyant légèrement, on se rend compte que la zone est très sensible.

C'est parfait. Nous recherchons quelque chose qui fait très mal et qui ne blesse pas.

- **Au pincement « test »**, appuyez une demi-seconde à force 1/10. Ça suffit !
- **Lorsque l'analgésie sera faite**, vous appuierez aussi fort que possible et tout le temps que vous voudrez.

Après le pincement « test », gardez l'ongle du pouce droit en place, sur la petite peau sensible, afin que votre corps sache qu'il risque d'avoir à nouveau mal (la crainte de la douleur à venir est motivante !) – puis mettez-vous en *état de conscience augmentée*.

Ensuite, deux options : la première est de commander directement à votre Automate, comme vous avez appris à le faire jusqu'à présent. C'est ce que vous allez faire ici. La seconde consisterait à pratiquer la thérapie symbolique que vous apprendrez au prochain chapitre, donc à laisser venir le symbole qui se présente à votre esprit au moment de la douleur et à le faire disparaître. Cela va aussi vite.

Mais restons sur notre voie. Vous pourrez vous entraîner avec la thérapie symbolique dès que vous la connaîtrez. Donc, votre ongle droit étant toujours en place, prêt à pincer, pensez :

> *« Bon, je n'ai absolument pas envie d'avoir à nouveau mal, donc chasse cette douleur afin que je ne ressente plus rien… Allez, vas-y ! »* Et pincez-vous aussitôt !

Dans l'idéal, vous avez confiance en vous et vous pouvez y aller franco immédiatement. Si vous êtes plus méfiant, appuyez graduellement de plus en plus fort, en maintenant vos pensées pour stimuler et renforcer le travail de votre Automate.

Maintenant, sitôt que vous aurez pris confiance en vous, vous vous rendrez compte que l'analgésie est immédiate. Pour ainsi dire, il suffit de craindre le nouveau pincement et d'être en état d'hypnose. Votre apprentissage fait le reste ! Nous montrons cela en démonstration : une rapide induction en ouverture (une minute suffit : pour ce qui concerne le corps, les inductions peuvent être très rapides) et on pince aussitôt fortement. Il n'y a même pas de suggestion !

D'ailleurs, à propos de suggestion, les connaisseurs auront remarqué que la formulation n'a aucune importance en Hypnose Humaniste car notre phrase ci-dessus serait non seulement inefficace en hypnose ordinaire mais elle aurait même tendance à accroître la douleur de la personne !
En Hypnose Humaniste, on peut même se permettre de « mauvaises » suggestions (à titre de démonstration), style « houla, ça devrait faire *très très mal* ! » et cela ne change rien pour la personne. C'est rassurant !

Aller plus loin...

Lorsque vous aurez appris la thérapie symbolique, au prochain chapitre, vous pourrez aller encore plus loin. Par exemple, vous pourrez :

- **Faire en sorte d'être immangeable par les moustiques**, ce que nous avons testé plusieurs fois, y compris en forêts tropicales. Il vous suffira d'actionner le bouton mental « immangeable par les moustiques », avec l'arrière-pensée protectrice « en gardant ma bonne santé » (pour ne pas dérégler un paramètre physique important !).
- **Réguler instantanément votre horloge biologique** pour supprimer le décalage horaire, juste en déplaçant (mentalement) à la main les aiguilles de votre horloge interne. Adieu le *jet lag* ! Testé en décalage positif comme négatif (heures en plus ou en moins).
- **Retirer des bourdonnements d'oreilles**, juste après un concert assourdissant : en saisissant à la main la masse sonore qui bourdonne et en la poussant vers l'arrière pour la dégager. Eh oui, aussi facilement que cela. Cela prend cinq secondes par oreille.
- **Modifier le temps** : accélérer ou ralentir votre perception du temps, pour qu'une minute passe en cinq secondes ou qu'une seconde en paraisse deux ou trois (en regardant la petite aiguille d'une pendule). Vous pouvez même

stopper l'aiguille des secondes un instant. En revanche, pour stopper visuellement les pales d'un ventilateur, là c'est plus dur – mais c'est possible aussi !

- **Rêver consciemment** et à volonté à ce que vous voulez nécessite un entraînement un peu plus long. Une manière d'avoir plusieurs vies en une !

Quand on sait modifier ce qui se passe en nous grâce à notre esprit, beaucoup de choses deviennent plus facile dans l'existence ! Cela vaut vraiment la peine de s'entraîner !

Deux points importants en conclusion

ATTENTION !

Primo : ne prenez pas la grosse tête. Lorsque vous êtes en *état de conscience augmentée*, c'est bien votre esprit conscient, votre petit esprit habituel, qui a gagné en conscience. Il n'est donc pas aussi sage ou connaisseur que la Conscience pure, celle qui porte une majuscule... Et il n'est même pas aussi sage ou capable que votre Inconscient-Automate !

En Hypnose Humaniste, vous apprenez à diriger consciemment votre Automate mais ce n'est pas pour autant que vous êtes aussi futé que lui ! Souvenez-vous que votre cerveau reptilien a environ 400 millions d'années d'expérience et que votre cortex préfrontal a tout juste 100 000 ans. Il est donc 4 000 fois plus jeune. Pour mieux saisir : à proportion, si vous avez 40 ans, votre esprit conscient est aussi connaisseur de la vie qu'un bébé de moins de 4 jours ! Alors, vous pensez bien que votre vieil Automate s'amusera bien de certaines de vos directives conscientes.

Conclusion : lorsque vous demandez quelque chose à votre Automate, misez aussi sur son savoir immense. Il en sait bien plus que vous sur bien des domaines et c'est un ordinateur super puissant. La plupart du temps, indiquer à l'Automate le but à atteindre suffira. Le risque serait de demander quelque chose de très précis et d'inadapté... et de l'obtenir ! Alors qu'en laissant plus de liberté à votre esprit profond, vous auriez réussi, facilement et peut-être au-delà de votre espérance !

Secundo : l'Automate lui-même, aussi expérimenté soit-il, a l'âge mental d'un enfant d'environ 6 ans ! Un surdoué prodigieux de 6 ans, capable de 20 milliards de milliards d'opérations par seconde mais un enfant tout de même au niveau des émotions. Il a donc besoin de la Conscience, à la sagesse infinie.

Alors, l'Hypnose Humaniste permet d'atteindre une capacité d'action *en conscience*. Il est ainsi possible que vous ayez de moins en moins besoin d'hypnose pour agir *en conscience* sur vous-même : être *en conscience* au quotidien. Vous retrouverez dans l'archétype du Sage (p. 241) la marque de la Conscience que vous intégrerez. C'est cette part de vous qu'il s'agira de laisser s'exprimer, lorsque vous travaillerez sur vous.

Cette « évolution personnelle » est un des buts avoués de l'Hypnose Humaniste, pour ceux qui la pratiquent régulièrement – toutefois, c'est du long terme et nous n'en sommes pas là !

Découvrir les techniques thérapeutiques de l'Hypnose Humaniste

Vous avez une bonne idée de la « géographie psychologique », alors vous savez où vous mettez les pieds ! De plus, vous connaissez les techniques de base, de l'anamnèse aux inductions hypnotiques en ouverture et vous avez même de l'entraînement personnel... Le moment est donc venu de découvrir les procédures thérapeutiques de l'Hypnose Humaniste.

La thérapie symbolique : l'outil à tout faire !

Débutons notre voyage avec la star des techniques thérapeutiques humanistes, celle que vous utiliserez la plupart du temps en Hypnose Humaniste.

Comme son nom l'indique, la thérapie symbolique consiste en une intervention thérapeutique où le symptôme de la personne n'est pas abordé concrètement. La personne lui donnera une forme imagée, auditive ou ressentie, un peu comme dans un dessin animé et c'est en agissant sur ce symbole que les soucis de la personne seront traités.

Nous étudierons deux sortes de thérapies symboliques :

- **La thérapie symbolique simple :** pour les soucis simples, mécaniques, qui ne nécessitent pas de prise de conscience. On travaillera sur l'Inconscient par le biais des objets informationnels, des champs morphogénétiques et autres archétypes.
- **La thérapie symbolique avancée :** pour tout ce qui nécessite une restructuration profonde de l'Inconscient de la personne (problèmes graves, existentiels, liés à l'éducation, etc.). On travaillera par le biais des archétypes spécifiques qui forgent l'Inconscient.

Vous n'aurez pas besoin de connaître ni de comprendre les symboles pour faire de la thérapie symbolique simple, alors que vous aurez besoin d'un minimum de connaissances des symboles et archétypes pour la thérapie symbolique avancée.

Comment des symboles peuvent-il soigner ?

1. **D'abord, il faut savoir qu'un symbole, par définition, est le fruit de toute une vie**. Eh oui, c'est parce que vous avez telle ou telle histoire de vie que vous imaginez les choses de telle ou telle manière. Pour une même situation, une autre personne que vous donnerait un autre symbole. Donc, le symbole est bien le reflet de toute votre vie, bien plus que vous ne l'imaginez !
2. **Ensuite, les symboles sont le langage de l'Inconscient** – comme vous le percevez dans les rêves. Le monde rationnel, concret, lui est étranger. Il est donc forcément plus efficace de traiter les blessures de votre Inconscient en utilisant leur forme originelle plutôt que l'interprétation fournie par votre esprit logique. Le symbole représente un message de l'Inconscient et le travail symbolique est notre réponse pour lui.
3. **Et enfin, en Hypnose Humaniste, vous savez bien que l'on travaille *en conscience***, donc bien au-delà du niveau de l'Inconscient... Les symboles qui vous viendront à l'esprit (ou qui viendront à l'esprit de la personne en thérapie ou coaching) ne seront pas les mêmes que ceux qu'un psy habituel rencontrerait dans ses séances. En *état de conscience augmentée*, vous irez chercher le « maître-symbole », l'archétype *qui donne forme* aux structures de l'Inconscient (niveau informationnel).

En pratique, si vous souffrez d'un traumatisme d'enfance, en le soignant concrètement vous seriez obligé de le remémorer, donc de le revivre en partie, ce qui n'a rien d'agréable et engendrerait moult résistances, bien compréhensibles. De plus, vous ne traiteriez que ce dont vous pourriez prendre conscience, avec l'aide de votre Inconscient : les faits, vos ressentis et, éventuellement, l'ambiance familiale du moment.

En traitant le même traumatisme de manière symbolique, comme tout bon psychanalyste vous l'expliquerait : les symboles qui vous apparaîtront par association d'idées « parleront » bien davantage de vous, de vos cordes sensibles, de votre caractère, de vos blessures profondes, de votre éducation, du climat familial et de tout ce que vous avez imbibé durant votre vie. L'impact sera considérablement plus vaste, parce que bien au-delà de votre compréhension consciente.

Ce serait comme de saisir la fine pointe émergée d'un immense iceberg grâce à la thérapie symbolique : en bougeant le petit bout qui dépasse (le symbole), c'est toute la montagne que vous manœuvrerez (votre vie) sans le savoir !

Une intervention d'une telle ampleur serait impossible à réaliser en mode concret.

Guérir la racine du problème

Par-dessus tout, la thérapie symbolique de l'Hypnose Humaniste est différente d'un travail symbolique ordinaire car, justement, le travail se fait en Conscience… donc sur *l'origine* des symboles que l'on retrouve dans l'Inconscient, le « moule » qui leur donne forme dans le grand champ d'informations qui nous entoure (voir Matrice, p. 71).

La thérapie symbolique de l'Hypnose Humaniste agit à la racine du problème, là où il prend sa source : le champ morphogénétique, la structure informationnelle (perçue de manière symbolique par la personne) qui forge les ressentis, émotions, etc. en chacun de nous.

Un petit dessin vaut mieux qu'un long discours.

Voyez d'abord où se situent les interventions habituelles, en psychothérapie ou hypnothérapie :

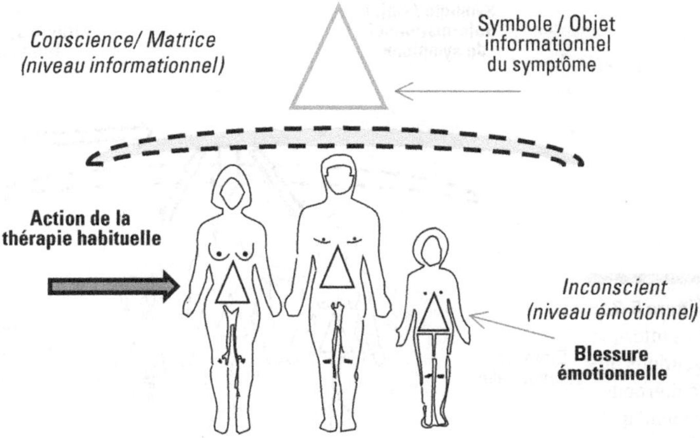

Figure 6-1 : Interventions habituelles.

Le thérapeute travaille sur l'Inconscient, puisque c'est lui qui est blessé, mais il le fait « par le bas », au travers des filtres de l'Inconscient lui-même, ce qui provoque la distorsion des prises de conscience ainsi que des émotions inutiles, donc des résistances (la personne souffre et cherche à éviter que l'on touche à sa blessure émotionnelle).

De plus, la thérapie ne touche en première intention qu'une personne à la fois et elle se fait « à contre-courant ». En effet, on tente de modifier un mécanisme (le symbole-triangle, dessiné ici dans le ventre de la personne) contre ce qui l'entretient : le système familial chargé de l'information « Triangle » et le champ morphogénétique ou *archétype* « Triangle » (informationnel).

Voilà pourquoi on décrit l'Inconscient comme lent, souffrant d'inertie, que l'on appelle « homéostasie », au point de maintenir et même de faire revenir les habitudes précédentes !

Et voyez maintenant où la thérapie symbolique Humaniste intervient :

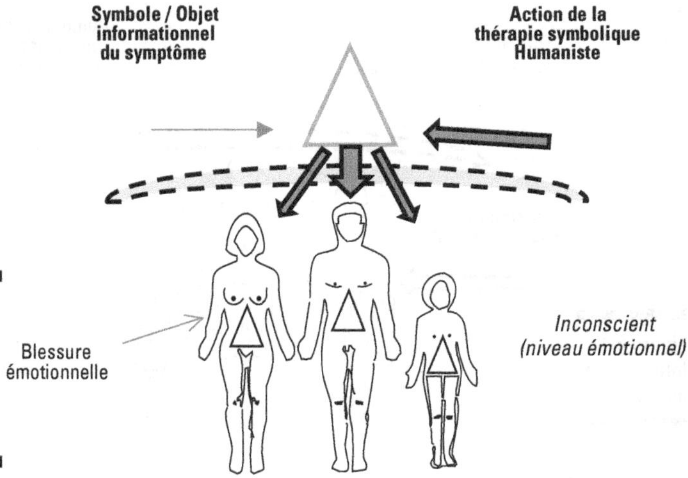

Figure 6-2 : Les interventions de la thérapie symbolique Humaniste.

La personne perçoit toujours son problème sous forme de symbole (un triangle, dans cet exemple) mais, grâce à *l'état de conscience augmentée*, il s'agit maintenant du « maître-symbole » : le champ morphogénétique qui génère le symptôme dans son Inconscient, avec toutes les émotions, réactions, ressentis, etc. En modifiant ce maître-symbole, ce qui est dans l'Inconscient change instantanément. Rien ne l'empêche car c'est le « moule » lui-même que l'on vient de changer !

La personne peut faire ce travail elle-même, individuellement (en fait, il n'y a qu'elle qui puisse modifier sa Matrice – on ne pourrait pas faire autrement). Donc, elle fait ce qu'elle veut, aucun risque d'influence extérieure négative et, en plus, son action a une répercussion collective instantanée – ici, sur sa famille.

Comme la personne agit *en conscience*, hors des filtres de l'Inconscient, sa perception est vierge, non-distordue. Il n'y a donc aucune émotion parasite, inutile (celles qui étaient générées par l'homéostasie). Bref, pas de peur, pas de pleurs, pas de résistance. On travaille « dans le sens du courant », là où le souci prenait sa source. Enfin, aucune rechute à craindre non plus, puisque l'origine supérieure du problème a été assainie.

Quand on a compris le niveau d'impact, les possibilités et les répercussions positives de la thérapie symbolique, on se demande pourquoi on interviendrait autrement !

À SAVOIR

Vous noterez en passant pourquoi cette Hypnose est qualifiée d'Humaniste : vous voyez sur le schéma qu'une action individuelle a une répercussion collective lorsqu'elle est placée au niveau des champs informationnels. Un *archétype* étant par définition partagé par l'Humanité tout entière, en soignant ce qui cause vos soucis, vous soignez aussi un petit bout de ce qui cause les soucis de tout le monde... Et comme tout le monde va un peu mieux, cela assainit un peu plus l'archétype en question et vous vous portez en retour encore mieux et ainsi de suite !

C'est un cercle vertueux qui profite à tous et à vous le premier.

Quelques exemples de soins en thérapie symbolique

Pour vous mettre l'eau à la bouche, voici quelques exemples de cas parmi des milliers d'autres. À chaque fois, c'est la personne qui est intervenue elle-même, en *état de conscience augmentée*. Il n'y a eu, à chaque fois qu'une séance, ce qui est la règle et le signe de reconnaissance de la thérapie symbolique simple (même si la thérapie ou le coaching peuvent se poursuivre, sur d'autres thèmes). Et, encore une fois, ce ne sont que des exemples : chaque thérapie symbolique est unique.

- **Arrêter de fumer** : en faisant fuir un dragon qui soufflait ses vapeurs toxiques au visage de la personne – ce qui, symboliquement, lui a aussi permis de rompre une loyauté familiale avec sa maman et de grandir en tant qu'adulte.
- **Retrouver son poids de forme** : en retirant les vilaines épines d'une boule noire, puis en changeant sa couleur – la personne a perdu dix kilos en deux mois, sans sport ni régime et elle s'est réconciliée avec son « Féminin intérieur ».
- **Surmonter un mauvais moment** : en grandissant intérieurement, les « montagnes » de soucis apparurent plus petites et surmontables. Quel soulagement !

- **Accoucher sans douleur** : en transformant les éclairs rougeoyant de douleur en belle lumière dorée, qui se mirent à baigner toute la pièce, les contractions et l'accouchement se déroulèrent rapidement et facilement.
- **Éliminer des migraines** : en décloisonnant l'esprit afin que la pression dans la tête se dissipe et ne puisse plus revenir. Très simple, bien que cette séance-là dura plus d'une heure.
- **Enlever la douleur d'une arthrose** : en retirant la vis plantée dans l'épaule douloureuse, cela ne prit que trois minutes et la douleur ne revint jamais.
- **Soigner une phobie** : en faisant sortir du corps, puis s'évaporer, un gros nuage noirâtre qui polluait la personne. Aussitôt fait, aussitôt testé avec succès puis vérifié sur plusieurs mois.
- **Retrouver la fertilité** : en créant un chemin de lumière entre le ventre du futur papa et le ventre douloureux de la future maman (qui souffrait d'endométriose) au moment du rapport amoureux. Le bébé fut conçu avec succès au premier essai hypnotique, après plusieurs années infructueuses.
- **Rompre une loyauté familiale** : en faisant descendre de ses épaules une oursonne symbolisant (pour la personne) sa mère. L'opération fut physiquement douloureuse, jusqu'à faire gémir et grimacer la personne, ankylosée par des années à porter ce poids supplémentaire.
- **Stopper des troubles obsessionnels** : en retrouvant ses « ailes d'ange », suffisamment pures et invulnérables pour protéger la personne des salissures qu'elle craignait à l'excès jusque-là.

Et il y en aurait tellement de cas à raconter, aussi surprenants de simplicité que d'efficacité, comme cette personne qui souffrait d'un cancer de l'utérus et dont le traitement était bloqué. En *état de conscience augmentée*, elle se reconnecte à la Vie, la fait circuler en elle… et se retrouve arc-boutée sur le fauteuil de consultation, prise d'un formidable… orgasme ! De ce jour, la radiothérapie se mit à donner de bons résultats. En quelques mois, elle était guérie.

Attention à ne pas vous laisser emporter par l'enthousiasme : gardez bien en tête que l'Hypnose Humaniste ne peut traiter ou aider que ce qui a une composante psychologique (retournez voir les indications de l'Hypnose, page 22). Donc, si vous vous êtes cassé le bras, si vous souffrez d'une diarrhée violente, en cas d'otite, d'infarctus ou d'attaque virale, bref pour tout ce qui a une cause purement mécanique : consultez un médecin !

Cela dit, pour les petits ou les grands soucis dans lesquels l'esprit intervient au moins en partie, la thérapie symbolique simple est l'approche de base en Hypnose Humaniste, d'où découlent les autres techniques. Et si la situation exige un travail de fond pour restructurer l'Inconscient lui-même (nous verrons dans quels cas), alors on basculera sur la thérapie symbolique avancée (voir chapitre 7).

Utiliser le protocole de la thérapie symbolique

Pour obtenir le type de résultats que nous venons de décrire, il faudra impérativement que la personne soit en *état de conscience augmentée*. Si vous avez déjà pratiqué la psychothérapie ou l'hypnothérapie, vous savez bien que ce n'est pas juste en modifiant un symbole que l'on peut voir la personne guérir – du moins, pas si vite ! Il se passe donc bien quelque chose de « spécial » durant cette technique humaniste : tout tient en effet au travail sur le champ informationnel, le *moule* à l'origine des soucis émotionnels, inconscients, de la personne. Si vous n'amenez pas la personne à ce niveau de conscience, vous aurez les résultats d'une hypnothérapie conventionnelle (ce qui peut être déjà très bien !).

Dans ce cas, pas de souci : à la prochaine séance, vous tenterez une meilleure induction hypnotique en ouverture. La confiance thérapeutique étant installée et la personne ayant plus d'expérience, elle réussira mieux à se placer au niveau de conscience espéré.

Comment sait-on si l'on est au *bon niveau* ? C'est simple : tout ce qui concerne la personne seule (émotions, ressenti physique) changera instantanément. C'est le signe de reconnaissance de la thérapie symbolique Humaniste, du fait de son impact fondamental au niveau informationnel. Dès que cela change « en haut », cela change « en bas », il n'y a pas de temps de latence – ce qui est impressionnant dans certains cas (douleurs, bégaiement, compulsions, phobies, etc.).

Il n'y a que la structure extérieure qui demandera un peu plus de temps pour se reconstruire ou s'adapter (problèmes physiques graves, couple, famille, travail), ce qui est normal.

Retenez : une bonne induction humaniste est primordiale ! C'est la clé de la réussite.

Voyons le protocole :

1. **Anamnèse** : au début de la rencontre, si la personne utilise des métaphores ou des analogies pour décrire ses soucis, utilisez-les comme base de départ. Sinon, pas de souci, vous « appellerez » le symbole en phase 3.
2. **Induction hypnotique humaniste**. Pas besoin d'aller très « loin » ou « haut » ou « grand » mais il faut tout de même que la personne soit bien en *état de conscience augmentée*.
3. **Rappel de la situation problématique** : reparlez du souci de la personne, cela fera aussitôt surgir un symbole à son esprit. Si vous voyez que la personne bloque, rassurez-la : on n'attend pas forcément une « image », des « pensées » ou des « sensations ». La Conscience n'a pas d'yeux, de bouche ou de corps. Son langage, c'est l'intuition, donc il suffit que la personne ait « l'impression que… » En fait, c'est vraiment la première chose qui lui vient à l'esprit quand on parle de son souci. C'est intuitif.
4. **Demandez à la personne de décrire ce qui lui est venu**. Sa description doit être uniquement symbolique. Si ce n'est pas le cas (description concrète de sa situation ou analyse intellectuelle), ce sera le signe qu'elle n'est pas en état d'hypnose : reprenez alors tranquillement votre induction hypnotique ! Il vaut mieux passer une séance à apprendre à atteindre le bon niveau de conscience que faire une technique pour rien, qui ferait perdre sa confiance à la personne.

   Donc, quand tout se passe bien, **la description du souci est métaphorique**, comme dans un film ou un dessin animé – et elle peut parfois générer un « eurêka » émotionnel (rien d'intellectuel) : la sensation d'avoir trouvé quelque chose d'important.

5. Une fois que la personne a bien décrit son symbole (ce qui le densifie et le rend manipulable), demandez-lui **comment celui-ci se maintient en elle**. Par exemple : il tient tout seul ou par de la colle, des crochets, des liens visibles (racines, cordes) ou invisibles (énergie), etc.
6. Puis, **aidez la personne à se séparer du symbole**. C'est le moment clé de la technique : si le symbole est en elle, il faut le sortir de là ; s'il est dehors, il faut l'éloigner !

   Si la personne ne parvient pas à mettre le symbole hors d'elle, c'est peut-être un bout d'elle (de son Inconscient) qu'il faudrait plutôt réintégrer ou transformer : posez-lui la question.

   - Si c'est ce que ressent la personne, passez en thérapie symbolique avancée (chapitre 7).
   - Idem, si vous avez reconnu un archétype que l'on traite plutôt en thérapie symbolique avancée tel que « Féminin », « Critique », etc..
   - Et si ce n'est pas un symbole lié à la thérapie symbolique avancée, que la personne pense que ça ne lui appartient pas et qu'elle veut le transformer, s'en séparer ou le détruire, passez à l'étape 8.
7. Une fois le symbole hors de la personne, s'il n'a pas déjà spontanément disparu, **vérifiez où elle l'a mis** : devant, sur sa ligne d'avenir, ou derrière, vers le passé ?... Il vaudrait mieux que ce soit vers l'arrière ou la gauche (passé). Si besoin, demandez-lui de déplacer le symbole.
8. La personne doit maintenant **décider ce qu'elle veut faire du symbole** (s'il est toujours là), sachant que c'est comme une « boule de pensée », donc des informations potentiellement utiles : veut-elle le garder et le ranger quelque part autour d'elle (pour le consulter éventuellement à l'avenir, par exemple), le métamorphoser, l'envoyer au loin, le détruire ?
9. **Aidez la personne à *réaliser* son choix**... C'est une autre étape importante de la technique. Prenez le temps nécessaire. La personne doit agir « comme en vrai », en bougeant physiquement, si besoin. Elle manipule alors des données qui sont encodées dans son *cerveau holographique*, dans l'espace autour d'elle.

10. Le symbole ayant changé (ou a été transformé, déplacé, a disparu…) : **vérifiez l'ancien emplacement** (corps ou esprit) : tout est ok ? C'est sain et en bonne santé ? Faut-il renforcer ou protéger cet endroit ? Demandez à la personne de bien vérifier et **aidez-la à faire le nécessaire** : assainir, soigner, protéger (épaisseur, lumière, couleurs, énergie), etc. Par exemple, si le symbole était accroché dans le corps, la personne est peut-être blessée (symboliquement) à cet endroit. Il faut donc guérir le corps. Pour cela, la « main magique » fait des miracles (comme les parents font à leurs enfants) !

11. Maintenant que la personne est saine, demandez-lui de **vérifier sa représentation intérieure du monde** : comment est-ce derrière ses paupières ? Si c'est tout noir, peut-être préfèrera-t-elle de la lumière ou un beau paysage, par exemple. Faites décrire à la personne son espace intérieur et, si besoin, **aidez-la à le modifier**, à y ajouter des choses, en enlever, même à en faire disparaître…

    Ensuite, demandez à la personne d'évoluer dans son nouvel environnement psychologique : faites-la bouger, marcher, etc. (même les yeux fermés, en la guidant).

12. **Lorsque tout est ok**, c'est-à-dire que la personne ne ressent que des sensations positives, demandez-lui si elle aimerait profiter de sa nouvelle vie et indiquez-lui le « geste magique » secret pour que tout cela devienne vrai : rouvrir les yeux !

Et voilà ! Lorsque la personne a compris le processus, elle peut pratiquer par elle-même, à la maison, si besoin ou envie.

Trouver inspiration et créativité

Que diriez-vous d'augmenter votre créativité, d'avoir davantage d'inspiration, de trouver plus facilement les réponses à vos problèmes personnels ou de travail, de cibler efficacement les besoins de vos clients (marketing), de pressentir les « tendances » technologiques ou de la mode, de « trouver l'idée » de ce qui fera le monde de demain (art, innovation, R&D) ?

Cette technique est l'application directe de la nouvelle psychologie expliquée en Hypnose Humaniste. Puisque tout est fait d'informations, nous y compris, alors l'inspiration n'est plus un concept seulement poétique : c'est l'action de notre esprit qui pioche les solutions dont il a besoin là où elles se trouvent !

Vous avez déjà vu des écoliers guetter l'inspiration en mordillant leur stylo, le regard tourné vers le plafond ? Sans le savoir, le fait d'avoir besoin d'une réponse dirige le faisceau de notre Conscience vers les champs d'informations qui la contiennent.

Le biologiste Rupert Sheldrake a montré à plusieurs reprises qu'un groupe de personnes parvenait à résoudre plus efficacement un problème si sa solution existait déjà (par exemple, des grilles de mots croisés déjà publiées dans des journaux populaires). Notre esprit va chercher la réponse ! Cela confirme de façon concrète la présence des champs informationnels.

Nous puisons ainsi à chaque instant et sans le savoir dans ces champs d'informations, pour de multiples choses. Le prix Nobel de neurophysiologie Sir John Eccles les nommait « le Monde 3 ». Il expliquait que c'est ce champ (social, culturel, technologique, etc.) qui guide la formation de notre cerveau et fait de nous les humains « modernes » que nous sommes, par rapport à nos ancêtres Cro-Magnon qui n'avaient pas encore un champ si vaste et évolué.

Le challenge d'aujourd'hui est d'aller chercher *consciemment* l'inspiration et la créativité.

ATTENTION !

Notez bien que nous ne parlons pas de « motivation ». Si votre souci est la procrastination, il existe une automédication simple mais qui demande souplesse : les coups de pied aux fesses ! C'est très efficace !... Blague à part, la technique de ce chapitre ne pourra rien pour votre motivation (ou votre flemme), ce n'est pas son but – mais elle vous aidera peut-être à trouver, justement, ce qui pourrait vous pousser à bouger !

Le protocole pour trouver inspiration et créativité

Encore une fois, la technique est très simple. C'est votre niveau de conscience, atteint grâce à l'induction hypnotique en ouverture, qui fera le tout.

1. **Placez-vous tout d'abord en *état de conscience augmentée*.**
2. **Fixez votre intention sur une belle pensée**, la plus pure et la plus noble, afin de viser les « hautes sphères » de la Conscience. Dans le chapitre suivant, vous apprendrez à vous connecter à votre Soi idéal, technique que vous pourrez utiliser également pour cet exercice..
3. Maintenant, **pensez au domaine qui vous intéresse**, à votre « cible ». **Ressentez la présence du champ d'informations** que vous contactez, comme des petites étincelles qui dansent autour de vous. Mettez-vous le plus possible dans vos sensations, ce qui tiendra votre mental au calme : en Hypnose Humaniste, on ne l'écarte pas, donc il faut apprendre à travailler avec lui.
4. **Pensez à votre question**, sans effort de volonté. Ne cherchez pas et ne fabriquez pas la réponse vous-même ! **Laissez faire**, tout comme vous laissez votre bras se soulever tout seul lorsque vous faites un exercice de lévitation du bras (cf. p. 156).
5. **Laissez venir la réponse** qu'il vous faut… Soyez ouvert à ce qui se présente, sous une forme ou une autre : pensées, images, intuitions, synchronicités, etc.

Vous pouvez recevoir :

- **Une réponse directe**, comme un « eurêka » : la réponse vous vient soit instantanément, soit à la suite d'une synchronicité après la séance. Une réponse « en conscience » se reconnaît facilement : on comprend tout en une fraction de seconde et il faut une heure pour tout expliquer ensuite !
- **Un soutien** pour une expérience à long terme : après la séance, une série de réponses fortuites vous aide à réussir ce que vous faites (c'est le principe de sérendipité).

Il arrive souvent que deux scientifiques fassent la même découverte, en même moment, chacun à un bout du monde – comme s'ils étaient branchés à la même source. Par exemple, vous pourriez vous brancher à la source « Hypnose Humaniste », alimentée des pensées de tous ceux qui pratiquent à travers le monde, depuis des années. Cela vous aidera à mieux apprendre et pratiquer. Cette source grandit chaque jour, justement grâce à vous – et elle profite à tous.

En ressortant de sa journée de formation en Hypnose Humaniste, l'une de nos élèves aida son mari, ingénieur dans les réseaux électriques, à trouver la solution à un problème qui le bloquait, lui et son équipe, depuis des jours : « ça lui est venu comme ça ! » raconta-t-elle après la séance.

Se connecter au champ d'informations d'un domaine particulier peut aider à réussir des examens, comme ce fut le cas pour ce jeune homme qui réussit enfin le concours de la fonction publique qui lui permit d'accéder à un emploi de niveau supérieur.

Et c'est aussi en allant chercher *en conscience* les informations très spécifiques qui l'intéressaient, jour après jour, les premières en amenant d'autres, qu'un ami chercheur finit par résoudre et mettre en forme l'étude scientifique sur laquelle il travaillait.

Se connecter à son Soi idéal

Vivre le plus possible dans votre Soi idéal (cf. p. 75) vous permettra d'être en permanence à votre meilleur niveau de conscience. Vous pourrez ainsi dépasser timidité ou manque de confiance en vous, ressentir au quotidien votre « meilleur vous », en vous, et bénéficier de son soutien lors de prises de décision ou de moments difficiles !

Vivre dans votre Soi idéal vous permettra de marcher chaque jour sur votre chemin, sans crainte de vous égarer[4].

Le Soi idéal est la strate frontière entre la Matrice et la pure Conscience. La tradition nomme ce niveau « Nirvana », ce qui signifie en sanskrit *extinction* : la fin du monde symbolique. C'est de là que provient l'Information qui vous donne forme. Le Soi idéal est donc votre « Vous » le plus élevé, le plus créateur, qui contient vos plus beaux potentiels. Au-dessus, c'est votre Conscience.

4. Un MP3 « Confiance en soi » est basé sur cet exercice avec le Soi idéal. Rendez-vous sur le site mp3-hypnose-gratuit.com.

Pour vous donner une image, « Vous » êtes un rayon du grand soleil de votre Conscience, qui elle-même s'exprime en une multitude de rayons. Au-delà de « Vous », il n'y a plus que pure Conscience, universelle.

En vous plaçant en hypnose au niveau de votre Soi idéal, vous serez loin des pollutions symboliques de la Matrice : toutes les idées, pensées, sensations inopportunes qui peuvent venir se mélanger à ce que vous faites. De plus, vous serez à votre niveau créateur optimal : la pièce blanche et vide du Soi idéal se remplit instantanément de tout ce que votre Conscience désire. C'est parfait pour la thérapie et le coaching !

En Hypnose Humaniste, on tâchera de toujours travailler à partir du Soi idéal, pour toutes les techniques. Maintenant, cela dépendra en grande partie du niveau de conscience que la personne guidée parviendra à atteindre dans le temps de la rencontre. De votre côté, vous pouvez vous entraîner pour que cet état vous devienne habituel. En plus d'être profitable pour vous, le fait d'être dans votre Soi idéal vous permettra d'y amener plus facilement les autres, par effet d'entraînement.

La première chose à bien se mettre en tête quand on veut « rejoindre », « se connecter » ou « se placer dans » son Soi idéal, c'est qu'il n'y a besoin d'aller nulle part car nous sommes forcément *déjà* dans notre Soi idéal : c'est lui qui nous donne forme ! Sans Soi idéal, notre champ morphogénétique supérieur, nous n'existerions tout simplement pas !

Découvrir son Soi idéal consiste donc simplement à *prendre conscience* qu'il est là, tout comme on réalise la présence de quelque chose qui a toujours fait partie de nous. Et c'est cette nouvelle conscience, cette conscience élargie, qui vous permettra d'utiliser consciemment les propriétés de votre Soi idéal, sans égarement ni aveuglement.

Il n'y a rien d'extraordinaire à être consciemment dans son Soi idéal. C'est un niveau où il n'y a ni sentiments, ni sensations, ni symboles… C'est juste calme, en paix, un état d'être stabilisé, comme un champ d'informations ondulant tranquillement en attendant de s'exprimer.

Le Soi idéal peut ainsi passer inaperçu ! Il est fort possible de l'avoir découvert depuis longtemps sans le savoir.

En vous mettant en *état de conscience augmentée* en autohypnose, sans guide pour vous rappeler votre objectif, vous pourriez passer un bon moment... sans rien faire ! Eh oui, on se trouve si bien, calme, apaisé, que l'on peut en oublier le but de notre séance. On se met en transe, on atteint le Soi idéal (même sans le savoir), on en profite un moment... et quand on se réoriente, on n'a pas fait le travail prévu ! D'où l'intérêt d'un guide pour nous rappeler notre objectif !

Contacter votre Soi idéal

Maintenant que vous avez lu les explications précédentes et que votre esprit s'est ouvert à la possibilité d'un « Soi idéal », la suite est simple : mettez-vous en *état de conscience augmentée*, poursuivez un moment votre induction hypnotique, jusqu'à ce que vous oubliiez de continuer. Votre esprit sera alors présent mais vidé de toutes « basses pensées ». Vous serez dans votre Soi idéal.

C'est aussi simple que cela ! Étant donné que vous êtes depuis toujours plein de votre Soi idéal, sans lequel vous n'existeriez pas, ce serait un non-sens de vous donner une procédure pour atteindre... un état dans lequel vous êtes déjà !

Alors, nous sommes bien conscients que les choses les plus simples sont aussi les moins faciles à réaliser. Le simple est du complexe resserré – souvent, le fruit d'un long parcours de vie ! Faites donc confiance en l'induction en ouverture de l'Hypnose Humaniste pour vous aider à gagner cette conscience de vous-même. Ne vous faites pas de film par rapport au Soi idéal : tout le monde l'atteint, un jour ou l'autre, donc ne vous mettez pas martel en tête. Pratiquez et cela viendra tout seul.

Il y a quelques années, nous avons reçu un maître bouddhiste en formation, venu avec quelques-uns de ses élèves. Après cinq jours de cours, une fois les inductions en ouverture et le Soi idéal abordé, le maître était venu nous remercier car « ses élèves avaient gagné dix années de pratique de la méditation » ! Alors, même si nous n'y connaissons pas grand-chose en bouddhisme ou en méditation, un tel compliment fait toujours plaisir ! Cela montre que nos enseignements sont utiles, même à des personnes qui ont déjà beaucoup travaillé sur elles-mêmes.

Si vous n'arrivez pas à ressentir le fait d'être dans votre Soi idéal simplement en pratiquant une bonne induction hypnotique en ouverture, vous découvrirez plus loin une autre méthode, plus structurée, pour vous aider à vous lancer (page 206).

Trouver des réponses avec la reconnexion humaniste

Parfois, on a besoin de réponses sur sa propre vie : « Qu'est-ce que je fiche là ? », « Pourquoi ai-je eu de tels parents ? », « Pourquoi suis-je malade ? », « Comment améliorer ma relation de couple ? » ou même « Comment lui annoncer que je vais m'en aller ? » Il arrive aussi que ces questions concernent des personnes qui nous font (ou nous ont fait) du mal, agressé, tourmenté… Alors, la question est simplement : « Pourquoi ? »

Bien sûr, certains vous diront que comprendre ne sert à rien. Mais la technique que nous vous proposons dépasse le niveau intellectuel et vous apportera l'émotion et le sens dont vous avez besoin pour retrouver l'équilibre et la paix. Comprendre soulage…

Et puis, il arrive aussi que l'on n'ait pas pu dire au revoir à un être cher. La technique de reconnexion vous permettra de combler ce manque, ce qui pourrait même remplacer une technique de deuil.

À nouveau, nous exploitons la nouvelle psychologie décrite par l'Hypnose Humaniste : si vous avez une Conscience supérieure, alors les autres en ont une aussi. Eh oui, il faut être logique ! Ce serait même ce qui expliquerait ce curieux phénomène de se sentir observé dans notre dos. Vous regardez quelqu'un dans la rue et la personne se retourne. Vous pensez à une amie et elle vous téléphone. Nous sommes tous connectés.

Les thérapeutes vous raconteront à quel point il est courant qu'un « ex » téléphone au moment où on aide une patiente à faire le deuil d'une ancienne relation : à croire qu'il avait senti qu'elle allait « couper le cordon » ! Si nous baignons vraiment tous dans le même bain (d'informations), alors cela n'a rien d'extraordinaire… même si cela vous ouvre de nouvelles clés de compréhension de vos relations avec les personnes qui vous entourent.

Comme tout en psychothérapie, il ne s'agit pas de savoir si ce que vous faites est « vraiment vrai ». Le fait que vous en ayez besoin suffit. Quand on soigne les blessures émotionnelles d'une personne, on ne remet pas en question la réalité de ses blessures : si quelques chose la fait souffrir, on s'en occupe. Sans jugement. Peu importe que ce soit « réellement vrai » si c'est vrai pour elle. C'est tout ce qui compte. De plus, personne ne peut savoir la vérité... Donc, gardez-vous du débat inutile en thérapie du « vrai ou faux » ! Si cela vous fait du bien de recevoir des réponses de vos parents, fussent-ils décédés, alors c'est parfait ! Le monde des émotions n'est pas rationnel.

Différentes reconnexions humanistes

Vous savez déjà procéder à une reconnexion. Par exemple :

- **Pour en apprendre plus sur un domaine particulier** : art, science, œuvre d'une personne ou groupe de personnes (pays, culture, époque), etc., connectez-vous au champ d'informations correspondant (cf. p. 178).
- **Pour comprendre pourquoi votre vie est ce qu'elle est** (présente ou passée), connectez-vous à votre Soi idéal, posez vos questions et laissez venir honnêtement les réponses (cf. p. 181).
- **Pour retrouver une personne connue**, la plupart du temps en cas de deuil, faites une reconnexion avec le Soi idéal de la personne en question (lire ci-après).
- **Pour comprendre pourquoi une personne agit** ou pour avoir une discussion « de Conscience à Conscience », faites une reconnexion *avec la Conscience* de la personne en question (voir le protocole suivant).

Il est ainsi possible d'effectuer une reconnexion entre votre Conscience et un autre Soi idéal. Si, par exemple, vous avez besoin de parler (psychologiquement) à votre grand-mère décédée pour lui confier votre douleur ou pour lui poser des questions, mettez-vous en *état de conscience augmentée* et pensez à elle, cela vous connectera à sa mémoire, le bloc d'informations qui fut « votre grand-mère » et vous pourrez interagir avec elle comme en vrai, en conscience.

C'est en cela que la reconnexion peut remplacer un travail de deuil car la sensation de retrouver la personne est telle que cela apaise instantanément la blessure de la perte.

Dans cette expérience, vous serez bien en contact avec le Soi idéal de la personne, sa mémoire. Un bloc d'informations… mais pas sa Conscience majuscule ! Avec un peu de poésie, on pourrait imaginer que, tel un rayon de lumière, elle aura déjà rejoint son Soleil (la Conscience totale).

Souvenez-vous : le Soi idéal est le caractère, le scénario de vie, les souvenirs, etc. La Conscience est ce qui anime tout cela. Donc, **pour retrouver la personne que vous avez connue, c'est bien son Soi idéal qu'il faudra contacter**. Procédez alors comme pour vous connecter à un champ d'informations : celui de la personne à contacter (cf.p. 178).

Vous pouvez également réaliser une reconnexion entre votre Conscience et une autre Conscience. Si vous avez (par exemple) besoin de comprendre pourquoi votre père se comportait comme il l'a fait dans votre enfance, il ne servirait à rien de lui poser la question, à lui. D'ailleurs, vous l'avez peut-être déjà fait, concrètement et cela n'a probablement servi à rien…

Le Soi idéal est comme un ordinateur géant : il regroupe toutes les informations sur la personne mais il n'a pas l'intelligence de la Conscience. Le Soi idéal de votre père n'aurait donc pas davantage d'idées sur le pourquoi de ses actes que votre père lui-même (bon, peut-être un peu plus mais pas beaucoup plus).

Ce serait comme de demander à un personnage de théâtre pourquoi il a tel caractère et fait telles et telles choses ! *Si vous voulez vraiment comprendre le personnage et son rôle, interrogez plutôt le scénariste qui l'a créé : sa Conscience !*

Le protocole pour effectuer une reconnexion

Voyons donc comment réaliser cette reconnexion entre deux Consciences. Comme souvent en Hypnose Humaniste, la technique est simple :

1. **Induction hypnotique humaniste**.
2. **Aidez la personne à se sentir dans son Soi idéal** ou, si possible, en pleine Conscience, afin d'être à l'abri des perturbations émotionnelles.

3. **Demander à la personne d'appeler la Conscience** qu'elle souhaite contacter :

   – Les parents (un seul à la fois).

   – Le conjoint, les enfants ou amis très proches (un seul à la fois, également)...

   – Un agresseur, un ennemi ou un opposant tenace.

   Peu importe que ces personnes soient encore de ce monde. Il n'y a pas de limite logique : faites ce dont a besoin la personne.

4. **Prise de contact : ne dites rien !** Laissez la personne ressentir la Conscience qu'elle cherchait à contacter. Il faut qu'elle ressente une chose surprenante : la certitude d'être face à une « présence », qui représente la personne qu'elle connaissait... et non pas la personne elle-même ! C'est quelque chose auquel la personne ne peut pas s'attendre (sauf à avoir lu ce livre auparavant) !

   Vous saurez que la personne est au bon niveau car sa perception sera globale et intuitive, au-delà du Soi idéal, donc sans visage ou forme humaine, ni symbole. Elle percevra juste cette « présence », quasi indescriptible : une Conscience.

   Cette surprise est l'élément clé de la reconnexion : celui qui fait cette expérience se rend compte que « ce qui a incarné (telle personne) » est son égal en tous points, en durée d'existence comme en expérience. Il n'y a pas de différence d'âge ou de hiérarchie et on a l'impression d'avoir été membre d'une équipe qui devait tenir un rôle précis, de connivence, pour une expérience spécifique.

   La personne peut poser des questions à la présence. Elle prendra ainsi conscience, par exemple, de la raison de son scénario de vie, du rôle de chacun, du fait que chaque participant (Conscience) n'a tenu qu'un rôle ponctuel, comme un acteur dans une pièce de théâtre, qui avait un but précis, etc.

ASTUCE

En tant que guide, il est important de se taire durant toute cette étape, afin de ne pas être soupçonné de « suggestion » (d'avoir provoqué le phénomène en le racontant par avance). *La surprise de découvrir cette strate supérieure de l'existence est justement ce que l'on cherchait à offrir à la personne.*

5. **Demandez à la personne d'exprimer ses différentes prises de conscience** afin qu'elle les intègre vraiment à sa vie concrète. Cela peut être :

   – « Il n'y a pas de hasard (de malheur, d'agression ou d'accident)… »

   – « Tout était prévu d'avance pour (un but précis)… »

   – « Nous sommes tous de connivence, en Conscience, y compris ceux que je prenais pour mes ennemis… »

   Quand la personne ressent intimement et comprend cette ultime connexion entre tout ce qui a fait, fait et fera sa vie : l'existence devient un immense terrain d'expérience ! Personne n'aura tenté de la convaincre de quoi que ce soit, elle aura eu cette *révélation* par elle-même. Une « prise de conscience », littéralement. Un petit bout de l'envers du miroir révélé, pour lui redonner du courage.

6. **Laissez la personne dans l'état de conscience atteint**, demandez-lui de laisser ce qu'elle a découvert germer en elle, faire les connexions qui s'imposent… et d'agir à l'avenir en toute connaissance de cause ! Puis rouvrir les yeux.

La reconnexion entre Consciences est une expérience qui change la vision que l'on a de l'existence. Comme toutes les expériences capitales, on ne peut pas la « forcer ». Les plus belles choses surviennent d'elles-mêmes, lorsque le besoin est vraiment là. Celui qui ferait cette expérience juste pour jouer ne découvrirait vraisemblablement pas grand-chose. En revanche, la personne en détresse et qui a profondément besoin d'un coup de pouce recevra ce qui lui donnera la force de continuer.

Voyager en Conscience : vers le passé ou le futur

Que diriez-vous d'explorer le temps ? Peut-on faire une « régression hypnotique » en Hypnose Humaniste, alors que l'on se place hors espace-temps ? Bien sûr ! Après tout, l'Inconscient non plus n'a pas la perception du temps : c'est votre cortex préfrontal qui crée l'impression de temps. Et cela n'empêche pas les hypnothérapeutes de faire des régressions depuis que Pierre Janet a découvert cette possibilité, au début du XXe siècle. Donc, à vous les « voyages en Conscience » !

Applications thérapeutiques du voyage en Conscience

À quoi servirait de revenir dans le temps ou d'aller voir le futur ? Retrouver la cause d'une situation problématique est une des techniques de soin préférée des thérapeutes et des psychothérapeutes. Toutefois, certaines personnes – peut-être plus sensibles ou blessées – craignent, en recontactant l'origine de leurs soucis même si c'est pour se soigner, de réveiller les souffrances qui y sont liées. Leur proposer d'envisager cette recherche dans un passé plus lointain que leur propre vie, passé qui représenterait une métaphore de leur vie, les rassure.

ATTENTION !

Encore une fois, évitez le débat du « vrai ou faux ». Il ne s'agit pas de dire s'il existe ou non d'autres vies ou d'autres mondes, ou si on peut réellement espionner le futur. Nous faisons de la thérapie et du coaching, pas des enquêtes scientifiques ! Donc, si une expérience est utile pour aider une personne, alors c'est bon pour nous.

Ainsi, tout comme on aurait pu faire régresser la personne dans sa propre existence pour découvrir les causes de ses problèmes dans son enfance et les soigner (et on pourrait faire juste ça aussi), nous allons profiter de *l'état de conscience augmentée*, par définition hors espace-temps, pour jeter un œil global sur les différentes expressions de la Conscience de la personne.

Ce serait comme un soleil qui étend ses rayons sur le grand tissu de l'espace et du temps. Au niveau du tissu, chaque déplacement prend du temps, alors qu'en regardant l'ensemble de haut, on peut prendre conscience de bien davantage de choses d'un coup.

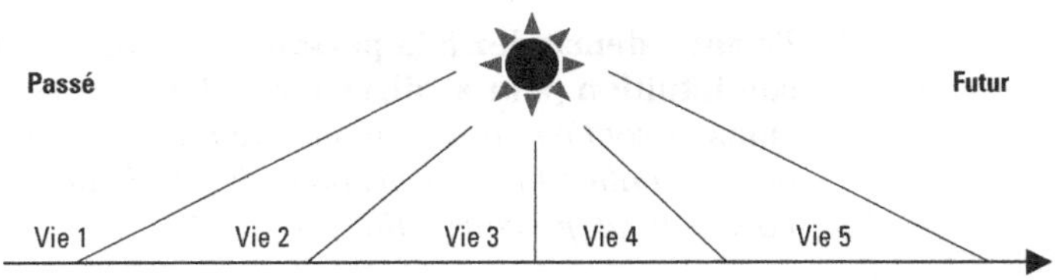

Ce serait comme de ne pas avoir mis tous ses œufs dans le même panier : pour résoudre une situation, la Vie (le grand soleil) aurait lancé plusieurs expériences simultanées et la première qui trouve la solution règle le problème pour tous, d'un coup. Rien n'oblige donc la Conscience à ne travailler que sur une seule des « expressions » : nous pouvons aider d'autres expressions que la nôtre, soigner une autre « vie » pour soigner la nôtre, ici.

En régression hypnotique ordinaire, la personne partirait du moment présent et remonterait le temps. Elle vivrait ainsi différentes expériences, une par une, selon la chronologie.

En Hypnose Humaniste, la personne étant au-delà de l'espace et du temps, elle va pouvoir « percevoir » en 3D plusieurs expériences d'un coup et manipuler ces données dans les airs, comme grâce à un super ordinateur futuriste ! Cela lui permettra de mieux comprendre, modifier et donc soigner ce qu'elle retrouve.

Le protocole pour réaliser un voyage en Conscience

1. **Induction hypnotique** en expansion temporelle ou en identification consciente.
2. **Expliquez avec une métaphore** : par exemple, « *vous pouvez être un oiseau, capable de voler jusqu'à un espace où le temps et l'espace eux-mêmes n'existent pas…* » Attention à bien rester en mode associé. Ne laissez pas le corps physique tout seul en bas : la personne doit s'envoler corps et esprit !
3. **Laissez la personne profiter un moment** du plaisir de voler. Entretenez l'union de la personne : « *à la fois ici, avec moi et dans cet espace… sentez le souffle du vent sur votre visage… sur vos plumes… prenez plaisir à jouer… virevoltez dans les airs, plongez, remontez… sentez la vitesse, etc.* »
4. **Ensuite, demandez à la personne de faire confiance à son intuition pour se diriger vers l'une de ses expressions** : « *comme un oiseau migrateur qui sait précisément où il doit aller, même sans pouvoir l'expliquer… dirigez-vous vers ce qui vous attire…* »

- Si la personne souhaite découvrir quelque chose en rapport avec le passé, utilisez ce mot : « *Et rapprochez-vous de cet événement passé... un lieu ancien, que vous avez connu, sous une forme ou une autre...* »
- Si la personne préfère explorer les possibilités futures, parlez-en : « *Et l'avenir est comme un feu d'artifice... un arbre des possibles... alors, laissez-vous porter vers la branche la plus probable...* »

Maintenant, vous pouvez aussi ne rien spécifier de particulier : « *Et vous laissez surprendre par ce qui se présentera... d'utile pour vous...* »

5. **Demandez enfin à la personne de prendre corps** dans l'endroit vers lequel son intuition l'aura portée. Qu'elle commence à vous détailler ce qu'elle ressent, ce qu'elle pense être, sur quoi elle repose, une éventuelle époque, son âge, son habillement (s'il y a)... en élargissant progressivement sa perception. Laissez la personne intégrer cet autre monde, cet autre « elle », un peu comme l'on sent une extension de nous-même (bras ou jambe), à la fois « elle-ici » et cette expression différente d'elle-même.
6. **Faites décrire à la personne son expérience**... et **aidez-la à faire ce qu'elle a à faire** : a-t-elle quelque chose à apprendre ? Un événement à changer ? Quelqu'un à soigner ou à sauver (y compris elle-même) ? Etc.
7. **Une fois que la personne se sent mieux**, expliquez-lui qu'elle pourra revenir en pensée aussi souvent qu'elle le voudra dans cet endroit. Puis, orientez son attention vers l'espace « hors espace-temps » et enfin vers son niveau de réalité habituel, avec vous.

ASTUCE

Voici deux astuces qui pourront vous être utiles :

- **La métaphore du Soleil est bien pratique**. Vous pouvez l'utiliser à la place de l'histoire de l'oiseau pour que la personne s'unisse à son Soleil, son plus grand elle-même, en profite un moment, puis suive le rayon qui a quelque chose à lui apprendre. Enfin, elle pourra prendre conscience de ce qui existe au bout de ce rayon-là, le vivre et faire ce qu'elle a à faire. Au final, elle se réorientera vers son Soleil... puis vers le rayon qui correspond à sa vie actuelle.

- **Vous pouvez laisser la personne dans l'espace hors du temps**, afin qu'elle perçoive simultanément différentes « expressions d'elle » (moments passés ou futurs, vies, etc.) et en saisisse les relations, éventuellement que les unes éclairent les autres, etc. Cela lui donnera l'impression de piloter tout cela depuis un tableau de bord immense – et cela ne l'empêchera pas de vivre les expériences qu'elle désire, s'y plonger, puis revenir ensuite à son tableau de bord !

Personnifier la maladie

La plupart des psychothérapeutes pensent que vos soucis ont un sens, qu'ils sont le résultat d'un processus de vie : c'est ce que vous faites, ce que vous pensez et comment vous réagissez aux événements de votre existence qui détermine vos émotions… et donc vos éventuels problèmes, même physiques.

L'idée est que si une émotion ne peut s'exprimer consciemment, c'est le corps qui fera passer le message – ce que l'on appelle « somatiser » : manifester physiquement un conflit psychologique. Comme le disait Christian Bobin : « ce qui ne peut venir danser au bord des lèvres s'en vient hurler au fond de l'âme. »

Alors, contrairement à l'approche médicale ou psychiatrique, qui reste purement mécanique, les psychothérapeutes aiment les jeux de mots comme « la maladie = le mal a dit », pour rappeler qu'il y a un message à recevoir, une leçon à tirer de ce qui nous arrive.

Bien sûr, ce n'est que la conviction des psychothérapeutes et on peut penser différemment. Maintenant, si vous acceptez l'hypothèse selon laquelle les problèmes à composante psychologique viennent du fait que l'on n'a pas su percevoir le message que nous envoyait notre esprit profond, *la solution semble évidente : il faudrait pouvoir recevoir le message !* Que ce soit à titre *préventif*, pour conserver la santé, ou à titre *curatif*, pour libérer le corps et lui permettre de guérir.

Nous allons donc concrétiser ce fameux « messager », celui qui chuchote à votre oreille, petite voix venue du fond de vous-même et qui passe malheureusement souvent inaperçue. Lui permettre de s'exprimer consciemment lui évitera de le faire à travers le corps et des soucis psychosomatiques.

Notez que la gamme des troubles « psychosomatiques » est plus vaste qu'on ne le croit. On sait depuis longtemps que le stress est le facteur déclenchant de la plupart des maladies lourdes, physiques ou psychologiques. À propos de la somatisation, les médecins spécialistes disent que, bien souvent, les soucis psychologiques se *matérialisent* dans le corps physique parce que « le muscle de l'imagination est ankylosé ». De plus, aujourd'hui, les plus grands centres hospitaliers intègrent le soin psychologique. Par exemple, l'Institut Gustave Roussy, en France, premier centre de lutte contre le cancer en Europe, explique que « la prise en charge psychologique est une composante à part entière du soin en cancérologie ». À l'Institut Gustave Roussy, elle est même assurée par une équipe dédiée, l'Unité de Psycho-Oncologie (UPO).

L'approche psy ne doit donc pas se cantonner aux « petits soucis », seulement psychologiques. Notre esprit est ce qui détermine toute notre vie – et donc, bien évidemment, le bon fonctionnement de notre corps, sa santé. Avoir une bonne communication corps-esprit est très important.

Le protocole pour personnifier la maladie

Une fois n'est pas coutume, en Hypnose Humaniste, la structure thérapeutique est simple.

Vous pourrez l'utiliser à titre *préventif*, quand tout va bien, pour garder la forme, ou à titre *curatif*, pour « faire sortir la maladie » de vous, en lui donnant un visage, ce qui vous permettra de recevoir son message et d'annuler la somatisation.

1. Prenez le temps d'**ouvrir votre conscience**...
2. Lorsque vous êtes prêt, **appelez votre « messager »** : soit ce qui monte la garde pour vous prévenir des soucis à régler (si vous avez la santé) ; soit ce qui provoque la maladie et qui porte un message pour vous (en cas de souci déjà déclaré).

   Le but est de faire apparaître un homme ou une femme imaginaire : votre *messager*. Il doit être hors de vous, de façon à avoir une vie propre et ne pas ressembler à quelqu'un qui vous est proche (famille, amis).

3. **Recevez le message**, que ce soit des images intérieures, des pensées, des sensations ou même juste une intuition... Ne craignez rien : il vaut mieux savoir ce que l'on a que de souffrir en aveugle sans pouvoir agir dessus. De même, n'essayez pas de répondre mentalement : soyez honnête avec vous-même, laissez venir ce qui vient.

   Vous pouvez **discuter avec le messager**, écouter ses propositions, lui demander conseil, s'il a besoin de quelque chose, etc.

4. **Remerciez** le messager !
5. **Finalement, dites « au revoir » au messager**, pour qu'il comprenne qu'il peut rester dans votre vie, pour vous accompagner et vous conseiller, avant que les ennuis arrivent.

Bravo, vous avez maintenant votre Ange-gardien personnel !

La maladie est la conséquence malheureuse du manque de communication en soi, corps et esprit. Le messager vous réunifie et fait disparaître la raison d'être de la maladie. Si vous êtes en bonne santé, cela vous permettra de le rester et si vous souffrez de quelque chose, cette prise de conscience retirera la cause de votre somatisation et permettra à votre corps de se remettre tranquillement.

Jouer utile avec la marelle de lumière

Voilà une jolie technique, ludique et très symbolique. Avant de devenir un jeu pour les enfants, la marelle était initiatique. Platon raconte qu'elle serait née en Egypte et on la retrouve décrite dans l'ancienne Mésopotamie et dans des écrits chinois vieux de plus de 2 350 ans.

La marelle était censée guider les défunts égyptiens dans le labyrinthe de l'au-delà. Rien de moins ! Elle permettait aussi au « joueur » de prendre conscience d'éléments importants de sa vie, afin d'évoluer humainement. C'est donc un puissant archétype, très ancien.

Nous allons nous en servir pour aider une personne dont l'existence a été bouleversée par un événement passé.

L'originalité de cette technique est qu'elle se pratique debout. Cela change, les gens aiment bien et cela aide à dédramatiser le travail à faire.

Vous allez ainsi aider la personne à retrouver symboliquement l'origine de son mal-être et à le transcender. Contrairement à une régression hypnotique ordinaire, le travail symbolique sera à la fois plus large et plus profond, sans pleurs ni émotions négatives.

La marelle sera là pour représenter le chemin de vie de la personne, tout illuminé à l'issue de l'expérience.

Le protocole pour réaliser une marelle de lumière

1. **Induction hypnotique en ouverture**, la personne est debout, les yeux fermés.
2. **Demandez à la personne de faire une « boule de bonnes choses »** dans l'espace à sa droite, en 3D, comme en thérapie symbolique. La personne peut mimer son action, cela l'aidera à ressentir ce qu'elle fait. Veillez à ce qu'elle soit physiquement en contact avec cette charge positive. Ce sera son aide pour la suite de la technique.
3. **Demandez ensuite à la personne de marquer d'une manière ou d'une autre sa boule de pensées positives** (avec un point blanc, un petit soleil, etc.) afin que son Inconscient généralise le travail qui va venir à toutes ses autres pensées et émotions agréables. C'est comme lui dire : « Tout ce qui ressemble à ça, fais-lui la même chose. »
4. La personne va **maintenant faire la même chose sur sa gauche avec ses pensées négatives** : elle réunit ce qui lui fait du mal en une autre boule. C'est toujours symbolique, donc la personne doit imaginer à quoi ressemblerait du « négatif » (de la boue, du feu, des piques, de la saleté, etc.) et en faire un tas. Cette fois, cela ne doit pas toucher la personne : la boule négative doit être décollée d'elle !
5. Comme au point 3, la personne va **marquer la boule de pensées négatives** afin que le changement à venir se

généralise automatiquement à tout ce qui est négatif dans sa vie.

6. Il s'agit maintenant de **booster les bonnes sensations**, toujours symboliquement, par exemple en rendant la boule de bonnes pensées plus grande, plus lumineuse, plus jolie, plus chaleureuse, etc. La respiration peut aider (par exemple pour faire grandir la boule). Il faut que les bonnes sensations augmentent le plus possible. Bien sûr, la personne est toujours en contact physique avec la boule positive.

   Même chose mais à l'envers, avec la boule de pensées négatives : aidez la personne à neutraliser les sensations désagréables, sans faire disparaître la boule négative. Par exemple, si le négatif est décrit comme « gluant » ou « puant », il faudra le sécher afin de pouvoir le toucher sans dégoût et qu'il n'ait plus d'odeur...

   Vous aurez compris que cette boule négative représente les soucis de la personne, que l'on vient déjà de calmer et de sortir d'elle.

7. Une fois le négatif atténué, demandez à la personne de **placer la boule négative (ou ce qu'il en reste) sur le sol**, « comme une plaque de carrelage » et demandez-lui de monter dessus. Expliquez que cela fait apparaître une autre plaque, sur laquelle elle peut avancer... Ce qui fera apparaître une autre plaque et ainsi de suite. C'est notre marelle.

   La personne avance donc, de case en case, « jusqu'à la plaque à l'origine de tout ».

   Arrivée au symbole originel, qui contient implicitement la cause des soucis de la personne, **demandez-lui de le retourner**, afin de faire apparaître son « dos ». La plupart des gens feront l'inversion par eux-mêmes : logiquement, l'inverse de l'ombre est la lumière. Si la personne hésite, demandez-lui ce qu'est pour elle l'opposé des ténèbres – elle devrait finir par deviner ! Qu'elle saute dans la lumière et s'en emplisse !

8. Une fois la personne rayonnante, demandez-lui de **revenir en marchant sur chaque pavé de sa marelle, un par un, doucement, afin d'illuminer son chemin de vie** à chacun de ses pas !

9. De retour au point présent, la personne a derrière elle un chemin de lumière. Son passé la soutient positivement. **Vérifiez que la nouvelle charge positive ressemble et se fonde à la boule positive** qui est sur la droite de la personne. Si elles sont différentes ou si elles n'ont pas spontanément fusionné, demandez à la personne de les unir.

10. Demandez enfin à la personne de **vous confirmer que tout est désormais ok** (la faire parler renforce son nouvel état d'être), puis dites-lui de garder tout cela en elle et d'ouvrir les yeux quand elle se sent prête pour aller découvrir sa nouvelle vie.

Au point 6, neutralisez bien le négatif, sinon la personne refusera de marcher dessus mais sans le faire disparaître, sans quoi vous perdriez le fil qui mène à la cause profonde. Vous ne pourriez alors plus soigner le chemin de vie de la personne.

Une autre astuce est de faire un bruit amusant quand la personne marchera pour la première fois sur le négatif, à terre. Cela l'aidera à prendre la chose à la légère, à dédramatiser – et vous pourrez refaire le même bruit à répétition afin qu'elle trouve plus facilement les cases suivantes : « pruiiiit ! » à chaque fois qu'elle appuie sur une dalle, comme si quelque chose de gluant en était sorti… jusqu'à la dalle d'origine, à illuminer.

Effacer l'illusion

Il arrive que l'on ait besoin de retrouver *qui on est vraiment*, sous les différents masques que l'on porte depuis toujours et avec lesquels, parfois, on se confond.

Alors, on sait que notre cerveau fabrique la réalité que nous percevons. Nous ne voyons pas avec nos yeux : nous voyons *ce que notre cerveau nous permet de voir* après avoir traité ce que les yeux ont perçu. Autrement dit, nos yeux pourraient être en parfaite santé, si notre cortex visuel venait à ne plus fonctionner, nous serions tout de même aveugle. C'est notre cerveau qui décode le monde et nous le donne à percevoir ! D'où la métaphore de la Matrice, cette « réelle réalité cachée derrière l'illusion », telle que décrite page 71 et que l'on retrouve dans la mythologie depuis toujours.

L'idée serait d'effacer pendant quelques minutes un élément important qui stabilise l'illusion afin de jeter un œil derrière le miroir, sur notre réalité profonde !

Cette technique aidera la personne à la recherche de repères ou celle qui a des problèmes d'identité. Elle consiste en une induction par intériorisation consciente (cf. p. 140) qui amènera la personne à la découverte de son « joyau intérieur », son « vraiment elle », niché sous l'épaisseur des cuirasses forgées par la vie.

Le morceau de Matrice que nous effacerons ponctuellement, pour lever le voile du « qui suis-je vraiment », sera tout simplement le prénom de la personne : la première illusion, la première étiquette qui nous a été attribué. Comme toute éducation, le prénom est un titre générique (beaucoup d'autres gens portent notre prénom et ne sont pas nous) qui cache en partie notre « vrai nous ». Nous l'effacerons comme on passe son doigt sur une vitre embuée pour voir le paysage qui se cache de l'autre côté.

Chacun découvre sa vérité. Il n'y a pas deux expériences identiques. Parfois, la personne découvre un symbole, parfois juste un autre prénom que le sien, parfois elle saisit le sens de ce qu'elle retrouve, parfois non, souvent cela lui plaît mais parfois non, pas du tout !

Dans tous les cas, la personne reprend conscience de ce qui la constitue profondément : la pointe intérieure de son Soi idéal. Que cela lui plaise ou non, cela chasse toute brisure intérieure, cela reconnecte et solidifie la personne, qui sait désormais vraiment *qui* elle est.

Le protocole pour effacer l'illusion

1. **Induction hypnotique par intériorisation consciente** : utilisez l'induction classique du « crâne de cristal » mais sans dissocier la personne ni lui faire perdre conscience. Ainsi, elle entrera en elle consciemment.

   - Demandez à la personne, qui a les yeux ouverts, de fixer un diamant imaginaire posé sur votre doigt et parlez-lui sans arrêt, doucement, pour l'accompagner et la rassurer.

- Rapprochez progressivement votre doigt tendu jusqu'à toucher le front de la personne, entre ses deux yeux. Normalement, la personne fermera les yeux (sinon, demandez-lui de le faire).
- Expliquez à la personne qu'elle sent sur son front le « diamant » (symbole du joyau intérieur) et que vous allez lui offrir. Frappez légèrement le front, comme pour faire entrer le diamant en elle, puis retirez votre doigt du front.

2. Dites à la personne que **l'éclat du diamant va remonter le long de son front pour lui indiquer une porte**, un passage qu'elle pourra traverser « pour rejoindre un espace, un jardin merveilleux, magique... »
   - Sitôt que la personne a trouvé son passage et l'aura franchi, accompagnez-la un moment dans sa découverte du lieu.
   - Puis, aidez la personne à découvrir une autre porte, menant encore un peu loin en elle. Notez que la personne peut avoir une impression d'immensité. Vous n'avez pas besoin de lui rappeler mais souvenez-vous qu'elle est bien partie *en elle*. L'intérieur est aussi vaste que l'extérieur !
   - Aidez la personne à franchir ainsi trois ou quatre autres portes...
   - Lorsque la personne a ouvert au mieux sa perception en conscience, passez à l'étape suivante.
3. **Soulevez la main directrice de la personne** à hauteur de sa poitrine afin que celle-ci puisse produire une catalepsie (elle demande à son Automate, cf. p. 158). Sa main doit rester naturellement suspendue en l'air. Ceci étant fait :
   - La personne demande à son Automate d'écrire son prénom dans l'air (écriture automatique)... Vous verrez sa main se mettre à bouger.
   - Expliquez à la personne que son prénom est le symbole de toutes les choses qui masquent *ce qu'elle est vraiment*. Demandez-lui si elle veut lever ce voile afin de redécouvrir son joyau intérieur, son « vrai Elle ».

- Si non, continuez sur une autre expérience, pas de souci. La personne a le droit de reculer au dernier moment.
- Si oui, poursuivez…

4. **Demandez à la personne d'effacer son prénom** durant quelques minutes, « *comme un enfant qui efface la buée sur la vitre, pour voir les belles choses qui se cachent de l'autre côté* ». Vous verrez la main frotter l'air puis le visage s'illuminer ! La personne se retrouve…
   - Notez que le joyau intérieur correspond à la pointe intérieure de notre Soi idéal. Il n'est donc pas toujours agréable d'en prendre conscience, si notre « mission de vie » n'est pas toute rose. Mais au moins, c'est « vraiment Nous ». Cela ouvre les yeux.
   - Il arrive aussi que le joyau intérieur ne soit pas juste derrière le voile, la buée effacée. Il faut alors que la personne s'avance et fasse un bout de chemin, symbolique, avant de se trouver.
   - Enfin, certaines personnes préfèrent observer, de loin et d'autres s'approcher, toucher et vivre physiquement cette ré-union. Chacun fait ce qu'il veut.
5. **Demandez à la personne de laisser son joyau intérieur imprégner** ce qu'elle est d'ordinaire : sa personnalité, ses habitudes, ses émotions, sa façon de voir la vie… La personne va s'emplir de son vrai Soi et *ce qu'elle est vraiment* va enfin trouver son chemin vers le quotidien.
6. **Quand la personne sent que l'expérience est achevée**, demandez-lui de rester dans l'état qu'elle a atteint, emplie de la mémoire de *celle qu'elle est vraiment*, tout au fond d'elle et de rouvrir simplement les yeux, pour voir le monde… différemment.

ANECDOTE

Un jour, une femme au bord du suicide vient me voir en consultation. Elle m'explique ne plus supporter sa vie, dépourvue de sens. De plus, elle portait le prénom du premier enfant de sa mère, décédé dans sa première année de vie. Le prénom était celui d'une héroïne de film violent, dont la mère était fan…

Bref, ma patiente ne s'était jamais identifiée (et heureusement, d'un certain côté) à son prénom et, du coup, elle n'avait jamais solidifié de vraie personnalité. De fait, elle avait tous les symptômes d'une personne souffrant de troubles psychotiques. Elle percevait toutes choses comme séparées d'elle par une vitre épaisse. Les sons eux-mêmes étaient assourdis. Elle disait n'éprouver aucune émotion et n'avoir jamais eu d'ami/e... Bien que désormais adulte et autonome, avec un travail stable, il n'était pas étonnant qu'elle veuille mettre fin à son enfer.

Après l'anamnèse, je lui proposais d'aller chercher son identité profonde et véritable. À priori, elle n'y croyait pas vraiment mais participa avec bonne volonté. Elle découvrit simplement un autre prénom que le sien. Rien d'extraordinaire. Pas de grandes émotions. Je me mis donc à l'appeler par son « vrai nom » et nous primes rendez-vous pour la semaine suivante.

Huit jours après, nous avions échangé deux ou trois emails, afin de garder le contact, je vis arriver une jeune femme transfigurée ! Elle m'avait bien caché sa transformation dans nos échanges internet : « pour vous faire la surprise » m'avoua-t-elle en riant, devant ma mine stupéfaite !

Pour parachever cette nouvelle naissance, il nous fallait une jolie technique... La voici :

L'éclosion ou la « technique de la momie »

Voici une technique parfaite pour conclure une série de rencontres thérapeutiques, bien qu'elle soit parfois « la solution » dès la première séance (de plus, cette technique ne sert pas qu'à conclure).

Globalement, vous choisirez cette expérience dans deux cas :

- **Pour aider une personne à dire adieu à son ancienne vie** et commencer une nouvelle existence, en fin de thérapie ou pour rompre une chaîne de comportements, par exemple liée à une « loyauté familiale », des habitudes contractées dans l'enfance, etc.

- **Pour aider une personne à se nettoyer d'un passé douloureux**, trop chargé en événements négatifs pour que l'on puisse s'occuper de tous, un par un. C'est une manière de faire un « reset » complet de la personne et de repartir sur de nouvelles bases.

La technique s'appuie sur une réaction naturelle de répulsion, vous verrez comment, et utilise aussi un phénomène hypnotique : la catalepsie (cf. p. 158). Cette fois-ci, ce sera sur le corps entier de la personne. On retrouvera aussi le symbole du diamant et du joyau intérieur, comme dans la technique précédente. Il nous aidera à briser la croûte noire qui emprisonne la personne, tout comme l'oisillon brise sa coquille à l'éclosion : il se trouve que la partie dure du bec de l'oisillon qui sert à briser la coquille s'appelle justement le « diamant », juste entre les deux yeux !

L'expérience ne sera pas forcément une partie de plaisir pour la personne, donc mieux vaut l'en prévenir, afin qu'elle confirme son accord et qu'elle participe à fond. Elle aura besoin de vous faire confiance mais vous pourrez rassurer la personne en lui rappelant que « tout fonctionne toujours mieux lorsqu'on est deux » !

Le protocole de l'éclosion

1. **Induction hypnotique humaniste**, avec un mélange d'expansion subtile, pour le côté symbolique et d'intériorisation consciente, pour le phénomène hypnotique à venir.

2. **Demandez à la personne de tracer autour d'elle un cercle de feu** et d'appeler à l'intérieur de ce cercle tout ce dont elle souhaite se débarrasser.

   La personne étant au centre du cercle, elle va trouver fort désagréable de se « mêler» à la noirceur qu'elle agglomère dans le cercle. C'est volontaire, donc rassurez-la et demandez-lui même d'intensifier cette noirceur : cela aidera à déclencher une plus grande force de rejet, par répulsion – mais ça, ce n'est pas la peine de lui dire !

3. **Demandez à la personne de se réfugier au centre d'elle-même** et de sentir son corps se durcir de plus en plus, comme de la boue épaisse en train de sécher.

4. **Expliquez à la personne** que « même ce qui est *noir* en elle est chassé de son cœur incorruptible car la lumière chasse l'ombre ».

5. **Portez ce processus à son paroxysme** : que le cercle absorbe la plus grande noirceur extérieure et que le corps de la personne s'encroûte, statufié par la noirceur expulsée d'elle, agglutinée à celle qui vient du dehors. Au centre d'elle, invulnérable, la personne est nichée au creux de son joyau intérieur, sa flamme intérieure, sa pureté la plus profonde.

   - Vous pouvez dire à la personne que vous êtes là pour l'accompagner : rassurez-la en lui rappelant qu'elle n'est pas seule et que la lumière de sa Conscience et même toute la Vie, se joint à elle pour l'aider...
   - Amplifiez au maximum le contraste entre la noirceur de l'intérieur du cercle, la croûte noire, sèche, morte et le joyau intérieur, inaltérable et plein de vie.

6. **Maintenant, expliquez que le cœur lumineux de la personne** est « comme la partie dure du bec du poussin qui va naître, le diamant ». Puis, demandez à la personne de se servir de son diamant, comme l'oisillon naissant, pour briser la coquille de noirceur qui l'emprisonne.

   - Lorsque vous voyez que la personne quitte sa rigidité, prenez-lui la main et tirez-la doucement mais fermement vers l'avant de façon à la faire se lever du fauteuil. Si besoin, demandez-lui de garder les yeux fermés.
   - Aidez la personne à faire un ou deux pas en avant, en lui expliquant qu'elle quitte l'ancienne croûte de noirceur, désormais brisée. Faites-lui remarquer qu'elle marche sur les débris poussiéreux de l'ancienne « momie » – son ancienne prison – et qu'elle laisse tout cela derrière elle pour entrer dans sa nouvelle vie.

7. **Aidez la personne à prendre conscience** de toute l'ampleur de son nouvel être. Vous avez dû la voir prendre une grande respiration de soulagement : faites-lui remarquer, ainsi que tout autre signe physique positif. Demandez-lui de vous décrire ses émotions, ses ressentis.

8. **La personne doit maintenant se parer** d'un nouvel « habit symbolique » (puisqu'elle a quitté l'ancien) : une

image d'elle, mentale, pour sa vie personnelle, familiale, sociale...

- Vérifiez la vision du monde de la personne, tout comme vous l'avez fait en fin de thérapie symbolique (cf. p 178).

9. **Lorsque la personne se sent bien** dans son nouveau « Moi », demandez-lui de prendre quelques bonnes respirations (ce qui l'aidera à bien être centrée, physiquement) et de rouvrir les yeux pour découvrir sa nouvelle vie !

ASTUCE

Vous pouvez utiliser cette technique à titre personnel pour votre « hygiène de vie » : à chaque fois que vous sentez le poids et la rigidité des routines, un excès de mauvaises émotions ou que vous vous sentez « sali » ou « pollué »... Bref, dès que vous sentez que vous vous encroûtez !

ANECDOTE

Un vieil indien se moquait un jour de l'allure solennelle des hommes blancs. Il disait qu'ils ne marchaient avec lenteur et gravité que parce qu'ils avaient perdu l'énergie de rire et de courir comme des enfants ! Faites en sorte que cela ne vous arrive jamais – laissez tomber maintenant les lourdes cuirasses qui vous emprisonnent.

Choix des inductions hypnotiques humanistes

En hypnothérapie ordinaire, on peut utiliser n'importe quelle induction hypnotique avant n'importe quelle technique, pourvue que l'induction mette bien la personne en état d'hypnose.

En Hypnose Humaniste, vous aurez remarqué que l'on préfèrera utiliser une induction hypnotique spécifique, selon la technique thérapeutique qui suivra. Par exemple, l'expansion subtile aidera à découvrir son Soi idéal ou à contacter son Messager. L'expansion matérielle aidera certains « voyages en conscience » (dans le présent) tandis que l'expansion temporelle facilitera les voyages dans le temps. Une identification consciente pourra aider la personne à mieux intégrer ce qu'elle découvre en se connectant aux sources de sa créativité, etc.

Nous vous avons donné quelques pistes, dans le descriptif des techniques. Maintenant, à vous de faire votre expérience et de découvrir ce qui vous aide le plus.

Piocher dans un monde de techniques utilisables

Il existe un trésor de techniques thérapeutiques, dans plus de 400 formes de psychothérapies. Pourquoi vouloir tout réinventer ? Par exemple, si vous êtes formé en Hypnose (dissociante), en PNL, en Gestalt-thérapie ou en Analyse transactionnelle et que l'esprit de l'Hypnose Humaniste vous plaît, vous voudrez sûrement *importer* les techniques que vous pratiquez déjà.

Heureusement, il est souvent possible de rendre « humanistes » (donc non-dissociante et *en conscience*) les techniques qui proviennent d'autres approches. Apprenons donc à faire cela.

Nous allons prendre pour exemples des techniques issues de la Nouvelle Hypnose, pour rester dans notre domaine. Bien sûr, la recette utilisée pour la transformation des techniques restera la même, quelle que soit leur origine.

Les techniques qui supportent d'être pratiquées en mode « associé »

Souvent, importer une technique en Hypnose Humaniste sera fort simple. Il suffira que la structure à transformer fonctionne aussi bien en « associé », donc sans que l'on ait besoin de rompre la connexion entre le conscient et l'Inconscient.

- **Par exemple, la technique PNL de la « Négociation entre parties »** (dite aussi « Reconstruction hypnotique » ou « Squash visuel » ou « Polarités », selon les écoles et les versions) fonctionne tout aussi bien en *état de conscience augmentée* – et certainement même beaucoup mieux, puisqu'on y demande à la personne de prendre conscience de symboles, puis d'effectuer un travail sur eux, ce que l'induction humaniste facilite.
- **Autre exemple, la régression hypnotique appelée « Remodélisation d'histoire de vie »** (ou « Changement d'histoire personnelle » et autres variantes d'appellation, en PNL) amène la personne à prendre conscience

d'événements de son passé, qu'elle devra ensuite changer, par elle-même. Le fait d'être en *état de conscience augmentée* facilitera la découverte des épisodes passés et la créativité nécessaire à leur soin. Pourquoi endormir la personne avant de lui demander un tel travail ?... L'approche humaniste sera encore une fois aidante pour cette technique, tout en conservant sa structure initiale.

- **Enfin, un mauvais exemple : la technique PNL du « recadrage »** se pratique de différentes manières, soit en état ordinaire, soit en état d'hypnose. Dans ce dernier cas, qui nous intéresse, c'est l'Inconscient qui fera tout le travail. Le thérapeute en aura confirmation par des mouvements inconscients. Par définition, la personne *ne doit pas* être consciente du processus – sinon, ce ne serait plus la même technique. Ici, il est donc hors de question de placer la personne en *état de conscience augmentée* ! On ne pourrait alors plus suivre la procédure d'origine...

Vous voyez qu'il faut donc déjà bien comprendre le mécanisme d'une structure thérapeutique avant de s'amuser à la transformer. Par exemple, la technique PNL qui permet de traiter les allergies est sans équivalent et elle fonctionne formidablement bien ! Évidemment, on pourrait soigner une allergie tout simplement avec la thérapie symbolique mais puisque l'on connaît un protocole qui a déjà donné ses preuves, pourquoi vouloir en changer ?

Voyons ensemble l'exemple d'une structure PNL utilisée en Nouvelle Hypnose, dans sa version Hypnose Humaniste.

Réaliser une transformation hypnotique humaniste

En version humaniste, cette technique conserve ses indications d'origine, à savoir : acquérir de nouveaux comportements, faciliter les apprentissages physiques (sports, poids, etc.), psychologiques (timidité à dépasser, croyances à développer, etc.) ou intellectuels (langues, études, musique, etc.), faire de la rééducation physique, etc. Elle peut également aider à découvrir son Soi idéal, tel que déjà abordé page 181.

Pour rendre la technique humaniste

Pour rendre la technique humaniste, on utilise une induction en ouverture, on supprime les activations inconscientes (*signaling*) et tout le langage hypnotique dissociant et, au lieu de laisser l'Inconscient maître du jeu, on permet à la personne *en conscience* de modifier par elle-même les informations qui la structurent.

Bien sûr, on pourra aussi ajouter des spécificités de l'Hypnose Humaniste, telles que l'utilisation des champs d'informations, des symboles, du Soi idéal, etc.

1. **Induction hypnotique humaniste**, de préférence en expansion ou élévation subtile puisque vous aurez à contacter le Soi idéal.
2. **Demandez à la personne de bien ressentir son état d'être habituel** : par exemple, son manque de confiance en elle, ou bien le fait qu'elle se sente en surpoids, ou sa frustration de ne pas réussir à apprendre l'anglais, ou juste ses soucis ordinaires, le fait qu'elle se sente mal dans sa peau, etc.

   Le but est d'accentuer le contraste entre ce qui est sa vie jusque-là et ce qui provoque son envie de changer : une part plus belle ou lumineuse d'elle-même. En effet, si la personne n'avait pas *déjà en elle* le « meilleur elle-même », elle ne pourrait pas comparer avec sa vie (inconsciemment) et se sentir mal !

   Demandez donc à la personne de se focaliser sur son « meilleur elle-même » : la mélodie juste qu'elle porte en elle, sans le savoir, et qui lui fait savoir que sa vie actuelle n'est pas aussi harmonieuse qu'elle le pourrait !

   - Expliquez que cet idéal intérieur est le reflet de son Soi idéal (utilisez le vocabulaire de la personne, évidemment, pour qu'elle comprenne ce dont vous parlez) : il est donc naturel pour elle d'aller vers cet idéal et de l'incarner au mieux.
3. Une fois que la personne est consciente de sa « plus belle lumière », **demandez-lui de projeter à l'intérieur le meilleur d'elle-même** ainsi que « les petites choses qui nous font tel que l'on est », bref de placer dans son être

idéal (Soi idéal) les bonnes choses qu'elle veut conserver et ce qu'elle veut devenir.

- La personne devrait se sentir de mieux en mieux, plus légère, plus équilibrée, plus « elle-même »... qu'il s'agisse de vivre davantage dans son Soi idéal ou de regagner son poids de forme, de dépasser sa timidité, de mieux parler une langue étrangère ou d'acquérir la maîtrise d'un mouvement sportif, etc.

4. Poursuivez jusqu'à ce que la personne se sente vraiment bien **et accentuez la beauté symbolique du Soi idéal** : couleur, rayonnement, lumière, forme, épaisseur, vibration, douceur (hors contenu concret)...

   La personne doit se sentir de plus en plus vibrante, jusqu'à fusionner pleinement avec son Soi idéal.

5. **C'est le fait d'être dans son Soi idéal** qui permet à la personne de se dépasser (sport, confiance en elle, croyances limitantes, etc.) ou de devenir *ce qu'elle est vraiment* (poids de forme, savoirs, place dans la vie, etc.).

   - Testez cela par visualisation : la personne étant bien dans son Soi idéal, confrontez-la aux choses de sa vie. Comment réagit-elle ? Que ressent-elle ? Que décide-t-elle ? Etc.
   - La personne dans son Soi idéal peut procéder aux corrections nécessaires de son « petit soi »...

6. **Laissez la personne faire** autant d'expériences qu'elle le souhaite afin de bien ancrer ses apprentissages.

7. **Quand la personne est vraiment à l'aise dans son Soi idéal**, expliquez-lui qu'elle peut rester dans l'état de conscience atteint, en permanence, qu'elle y pense ou non. Demandez-lui de se lever dans son Soi idéal, pour lui faire constater que c'est devenu un « état normal ».

   Vérifiez que la personne soit bien associée à son Soi idéal : elle doit se sentir bien, plus grande, plus solide, plus « vaste » et bien enracinée (test aux épaules).

8. **Lorsque la personne se sent vraiment bien** et qu'elle est curieuse de sa nouvelle vie, dites-lui qu'elle peut rouvrir les yeux pour « voir le monde d'un regard nouveau ».

Les techniques qui ne supportent pas d'être pratiquées en mode « associé »

Nous avons vu qu'il est parfois impossible de pratiquer une technique thérapeutique non-humaniste en mode « associé » (en union de conscience). Nous avions cité le cas du recadrage hypnotique où toute la procédure est faite par l'Inconscient, sans que la personne sache ce qui se passe. Procéder à une induction hypnotique en ouverture rendrait la technique infaisable : il n'y aurait plus d'Inconscient, la personne prendrait conscience de ce qui coince en elle et on se retrouverait à faire de la thérapie symbolique, comme d'habitude.

Alors, quand on veut « le beurre et l'argent du beurre », utiliser l'Hypnose Humaniste *et* profiter des avantages de la technique choisie, il faut être rusé : bien comprendre la structure qui sous-tend la technique, afin de pouvoir l'isoler, puis s'en servir de scénario.

Faute de pouvoir conserver la manière de faire d'origine, nous suivrons seulement le squelette technique et l'enroberons à notre façon : en symbolique !

Prenons donc l'exemple du fameux recadrage hypnotique, normalement impossible à pratiquer en « associé ».

Effectuer un recadrage hypnotique humaniste

Cette technique sert à traiter les troubles compulsifs : tabac, nourriture, alcool, drogue, les manies et, d'un point de vue général, tout ce que la personne « ne peut pas s'empêcher de faire ».

Notez que cela ne concerne pas les soucis d'ordre existentiels (« je ne peux pas m'empêcher de saboter ma vie ») qui seront traités en thérapie symbolique avancée, au prochain chapitre. Le recadrage sert lorsque l'Inconscient semble déréglé, de manière mécanique.

Donc, nous voudrions conserver la structure de la technique d'origine et le fait que la personne ne sache pas ce qui se passe en elle mais qu'elle applique tout de même la technique *en conscience*, à la manière de l'Hypnose Humaniste.

Profitons-en pour corriger une faiblesse inhérente au recadrage : il ne fait que rediriger les comportements de la personne ! En effet, l'Inconscient a mis en place des solutions pour protéger la personne d'une blessure émotionnelle et ces solutions la font tout de même souffrir. Par exemple, elle boit… pour oublier (ses douleurs passées). Le recadrage fera en sorte qu'elle fasse plutôt du sport ou qu'elle s'occupe d'une association – ou tout autre chose qui lui permettra d'oublier son passé mais plus sainement.

Et c'est ce qui nous gêne en Hypnose Humaniste, où l'on se dit que *si on soignait directement la blessure passée*, l'Inconscient n'aurait plus rien à protéger ! Et oui, plus de blessure, plus besoin de comportements possiblement déplaisants ou malsains… et la personne vivrait heureuse !

Faisons donc un recadrage, dans la structure mais *en conscience*, tout en symboles et qui soignera, sans que la personne ne le sache, sa blessure profonde :

1. **Induction hypnotique** de type humaniste.
2. **Demandez à la personne *en conscience* d'appeler le symbole** de ce qui produit ses soucis, comme on le fait en thérapie symbolique (en repensant à ses soucis, cela se fera tout seul). Souvenez-vous que la personne doit vous décrire ce qu'elle perçoit en termes métaphoriques ou symboliques – c'est ce qui rendra le bloc informationnel manipulable.

   Demandez à la personne d'épurer son symbole, d'en garder ce qui lui semble bon. Par exemple, un homme me décrit une épée froide et grise, plantée dans son crâne… Il aimerait la retirer et la faire disparaître (thérapie symbolique simple). Je lui explique que l'épée est un symbole masculin, tout comme sa tête. Il comprend qu'il doit conserver l'épée mais en changer sa forme (plus longue, lumineuse, etc.) et la tenir à la main (contrôle conscient). Cette phase correspond au changement comportemental.
3. Ceci fait, **la personne va examiner profondément son symbole** pour découvrir ce qui a rendu l'épée froide, sans vie et blessante (pour reprendre l'exemple ci-dessus). Vous comprenez que c'est sa blessure profonde que la

personne recherche, puis va soigner à ce moment-là, sans le savoir.

4. **La personne procède donc comme en thérapie symbolique simple** et soigne la blessure profonde de son symbole. Par exemple, elle peut illuminer le cœur, réparer une fêlure, etc.

   La blessure étant à l'origine de la compulsion, lorsque celle-ci aura disparu, la personne aura soigné son être profond, en plus d'avoir retrouvé un comportement sain.

5. **La personne peut maintenant vérifier que tout lui convienne bien**, par exemple en se projetant dans sa nouvelle vie. Si quoi que ce soit coince, il est encore temps de modifier le symbole.

6. **Quand tout est ok,** la personne rouvre les yeux et va profiter de la vie !

La réempreinte humaniste : les chemins de lumière

Autre exemple d'une technique qui bénéficie d'être transcrite en mode humaniste : la réempreinte est une technique de régression hypnotique assez dure pour la personne, qui doit non seulement revivre des moments terribles de son passé mais ensuite prendre psychologiquement la place des personnes qui l'ont faite souffrir dans la bonne intention de les soigner – pour guérir elle-même, bien sûr. En tous cas, rien d'agréable...

La réempreinte est pourtant une très bonne technique, très puissante et indispensable dans certains cas difficiles. Nous pourrions l'utiliser en *état de conscience augmentée* mais elle resterait émotionnellement très pénible. Gardons son squelette technique, puisqu'il est intéressant, mais rendons tout cela symbolique : ce seront nos « chemins de lumière ». Cela permettra d'effectuer le soin en protégeant la personne de ses émotions négatives, inutiles à la technique – ce qui vous fera économiser des mouchoirs en papiers, en plus d'épargner la personne !

Les chemins de lumière s'appliquent, comme la réempreinte, lorsqu'il est impossible de résoudre directement le problème de la personne et qu'il faut pour cela traiter les personnes responsables – afin que, changés, ils n'agissent plus comme ils l'ont fait. Évidemment, on ne change pas vraiment les gens ou le passé ! Mais on soigne *la mémoire* que la personne a conservé d'eux, puisque c'est ce qui la fait souffrir.

Cela se fait en remontant la ligne de temps de la personne – soit les lignées de ses parents, si ce sont eux qui l'ont faite souffrir ou desquels proviennent ses malheurs, soit la ligne unique d'un agresseur qui a fait basculer le cours de sa vie, ce qui a généré le traumatisme qu'elle traîne encore.

1. **Induction hypnotique humaniste** par expansion temporelle (type « voyages en conscience », cf. p. 190).
2. **Faites prendre conscience à la personne de sa ligne de temps**. Si besoin, vous pouvez utiliser une métaphore comme « le temps qui s'écoule en un long tracé, comme un fleuve issu de toutes les sources passées… » afin de concrétiser l'imaginaire de la personne.
3. **Demandez à la personne de suivre sa ligne de temps vers le passé**, comme si elle volait au-dessus. Il s'agit d'abord de retrouver le symbole qui lui fait du mal : la personne verra peut-être de la pollution dans son fleuve, une tâche bizarre, une faille ou autre…
4. **Aidez ensuite la personne à découvrir l'origine de ses soucis**, plus loin, sur la ligne de temps de ses parents ou d'un agresseur (puisque c'est l'indication de cette technique). Il faut remonter à la source du fleuve pour trouver ce qui le pollue : ce faisant, on suit des chemins symboliques, à soigner et illuminer – d'où le nom de la technique.
5. **Si le problème vient de ses parents**, demandez à la personne de :
   - Suivre la ligne du temps de l'un des deux, au choix, pour trouver et soigner ce qui coince symboliquement, exactement comme on le ferait en thérapie symbolique : une déchirure à cicatriser, une noirceur à effacer ou illuminer, une dissonance à réharmoniser, une texture à changer…
   - Demandez à la personne de vérifier cette ligne du temps d'un bout à l'autre. Il faut qu'elle soit belle, paisible, heureuse, que la personne la « sente » bien.

- Faire ensuite la même chose avec la ligne du temps de l'autre parent.
- Veiller à ce que les lignes de vie des parents se rejoignent pour donner naissance à la ligne de la personne !

S'il s'agit d'un agresseur : procédez de la même manière mais sur la seule ligne de temps de l'agresseur. Puis, il faut assainir la mémoire que porte la personne et *veiller à ce que la ligne de l'agresseur ne rencontre plus la sienne.*

Nota : Il est possible de remonter ces lignes de temps sur plusieurs générations, afin que la personne ait un Arbre de Vie (une généalogie) entièrement illuminé. Toutefois, il est généralement inutile de remonter à plus de 3 ou 4 générations. (Les soucis se dissolvent dans le temps).

6. **Remonter ensuite à la ligne du temps de la personne**, demandez-lui de vérifier que tout lui convient, que taches, noirceurs, cassures, etc. ont bien disparu (puisque leur source n'existe plus). Si ce n'est pas encore parfait, aidez la personne à faire le nécessaire, toujours à la manière de la thérapie symbolique.

7. **Quand la personne est contente de sa nouvelle ligne de vie**, qu'elle la trouve belle et lumineuse, demandez-lui de se réorienter « dans le temps d'aujourd'hui et maintenant » et de laisser le changement s'intégrer en elle... avant de rouvrir les yeux.

   Elle remarquera toute seule que son chemin continue vers un avenir... lumineux !

Vous pourrez découvrir les structures originales de ces techniques hypnothérapeutiques, ainsi que bien d'autres, pour toutes sortes d'applications, dans le livre *Hypnose* du même auteur (cf. Annexes).

Quatrième partie

Au cœur de vos émotions

Dans cette partie…

Dans cette partie, vous prendrez la mesure de la puissance de votre Inconscient qui stocke toutes vos blessures, toutes vos croyances archétypales et toutes les informations auxquelles vous êtes soumis sans arrêt. C'est ensuite ces informations qui provoquent vos émotions et vos réactions, indépendamment de votre volonté…

L'Hypnose Humaniste propose donc un outil et plusieurs protocoles pour soigner les blessures intérieures les plus courantes et restaurer un bon équilibre intérieur, propice à un épanouissement personnel bien mérité !

Chapitre 7

Entrer dans la thérapie symbolique avancée

Dans ce chapitre :

- Compléter votre connaissance de l'Inconscient
- Découvrir ses blessures intérieures pour les soigner
- Prendre conscience des archétypes que vous véhiculez pour les équilibrer
- S'appuyer sur deux alliés inestimables : l'Enfant intérieur et le Sage

Entrons maintenant « au cœur de vos émotions ». Pour cela, nous allons reparler un peu de psychologie et, en particulier, de ce qui façonne votre personnalité : vos blessures intérieures et vos différents archétypes inconscients.

Ces nouvelles connaissances vous permettront de mieux comprendre ce qui fait votre vie et de travailler très profondément, afin de restructurer et réharmoniser votre esprit profond.

Un petit mot sur l'Inconscient

Ce que vous êtes, l'ensemble de vos croyances sur la vie ou sur les autres, ce qui dicte vos choix, ce qui vous attire ou ce qui vous fait fuir… tout cela est écrit à l'intérieur de vous, comme si vous aviez un gigantesque ordinateur dans votre corps. Cet ordinateur classe les millions d'informations que vous recevez en permanence, depuis votre naissance. C'est lui qui sélectionne pour vous les expériences à retenir ou à oublier – c'est-à-dire à « stocker dans l'Inconscient » car vous ne pouvez évidemment pas être conscient des milliards d'informations qui sont en vous !

Parmi ces souvenirs, certains sont donc conscients ; les autres sont rangés à différents niveaux de votre Inconscient. Bien sûr, un souvenir inconscient peut refaire surface et vous ramener ainsi le souvenir d'un événement « oublié » depuis longtemps... D'autres souvenirs, par contre, resteront toujours enfouis en vous. Mais ce n'est pas parce que vous n'en avez pas conscience qu'ils n'existent pas !

Lorsque vous faites un choix, vous le faites toujours en référence à quelque chose. Par exemple, lorsque vous choisissez un compagnon ou une compagne, votre attirance est dictée par une multitude d'expériences et de critères inconscients. Ainsi, vous ne serez pas attiré par n'importe quel physique ou n'importe quel caractère. Certains privilégieront une personne calme, d'autres une personne plus extravertie et tout cela en fonction de vos mémoires inconscientes. Un véritable programme intérieur !

Il est important de vous souvenir que les informations stockées en vous, surtout inconscientes, déterminent en permanence vos décisions, vos comportements, vos émotions... Ce sont elles qui font votre personnalité, votre caractère ! Ce n'est donc pas « vraiment vous » mais plutôt « ce que la vie a fait de vous ».

Votre schéma psychologique est le résultat de vos réactions personnelles par rapport à ce qui vous a été transmis :

- **Par vos parents biologiques** (votre inné).
- **Par votre éducation, votre entourage**, ceux qui vous ont élevé et donné leur façon de vivre, d'une manière ou d'une autre (votre acquis).

Ainsi, il est très possible que, parmi tous ces apprentissages, certains vous handicapent ou vous fassent souffrir. Ce sont vos « blessures intérieures ». Heureusement, il existe des techniques de soin adaptées qui permettront de transformer ce que vous êtes, afin de vivre mieux.

Prendre conscience de nos blessures intérieures

Les choses qui vous ont fait du mal dans votre vie ont participé à vous bâtir tel que vous êtes aujourd'hui. Ces blessures intérieures sont ce qui vous pousse à agir, inconsciemment, que ce soit positivement ou négativement.

- **En positif**, vos blessures vous forcent à devenir créatif pour vous protéger d'un entourage toxique. Elles vous obligent à devenir plus fort, à progresser, à évoluer. Et lorsque vous comprenez leur message, vous devenez plus sage. Vos blessures sont aussi à l'origine de vos passions ou de vos plus grands centres d'intérêts. Leur énergie vous pousse à vous surpasser. Par exemple, certains enfants qui souffrent de la pauvreté dans leur famille vont travailler très dur pour s'en sortir.
- **En négatif**, elles peuvent vous fatiguer et épuiser votre volonté. Elles peuvent vous faire tellement souffrir que, pour vous en débarrasser, vous ne pouvez faire autrement que de les projeter sur votre entourage et devenir violent ou auto-destructeur. Elles peuvent vous empêcher de réaliser vos rêves. C'est à ce moment qu'il est nécessaire de réagir.

Retenez que les blessures ont deux facettes : l'utile et la douloureuse.

Il existe trois façons de vivre une blessure

- **Rejouer la blessure** : c'est continuer à subir la blessure.
- **Refouler la blessure** : c'est se mettre en opposition, prendre le rôle de celui qui nous a blessés.
- **Sublimer la blessure** : c'est utiliser positivement l'énergie de la souffrance qui dirige votre vie. La sublimation est à l'origine des passions ou des grandes implications pour les causes humanitaires, écologiques, politiques, ou économiques. C'est la face « utile » de la blessure.

À tout moment de votre vie, vous vivez votre blessure de ces trois manières. Par exemple, vous pouvez sublimer votre blessure dans votre métier, la refouler avec vos enfants et la rejouer avec vos amis… Ce qu'il faut retenir c'est qu'aucune règle logique ne dirige vos blessures car elles suivent des directives inconscientes. Vous n'en serez jamais le maître.

Soigner ses blessures

C'est se libérer et sortir de la manipulation permanente de votre Inconscient, reprendre le contrôle de votre vie (nous verrons comment un peu plus loin). Quand on soigne sa blessure principale, on se sent plus léger, serein, joyeux et plus dynamique.

Les blessures sont comme des maladies en vous. Elles utilisent beaucoup de votre énergie. En soignant vos blessures, vous libérez cette énergie que vous pouvez ensuite utiliser pour vivre autre chose de positif et d'agréable. C'est un peu comme enlever des peaux mortes, jusqu'à dévoiler votre joyau intérieur : celui que vous êtes vraiment.

La blessure principale… et les autres !

La « blessure principale » est celle qui dirige inconsciemment toute votre existence. Elle se transmet généralement de génération en génération. Homme ou femme, vous pouvez indifféremment hériter de la blessure de votre père ou de celle de votre mère.

Par ailleurs, vous pouvez également être porteur de la blessure de l'autre parent. C'est ce que l'on appelle une « blessure secondaire », présente en vous mais non-prioritaire. Les blessures secondaires sont acquises et non innées, cela signifie qu'elles ne proviennent pas forcément de votre famille.

À SAVOIR

Par exemple, un enfant peut hériter de la « blessure de maltraitance » de la part de son père et développer les blessures « d'injustice » ou de « trahison » à cause du reste de la famille, de ses copains ou de ses instituteurs. La personne adulte portera donc la blessure principale de la maltraitance, ce qui dirigera sa vie et elle pourra aussi avoir des réactions issues de la blessure de l'injustice ou de celle de la trahison.

ATTENTION !

Ce n'est « de la faute » de personne si vous avez telle ou telle blessure – même pas vos parents qui, eux aussi, avaient leurs blessures et n'ont bien sûr pas fait exprès de vous les transmettre !

En revanche, il est de votre responsabilité de prendre conscience de vos blessures, afin de calmer vos réactions émotionnelles (emportements, pleurs, agressivité, victimisation, etc.) et gagner ainsi la possibilité de changer les choses – pour vous bien sûr et aussi pour vos enfants car la chaîne sera brisée. Comme souvent en thérapie, ce qui vous fera du bien profitera aussi au monde autour de vous !

EN RÉSUMÉ

- **Vous portez en vous une blessure principale** et quelques blessures secondaires.
- **La blessure principale détermine votre vie.**
- **Il est important de prendre conscience de ses blessures,** puis de les hiérarchiser, afin d'abord de tempérer nos émotions (sachant d'où elles viennent) puis de pouvoir se soigner efficacement.

Déchiffrer les blessures les plus courantes

Surmonter la blessure de l'abandon

C'est une blessure que tout le monde connait, puisque notre premier « abandon » est celui qui nous a fait perdre la protection et le confort du ventre maternel. De plus, qui n'a pas un jour eu le sentiment d'avoir été oublié par l'un de ses parents, à la crèche ou à l'école ? Qui n'a pas eu le sentiment d'être laissé pour compte par ses amis ou suite à une rupture amoureuse ? Sans parler des enfants réellement abandonnés par leurs parents : suite à un accouchement « sous X », un décès ou même un divorce lorsque l'un des parents cesse de donner signe de vie.

La blessure d'abandon fait résonner une de nos peurs primales : celle de mourir ! Car, pour un enfant (comme pour tous les mammifères de notre planète), l'abandon du parent signifie la mort. En effet, un bébé laissé sans protection ne peut survivre. Ainsi, chacun porte en soi cette peur instinctive.

L'enfant qui a subi une perte grave restera marqué de façon définitive, même s'il n'était qu'un nourrisson au moment des faits, même s'il n'en a plus aucun souvenir à l'âge adulte, même s'il a été choyé tout le reste de sa vie : cette peur ne disparaîtra jamais complètement.

La blessure, intériorisée et oubliée dans les méandres de l'Inconscient, continuera d'être active et dictera ses « ordres » de l'intérieur.

Les manifestations de la blessure d'abandon

- **Si l'adulte rejoue la blessure** : il mobilisera inconsciemment toute son énergie pour se mettre lui-même en situation d'être abandonné. Les autres ne supporteront plus sa présence et le quitteront.
- **Si l'adulte refoule la blessure** : il abandonnera à son tour (sa compagne, ses amis, ses enfants…) et aura toujours une bonne excuse pour le faire.
- **Si l'adulte sublime la blessure** : il cherchera à travailler dans des causes en rapport avec les enfants abandonnés ou des adultes souffrants de la solitude, les laissés-pour-compte. Il pourra aussi devenir thérapeute de couple ou appartiendra à un groupe : politicien, militaire, prêtre… Il y deviendra un « rassembleur ».

Dépasser la blessure de la maltraitance

La maltraitance est la seule blessure dont l'origine peut être autant physique que morale. Elle peut aussi ne pas toucher directement l'enfant, par exemple lorsqu'il existe des violences entre les parents que l'enfant va subir indirectement, puis reproduire plus tard dans son couple, par « modélisation ».

Lorsqu'un enfant subit la maltraitance, ne pouvant trouver de l'aide auprès des personnes qui sont censées le protéger, il va se protéger en se « dissociant » : il va fuir (en esprit) sa réalité douloureuse (physique ou morale). Cette attitude fera de lui un adulte distant par rapport aux sentiments ou aux contacts humains. Il aura plus de mal que les autres à s'impliquer émotionnellement ou, s'il a été blessé physiquement, il sera plus résistant aux coups que la moyenne des autres personnes.

Cette résistance et cette distance cacheront un cœur extrêmement sensible et réactif, ce qui pourrait le pousser, par manque de maîtrise personnelle, à être maltraitant à son tour.

Les manifestations de la blessure de la maltraitance

- **Si l'adulte rejoue la blessure** : il se mettra en situation de victime et recherchera inconsciemment un persécuteur. Bien sûr, il s'en plaindra régulièrement mais ne fera rien pour que cela change et pourra même, à l'occasion, défendre son « bourreau ».
- **Si l'adulte refoule la blessure** : il maltraitera son entourage proche, en reproduisant souvent les mêmes gestes ou les mêmes paroles que celles qu'il a apprises enfant. Il accusera ses victimes d'avoir fait « ce qu'il fallait » pour l'avoir provoqué et se déchargera ainsi de sa culpabilité sur eux.
- **Si l'adulte sublime la blessure** : il s'épanouira dans des associations type « enfants battus » ou « femmes battues » ou il deviendra le défenseur des plus faibles : avocat, travailleur social, juge des affaires familiales, éducateur, traumatologue, chirurgien, défenseur de la cause animale, etc.

Se libérer de la blessure de la non-reconnaissance

Cette blessure se rencontre dans les familles où l'enfant n'est pas accepté pour ce qu'il est. Quoi qu'il souhaite faire, même s'il est doué pour ça, ses parents vont le contraindre à faire « autre chose » en critiquant ce qu'il aime. En général, les parents vont exiger de l'enfant qu'il réalise leurs rêves à eux. Pourquoi ? Parce qu'ils n'ont pas pu réaliser les leur, étant eux aussi victimes de la même blessure familiale ! Ils rejouent la blessure qui leur avait été transmise : c'est une chaîne transgénérationnelle.

L'enfant est donc frustré dans ses désirs. Il est forcé de jouer, puis d'étudier et plus tard de travailler dans des domaines qui ne l'intéressent pas. Il pensera que personne ne l'aime pour ce qu'il est ou ce qu'il fait et que, pour plaire aux autres et recevoir de l'amour, il faut répondre à leurs demandes.

Les manifestations de la blessure de la non-reconnaissance

- **Si l'adulte rejoue la blessure** : il sera aimé pour ce qu'il n'est pas, il fera un travail qu'il n'aime pas, s'entourera de personnes qui seront rarement en accord avec lui… Il finira par perdre son élan vital et pourra même tomber malade devant le peu d'intérêt que lui apporte la vie (dépression, *burn out*, neurasthénie, alcoolisme, etc.).
- **Si l'adulte refoule la blessure** : il fera ce qu'il aime et vivra entouré d'amis vrais, il sera reconnu et pourquoi pas même célèbre mais il sera incapable d'être heureux car il se sentira toujours coupable d'avoir « désobéi » à ses parents. Il pourrait aussi entretenir de mauvaises relations avec sa famille, voire se couper d'elle. Au pire, il pourrait finir par saboter sa vie, son couple ou son activité professionnelle pour répondre inconsciemment à la « vérité » parentale.
- **Si l'adulte sublime la blessure** : il sera celui qui aide les autres à être reconnus pour ce qu'ils sont réellement. Professeur, coach, découvreur de nouveaux talents, etc.

Venir à bout de la blessure du rejet

« L'enfant du rejet » a l'impression d'être invisible. Personne ne l'écoute ou ne s'intéresse à ce qu'il fait. Ses parents sont peut-être charmants, ont de l'amour pour lui et lui apportent tout le bien-être matériel dont il a besoin mais ils ignorent ses états d'âme. Ils le laissent faire ce qu'il veut et n'interviennent pas dans ses choix (activités, amis, études) mais lui aimerait ça…

Du coup, cet enfant reste très discret, il a appris à se taire pour ne pas déranger ses parents qui ne semblent intéressés que par leurs propres problèmes. Comme il a beaucoup de temps pour la réflexion, « l'enfant du rejet » développe souvent une grande intelligence.

Parfois, quelques-uns se rebellent et forcent la conversation et le partage. Ils attirent l'attention de leurs parents en accumulant les bêtises. On les traite alors de bavards – et on les punit – ou « d'hyperactifs » – et on les drogue !

Les manifestations de la blessure du rejet

- **Si l'adulte rejoue la blessure** : on l'appellera « l'homme invisible ». Habitué à se taire, il aura du mal à défendre ses intérêts et laissera les autres décider à sa place. Ce sera toujours « le second », l'âme généreuse qui travaille pour autrui sans que cela ne se sache. Cet adulte détestera la confrontation et préfèrera fuir.
- **Si l'adulte refoule la blessure** : il sera très envahissant et tentera d'imposer ses idées qui, de ce fait, ne seront que rarement admises par les autres. Dans sa famille ou son travail, il sera souvent qualifié d'étouffant. Parfois, il se qualifiera lui-même d'extraterrestre : « Personne ne me comprend », « Je n'appartiens pas à ce monde », etc.
- **Si l'adulte sublime la blessure** : ce sera un défenseur des oubliés ! Il pourra travailler dans les groupes de paroles ou associations contre l'exclusion et le racisme. Il pourra être professeur, conseiller, journaliste, archéologue (qui redonnera vie aux choses oubliées)… Le partage sera son moteur.

Quelques autres blessures importantes…

Les exemples ci-dessus vont montrent à quel point vos choix ou vos comportements dans la vie sont manipulés par vos blessures intérieures. Il en existe bien d'autres. En voici quelques-unes, plus rapidement présentées :

- **La blessure de l'injustice** : rejouée, elle force l'adulte à ne voir que le côté noir et injuste des choses. Refoulée, elle pousse l'adulte à devenir un véritable despote ou un dictateur imposant sa propre justice. Sublimée, elle amène l'adulte à se passionner pour des carrières où règnent l'ordre et la discipline, les règles et les codes : fonctionnaires, gendarmerie, armée…

- **La blessure de l'humiliation** : construit chez l'adulte des petits critiques intérieurs (cf. p. 238). Rejouée, cette blessure donne à la personne un sentiment d'infériorité : elle se sent humiliée par le monde entier. Refoulée, la blessure apporte au contraire à la personne un sentiment de supériorité, cachant en elle un vide énorme. Sublimée, cette blessure développera chez l'adulte un intérêt puissant pour sauver les personnes humiliées. Par exemple, il défendra les conditions de travail, se battra pour les droits des femmes, la possibilité de mourir dignement ou contre l'exploitation de la misère, etc.
- **La blessure de la trahison** : elle naît chez les enfants à qui personne ne tenait ses promesses. Rejouée, l'adulte est naïf et se fait avoir par tout le monde. Refoulée, l'adulte ne fait confiance à personne, parfois à la limite de la paranoïa. Sublimée, cette blessure pousse l'adulte vers des professions où les gens sont vrais car ils n'ont plus leurs défenses habituelles, sont trop jeunes ou trop vieux : éducation des enfants (crèches ou écoles maternelles), soin des maladies graves, accompagnement des mourants, pompes funèbres ou travail avec les animaux.
- **La blessure de l'enfant-sorcier** : née chez les enfants qui ont entendu toute leur vie « il n'y a pas de problème, que des solutions » et qu'il était donc inutile de se plaindre. Rejouée, elle fabrique des adultes qui ne se plaignent jamais et souffrent en silence. Refoulée, l'adulte se plaint de tout et s'inventent des maladies imaginaires, des problèmes qui n'existent pas. Sublimée, l'adulte cherche avec passion la voie de la sagesse, il travaille dans le développement personnel, etc.
- **La blessure de l'enfant-roi** : cette blessure est assez récente, elle s'est construite dans l'amour. La blessure de l'enfant-roi naît chez les enfants trop chouchoutés, qui ont bénéficié d'une éducation très « laxiste » avec peu ou pas de punitions et beaucoup de louanges. Rejouée, l'adulte se croit toujours « brillant » alors qu'il est peut-être loin de l'être, ce qui l'amène à tricher pour « tenir sa réputation ». Refoulée, l'adulte se sent au contraire incompétent en tout, alors que ce n'est peut-être pas le cas. Il peut souffrir de dépression. Sublimée, l'adulte va pousser les autres à devenir eux-même, sans chercher à plaire ou tenir une « réputation ».

Ce dernier exemple vous montre que même avec une enfance « merveilleuse » et des parents « formidables », personne n'échappe aux blessures. Les blessures sont nécessaires et constructives : elles fabriquent ce que nous sommes !

Doit-on soigner toutes les blessures ?

Puisqu'une blessure peut être à l'origine de nos passions ou de nos talents, doit-on obligatoirement la soigner ? Tout est une question d'équilibre : si la blessure apporte plus de positif que de négatif, alors n'y touchez pas ! C'est une chose merveilleuse que d'avoir du talent et des passions dans la vie !

Bien sûr, si votre blessure provoque de la souffrance et vous empêche d'être heureux, d'atteindre vos objectifs, si elle empoisonne votre entourage… il est important de vous en libérer.

La thérapie n'enlève rien, elle ne fait que transformer les choses : si vous soignez vos blessures, vous ne perdrez pas vos intérêts dans la vie. Vous continuerez à vivre de manière plus sereine, la douleur en moins, c'est tout !

Intervenir sur les archétypes pour soigner nos blessures

Les blessures étant des schémas récurrents dans l'Humanité, elles prennent l'aspect d'archétypes. Ainsi, en Hypnose Humaniste, vous irez à la rencontre des différents « personnages intérieurs » que sont vos archétypes inconscients et c'est en les soignant que vous soignerez vos blessures. C'est un moyen rapide et efficace ! D'ailleurs, certains archétypes pourront même vous aider.

Nous allons étudier tout cela dès maintenant…

Comme vous l'avez appris au début de ce livre, les informations se regroupent par affinité et forment ce que l'on appelle des « objets informationnels ». Votre cerveau ne pouvant percevoir d'un coup toutes les données qui constituent ces blocs d'informations, ceux-ci prennent dans votre esprit la forme qui les résume le mieux : des symboles ! Lorsque ces informations et donc ces symboles, sont partagés par un grand nombre de personnes, on parle « d'archétypes ».

Par exemple, les notions d'homme, de femme ou d'enfant existent partout, quel que soit le pays, l'époque, la culture ou la religion. Elles sont ainsi devenues des archétypes qui forment les briques de notre fonctionnement psychologique inconscient. Ce sont ces archétypes-là qui nous intéressent en thérapie symbolique avancée !

Comment se construit un archétype intérieur ?

Votre cerveau range par catégorie les souvenirs et expériences qui se ressemblent. Il crée même des « catégories principales » et des « sous-catégories »... Ces catégories sont comme des « boîtes à mémoires » ou « bloc mémoires ».

Vous avez en vous plein de blocs mémoires ! Par exemple, toutes les expériences concernant les femmes se regroupent dans le bloc « Féminin intérieur » et rejoint ainsi l'archétype (planétaire) du « Féminin ». De même, toutes les mémoires concernant les hommes ou les enfants, l'enfance, se retrouvent dans les blocs « Masculin intérieur » et « Enfant intérieur », ce qui forme les archétypes « Masculin » et « Enfant ». Et ainsi de suite pour toutes les facettes importantes de notre psyché.

Un univers intérieur à vous tout seul

Les blocs principaux s'expriment en sous catégories : par exemple, il y a les mémoires blessées et celles qui sont saines. Ainsi, vous avez en vous les facettes « saines » et « blessées » du Féminin, Masculin ou de l'Enfant. D'autres mémoires formeront votre « Sage intérieur », fait des représentations d'hommes ou femmes posés, calmes et de bon conseil – et les expériences les plus désagréables ou humiliantes se retrouveront dans le « Critique ».

Ce sont les archétypes intérieurs principaux qui gouvernent votre esprit profond. Nous les étudierons en détail un peu plus loin.

ASTUCE

L'Inconscient se sert de n'importe quelle représentation extérieure pour donner forme à vos archétypes intérieurs. Ainsi, lorsque vous rêvez d'une femme ou d'un homme, d'un enfant ou de quelqu'un d'agressif, vous êtes en réalité face à votre Féminin ou Masculin intérieur, votre Enfant intérieur ou votre Critique : donc des facettes de votre esprit ! N'allez pas vous fâcher avec votre conjoint si vous avez fait un mauvais rêve avec lui, alors qu'en fait c'est votre Inconscient qui vous parlait !

À SAVOIR

Votre esprit profond utilise aussi l'ensemble des connaissances humaines transmises depuis la nuit des temps (Inconscient collectif, mythologie, etc.) et vous montre des images liées aux contes de fées, mythes et légendes et s'inspire des symboles (animaux, formes, objets, etc.). C'est ainsi qu'en hypnose ou en rêve, vous pouvez voir apparaître une fée, un monstre, le Sphinx, un dieu grec ou encore un ami de collège, votre père ou votre mère, un gendarme, un clochard, une princesse ou une vieille sorcière, un serpent ou un âne, etc.

EN RÉSUMÉ

- **Les archétypes intérieurs** sont les facettes principales de l'Inconscient.
- **Ils portent en eux tous vos souvenirs**, donc toutes vos blessures.
- **En Hypnose Humaniste**, vous pourrez les comprendre et les soigner, pour améliorer votre vie.

Les archétypes intérieurs utilisés en thérapie symbolique avancée

Le Féminin et le Masculin

Voyons d'abord la présentation individuelle de ces deux archétypes fondamentaux. Ensuite, nous apprendrons pourquoi soigner le Féminin et le Masculin blessés est si important pour votre bien-être et votre couple.

Le Féminin

Votre Féminin intérieur s'est construit avec tout ce que vous avez pu apprendre sur les femmes – et vivre en tant que femme, si vous êtes une femme – depuis votre naissance, tout ce qu'on vous a enseigné mais aussi tout ce que vous avez pu observer des réactions de votre mère et, plus généralement, de toutes les femmes de votre entourage.

À cela, il faut ajouter le « champ d'informations » qu'est l'histoire collective de la femme à travers les siècles, qui vous façonne aussi à un niveau profond et qui a ses propres aspects, selon votre pays de naissance et votre culture.

Le Féminin est un archétype intérieur qui existe autant chez les hommes que chez les femmes car chaque être humain est forcément né d'un homme *et* d'une femme ! Nous avons donc en nous des mémoires personnelles et collectives des deux sexes.

Quelques caractéristiques du Féminin intérieur :

- L'intériorité, le ressenti (sensations), fabriquer et laisser mûrir les choses (idées, projets, bébés), le côté statique ou immobile, la passivité, la fécondité, « serrer contre soi » (maternage), l'intuition, la spiritualité, tout ce qui est lié au corps, à la Terre, les violences intériorisées, l'implosion, la dépression, les vices cachés, la soumission, l'éternel présent, la nature, le plaisir sexuel, la persévérance, la patience, le lâcher-prise, la confiance…

Les représentations du Féminin intérieur :

- **Formes humaines** : les femmes de tous les âges (sauf les enfants), de tous les pays, de toutes les cultures ; les princesses, les sorcières, les fées (bonnes ou mauvaises), les sirènes, les ogresses, les guerrières, les séductrices, les prêtresses, les déesses…
- **Formes animales** : les chats, les tigres, les serpents, les dragons, les vaches, les louves, les biches, le renard… Chez les animaux, il ne s'agit pas toujours de femelles. Par exemple, le chat ou le renard peuvent être de sexe mâle et représenter tout de même des symboles féminins.

- **Autres représentations** : l'océan et l'élément eau en général, un vase, une coupe, un four, une grotte, une poire, la couleur argentée ou noire, le yin, la lune, la voie lactée…

Le Masculin

Comme le Féminin, votre Masculin intérieur s'est forgé depuis votre naissance selon votre expérience en tant qu'homme (si vous êtes un homme) et des hommes en général, ce qu'on vous a appris à ce sujet, y compris par les réactions de votre père et des hommes de votre entourage et, bien sûr, toute l'histoire du « Masculin » qui vous a été transmise par votre communauté, votre pays et votre culture.

De même, le Masculin est un archétype intérieur qui existe autant chez les hommes que chez les femmes – donc, même les femmes peuvent développer ou refouler en elles des aspects de leur Masculin intérieur (tout comme les hommes peuvent le faire avec leur Féminin).

Quelques caractéristiques du Masculin intérieur :

- Le fait d'être extraverti, l'action de penser, de fabriquer des choses à l'extérieur (objets maisons, réaliser des projets, etc.), le mouvement et l'action, la productivité, « aller vers l'autre », initier ses enfants au monde extérieur, la projection (des idées, pensées, croyances ou blessures), tout ce qui est lié à l'esprit, l'intelligence, l'explosion, la violence extériorisée, le temps (passé et futur), la religion, l'air, la puissance sexuelle, l'impatience, la rapidité…

Les représentations du Masculin intérieur :

- **Formes humaines** : les hommes de tous les âges (sauf les enfants), de tous les pays, de toutes les cultures ; les princes, les rois, les magiciens, les ogres, les guerriers, les séducteurs, les dieux, les centaures ou les minotaures, les gnomes…
- **Formes animales** : L'âne, le bélier, le coq, le lion, le taureau, le cerf, le bouc, le paon. Attention, comme chez le Féminin, certains animaux de sexe femelle, comme la lionne ou l'ânesse, sont malgré tout des symboles masculins…

- **Autres représentations** : la pomme de pin, l'épée le bâton et toutes les formes phalliques, le soleil, l'or, le yang, la couleur blanche.

Pourquoi est-il si important de travailler sur ces deux archétypes ?

Dans notre société très patriarcale, il est difficile de laisser une place au Féminin intérieur. Beaucoup de femmes aujourd'hui vivent « comme les hommes », ce qui les épuise moralement et physiquement car elles ne sont pas faites pour cela. De leur côté, les hommes ont de plus en plus de mal à trouver leur identité dans un monde qui exige d'eux de plus en plus de souplesse « au féminin ». Ils doivent apprendre à s'occuper des enfants, à participer aux tâches ménagères....

Après des milliers d'années de patriarcat, les femmes se sont révoltées, bouleversant l'équilibre auquel notre Inconscient était habitué. Hommes et femmes ont bien du mal, depuis, à intégrer de nouvelles valeurs. Il s'agit aujourd'hui de guérir le Féminin intérieur, blessé par plus de 2 500 ans de patriarcat, afin que commence une nouvelle ère : celle de la véritable égalité entre les deux sexes !

Rééquilibrer son féminin et son masculin intérieur : c'est vivre pleinement ses deux polarités et non pas l'une plus que l'autre. Une femme doit avoir le droit de vivre pleinement sa féminité sans perdre sa liberté d'action – et un homme doit pouvoir vivre pleinement sa masculinité sans perdre sa sensibilité. Cela passe d'abord par l'équilibre de vos polarités intérieures car c'est ce nouvel équilibre qui se projettera sur votre vie extérieure.

Faute de connaître déjà les solutions futures aux problèmes de société d'aujourd'hui, nous pouvons commencer par ressentir et conscientiser ce nouvel équilibre intérieur : la seule voie possible d'un changement durable.

Se souvenir de son Enfant intérieur

L'Enfant intérieur est tout simplement l'ensemble des mémoires liées à l'enfance (ou aux perceptions de l'enfance) qu'un adulte porte en lui. Bien sûr, il ne s'agit pas d'un véritable enfant qui se promènerait à l'intérieur de vous : c'est un archétype, un ensemble d'idées, un concept global !

De plus, l'Enfant intérieur ne regroupe pas seulement les souvenirs conscients de votre enfance mais aussi les milliers de souvenirs enregistrés par votre Inconscient pendant toute votre vie, qu'ils appartiennent à votre vie, à celle de votre entourage ou à l'histoire de l'Humanité.

Comme le font tous les ensembles d'informations, ces souvenirs vont former un « bloc mémoires » qui prendra un masque, ici celui d'un enfant. Donc, lorsque vous rêvez d'un enfant, ou quand vous rencontrez l'image d'un enfant lors d'un voyage en hypnose, il s'agit de votre « Enfant intérieur ».

Quand vous irez à la rencontre de votre Enfant intérieur, il sera important de travailler sur la partie *blessée* de cet archétype – Carl Gustav Jung l'appelait « l'ombre infantile » – puisque les beaux souvenirs représentés par l'enfant sain, spontané et naturellement joueur, n'ont pas besoin d'être soignés.

Nous irons donc à la recherche de l'Enfant intérieur blessé. C'est celui-là que nous souhaitons aider et même soigner grâce à un protocole thérapeutique spécifique.

Cette technique vous soulagera de blessures importantes car l'Enfant intérieur porte en lui certaines de vos plus sérieuses blessures.

L'Enfant intérieur peut prendre de nombreuses formes. Nous allons en découvrir quelques-unes – il serait possible d'en trouver bien d'autres, lors de vos voyages hypnotiques ou de vos rêves.

Nous ferons le lien avec les blessures principales afin que vous puissiez comprendre leur synergie.

Un besoin d'amour à combler : l'enfant affamé

C'est un Enfant intérieur qui a faim d'amour et qui sera représenté sous la forme d'un petit garçon ou d'une petite fille souvent maigre, sale, avec de vieux vêtements ou même nu. Il apparaît souvent comme timide ou même terrorisé. Rencontrer ce type d'enfant en séance d'hypnose est particulièrement émouvant ou même choquant.

Les adultes qui portent en eux cet enfant ont manqué d'amour, se sont sentis rejetés ou ont subi des maltraitances physiques ou psychologiques pendant leur enfance, même lorsqu'ils étaient bien nourris ou bien habillés et ne manquaient de rien, matériellement parlant.

Devenus grands, selon leur personnalité, ils peuvent s'en plaindre ou se taire. Ces personnes peuvent être particulièrement sensibles à l'abandon et au mal-être des êtres faibles en général : malades, sans-abris, enfants ou même animaux maltraités. Elles portent souvent la blessure de l'abandon ou encore celle du rejet, de la maltraitance – quelquefois celle de la non-reconnaissance.

Soigner cet Enfant intérieur, c'est lui accorder de l'attention, le prendre dans vos bras et lui apporter l'amour dont il a besoin tout en le rassurant sur le fait que, maintenant que vous l'avez (re)trouvé, vous continuerez à prendre soin de lui.

Une rupture cœur/tête : l'enfant manipulateur

Quel enfant adorable, intelligent, souvent magnifique, avec son visage d'ange ! Personne ne voudrait le décevoir et tout le monde se plie en quatre pour être aimé de lui !

Voici l'Enfant intérieur « manipulateur » qui, par son comportement, obtient tout ce qu'il veut de vous avec une finesse telle qu'en plus vous fondez d'amour pour lui.

Ne vous y trompez pas pourtant : cet Enfant intérieur cache au fond de son cœur un mal être terrible. Il utilise son intelligence (tête) et non ses émotions (cœur) pour obtenir de l'amour. Il montre donc une rupture cœur/tête qui le pousse à croire que le véritable amour n'existe pas. Et une vie sans amour « vrai » est une vie bien difficile pour un enfant !

Comment savoir si cet Enfant intérieur est un enfant sans défaut (non-blessé) ou s'il s'agit bien d'un « manipulateur » ? En restant un moment avec lui : tôt ou tard, le masque va tomber et vous vous retrouverez face à une chipie ou à un garnement qui va vous piquer avec une phrase cinglante lorsque vous ne vous y attendrez pas. C'est la Nellie Oleson de *La petite maison dans la prairie* !

Lorsque vous rencontrez un adulte séducteur, possédant un don inné d'acteur, qui charme, qui boude ou qui se met en colère pour obtenir un avantage quelconque, vous avez en face de vous un adulte dominé par son enfant « manipulateur ». Cet adulte souffre très souvent de la blessure d'abandon, de l'enfant roi ou quelquefois de celle de l'injustice.

Lorsqu'il était enfant il savait qu'il pouvait tout obtenir de son entourage s'il faisait ce qu'il fallait. Il a été obligé de mentir pour obtenir de l'amour car, dans sa famille (quand il en avait une), l'authenticité n'avait pas ou peu de valeur. Il a donc utilisé son esprit et son intelligence pour obtenir ce qu'il voulait et s'est ainsi coupé des sentiments.

Lorsque vous rencontrez cet Enfant intérieur, il s'agit de lui faire comprendre que le jeu de la duperie est terminé et qu'il n'y a aucun risque à ouvrir son cœur pour entrer dans un comportement plus authentique. Plus proche des émotions. Surtout avec vous, vu que vous ne faites qu'un tous les deux. Vous devez lui faire comprendre qu'il est possible d'obtenir de l'amour et de l'attention sans manipuler les autres (lui donner des exemples d'amour « gratuit »). Il faut également le rassurer sur le fait que vous ne l'abandonnerez jamais (puisqu'il fait partie de vous) et que vous serez toujours là pour lui.

Un besoin de réconfort et de sécurité : l'enfant rêveur

C'est un Enfant intérieur perdu dans ses pensées, qui a l'air absent et qui s'intéresse très peu à ce qui se passe autour de lui.

On les appelle souvent les « poètes » ou les « romantiques », ces adultes prisonniers de leur enfant rêveur, toujours aimables, discrets, souvent le sourire aux lèvres (à l'image de l'amoureux transi), quelquefois avec les yeux dans le vague et qui semblent survoler l'existence sans jamais poser un pied par terre.

Ces personnes font semblant de vous écouter avec beaucoup de gentillesse mais sont incapables de vous répondre, pour la bonne raison que tout ce que vous leur avez dit n'est pas entré dans leur monde de rêverie.

Lorsqu'elle était enfant, cette personne était très souvent seule, même au sein d'une famille nombreuse. Elle pouvait être porteuse de la blessure du rejet, celle de l'enfant sorcier ou parfois celle de la maltraitance.

C'était l'enfant sans histoire que l'on pouvait laisser dans un coin car on savait qu'il ne ferait pas de bêtises pour attirer l'attention. Il pouvait lire pendant des heures et « jouer dans sa tête » en s'inventant des scénarios extraordinaires. Son monde intérieur était très riche. Il serait devenu un écrivain précoce s'il avait pu écrire tout ce qui lui passait par la tête…

Cet enfant cachait le fait que personne ne s'intéressait à lui, ou fuyait une réalité douloureuse en s'inventant une autre vie où il trouvait un véritable réconfort et une source d'amour inépuisable.

Lorsque vous rencontrez l'Enfant intérieur rêveur, il s'agit de lui faire comprendre qu'il n'est plus seul (ou qu'il est en sécurité) car, maintenant que vous l'avez retrouvé, vous serez toujours là pour le protéger, l'écouter et l'aimer dans cette écoute. Et lorsqu'il s'ouvrira à vous et commencera à vous parler avec l'énergie de l'enfance, alors vous saurez que vous avez gagné la partie !

Un besoin d'autorité bienveillante : l'enfant tyran

Lorsque vous rencontrez cet Enfant intérieur, vous êtes face à un petit monstre agressif , désagréable ou qui vous prend de haut, comme si vous étiez un insecte gênant !

C'est un Enfant intérieur qui vous ignore avec une moue de dédain, vous met au défi, vous critique, vous insulte ou vous attaque. Il n'a pas du tout confiance dans l'adulte que vous êtes et vous donne des ordres de l'intérieur. Il se sent en insécurité car il a appris par expérience que les adultes étaient faibles, idiots ou incapables de l'aider. C'est un petit Critique intérieur (cf. p. 238) incisif et mordant.

Quand vous rencontrez des adultes exprimant un sentiment de supériorité ou d'infériorité, qui se dévalorisent sans cesse ou qui sont en colère contre le monde entier, ils sont probablement porteurs d'un Enfant intérieur « tyran ».

Suite à des blessures de trahison, d'injustice, parfois de maltraitance ou d'humiliation, ces enfants se sont mis à détester les « grands », incapables de tenir leurs promesses, menteurs et incapables. Certains enfants ont pu manquer de cadre (parents trop passifs ou indifférents) ou ont subi un cadre inadapté (maltraitance ou folie au sein de la famille) et ils sont ainsi devenus violents et incontrôlables. Ils ont voulu devenir le leader de la famille sans toutefois en avoir la maturité, ce qui a provoqué un véritable cataclysme émotionnel.

Ce pouvait être les « durs » de la cour de récréation ou les « indomptables » qui passaient de nombreuses heures chez les psychologues scolaires. Ce pouvait être également les enfants trop sages, ou trop « travailleurs » portant cachée en eux une grande agressivité ou une grande colère.

Lorsque vous rencontrez cet Enfant intérieur, il s'agit avant tout de le calmer et de faire preuve de beaucoup d'autorité bienveillante et de sagesse (voir le Sage, p. 241). Il faut reprendre la place du « chef de famille », bon, protecteur et apaisant, qui sait toutefois être sévère quand il le faut. C'est ce qui va permettre à l'enfant de reprendre ses jeux d'enfants et de cesser de jouer au dictateur intérieur. Lorsque cet enfant sera devenu un gentil petit garçon ou une gentille petite fille qui ne vous répond pas et qui ne vous donne plus d'ordres, alors vous aurez réussi votre travail !

Profiter d'un allié inestimable

Ces quelques exemples vous montrent à quel point l'Enfant intérieur est relié à vos blessures principales et qu'il est ainsi responsable de vos comportements ou vos choix de vie.

Il existe d'autres Enfants Intérieurs, comme par exemple :

- **L'enfant « martyr »**, chez l'adulte qui se sent être (ou qui est perçu) comme une victime.
- **L'enfant « coffre »**, chez l'adulte cachant en lui de lourds secrets de famille.
- **L'enfant « mort »**, chez l'adulte qui s'est coupé émotionnellement de ce qui l'entoure et de ses émotions et avec qui il est impossible d'établir une relation humaine.

Un Enfant intérieur sain est un allié inestimable qui vous pousse à la créativité, à la prise de décision, au changement constructif. Il vous remplit de légèreté, d'énergie de joie et de bonheur.

Mais, quand vos blessures vous font trop souffrir, il vous paralyse dans la peur, le pessimisme, le stress, il vous fait pleurer de douleur et d'impuissance ou au contraire il vous fait exploser de colère et parfois, de violence. Rappelez-vous aussi que beaucoup de maladies naissent de vos émotions blessées.

C'est à ce moment qu'il est urgent de rencontrer l'Enfant en soi et de le soigner pour enfin retrouver le bien-être, intérieur et extérieur, dans la vérité du cœur.

Se sortir des mains du Critique

Le Critique est fait de l'ensemble des jugements que vous avez pu recevoir dans votre vie. Lorsque vous rencontrez cette somme d'informations en rêve ou en hypnose, votre cerveau lui donne un « masque ». C'est ainsi que le Critique vous apparaît.

Le Critique, c'est la petite voix mentale pleine de reproches qui dit : « ne fait pas ça, tu n'y arriveras pas ! », « tu es trop bête pour comprendre », « ça ne sert à rien d'essayer, de toute façon, tu es nul », « tu es la reine des nouilles, ma pauvre fille ! », « tu as vu la tête que tu as ce matin ? », etc.

Parfois, comme on est inconscient de cette voix intérieure, on se critique soi-même, en pensées ou à haute voix : « flûte, quel idiot ! » C'est votre Critique qui s'exprime à travers vous.

C'est aussi votre Critique routinier qui vous fait toujours asseoir à la même place, coucher du même côté du lit, prendre toujours le même chemin, choisir les mêmes aliments semaines après semaines, années après années… Si vous osez penser à quelque chose de nouveau, il vous bloque en vous disant que vous n'y arriverez jamais : « donc, cela ne sert à rien d'essayer ! »

Le Critique est un archétype intérieur désagréable et particulièrement négatif.

L'histoire du Critique

Lorsque vous étiez petit, votre cerveau s'est structuré pour vous permettre de survivre : vous deviez vous nourrir, vous défendre, attaquer ou fuir si besoin et surtout obtenir par tous les moyens la protection de « maman », afin de ne pas devenir la proie d'un autre animal.

Pour cela, vous aviez (et vous avez toujours) un merveilleux outil, fine pointe de la Conscience en vous : votre instinct ! Celui-ci vous permet de réagir sans même y penser, au mieux pour votre survie : vos pupilles s'ouvraient en grand pour séduire « maman » ; vous pouviez crier très fort ou vous plaindre pour recevoir de la nourriture… Plus tard, vous pouviez fuir devant les « grands » qui vous persécutaient ou bien voler un morceau de pain à votre voisin ; vous pouviez pincer ou mordre votre petite copine (la méchante qui avait volé votre poupée !) ou encore donner des coups de pied à l'affreux petit frère qui venait de recevoir un cadeau ou un bisou à votre place !

Cet instinct de survie, nous pourrions lui donner le nom de Protecteur. C'était un allié efficace…

Mais, vous avez grandi et vous avez reçu une « bonne éducation » ! On vous a appris qu'il ne fallait pas mordre ou pincer, qu'il ne fallait pas crier, qu'il ne fallait pas vous enfuir, qu'il fallait encaisser les coups sans vous plaindre, qu'il fallait mettre vos envies de côté et regarder les autres profiter de certaines choses qui vous étaient interdites.

Pour vous apprendre cela, vos parents ou vos éducateurs (grands-parents, grande sœur ou grand frère, maîtresses d'école, famille d'accueil ou autres) vous ont expliqué, puni, grondé ou même frappé, quelquefois…

Votre Protecteur intérieur a donc mis sur « pause » vos capacités naturelles et instinctives de survie car votre éducation lui en a donné l'ordre ! Une grande partie de vos réactions instinctives ont ainsi été refoulées, englouties tout au fond de votre Inconscient pour y demeurer cachées, dans l'ombre.

Comme la défense de la fonction vitale est nécessaire chez tous les êtres vivants et que l'esprit humain a une formidable capacité d'adaptation aux milieux hostiles, le Protecteur a utilisé son intelligence pour trouver un autre système de protection plus adapté à votre environnement : il a pris le modèle de vos éducateurs ! Il a compris que vos éducateurs-critiques voulaient vous protéger en vous apprenant à vous adapter, il s'est donc dit qu'il n'y avait pas de meilleure solution que de reproduire ce comportement de l'intérieur. Le Protecteur est alors devenu le Critique !

Depuis qu'il a trouvé cette solution pour vous diriger, le Critique se défend violemment pour vous empêcher de

…

L'histoire du Critique (suite)

changer. Il croit fermement que c'est votre seule chance de survie face au monde cruel qui vous entoure ! Il vous critique donc pour vous contraindre à ne pas faire ceci ou cela – comme vos anciens éducateurs et bien que ceux-ci soient certainement aujourd'hui bien loin.

Vous avez grandi et le Critique a grandi avec vous – il est même devenu monstrueux pour certains d'entre vous et il est capable d'exagérer et de dépasser largement les critiques que vous avez réellement reçues de vos parents ou éducateurs ! Et il est tout à fait possible que les interventions du Critique vous freinent dans votre vie et vous empêchent d'avancer.

Les représentations du Critique

- **Formes humaines** : votre père, votre mère, des connaissances (critiques ou agressives), l'enfant tyran, un persécuteur, un géant restrictif, un gendarme, un juge ou tout autre représentation de la loi sous son aspect négatif...
- **Formes animales** : les reptiles, les monstres, les sangsues, les araignées, les animaux sauvages agressifs (qui représentent l'instinct non-canalisé, enfermé depuis trop longtemps)...
- **Autres représentations** : les ombres inquiétantes, les couleurs qui vous laissent une sensation de peur ou de violence (selon les personnes), les formes pointues, les boules d'épingles ou de piquants, les enclumes, les portes fermées avec des clous ou bloquées par des planches (qui évoquent des territoires défendus ou des interdictions), etc.

Tempérer le Critique en thérapie et coaching

- **Avez-vous du mal** à prendre des décisions ? Vous adaptez-vous avec trop de peine aux changements ? Êtes-vous même effrayé ou tétanisé à l'idée de changer (de maison, de ville, de pays, de travail, d'activités...) ?
- **Avez-vous peur** de sortir de chez vous ? Pensez-vous que le monde est dangereux au point de vous paralyser

d'effroi et de vous retenir de voyager ? Êtes-vous réactif aux émissions ou informations à la télévision qui parlent d'insécurité dans votre pays ou dans le monde ?

- **Vous reproche-t-on** de trop critiquer les autres, en particulier vos propres enfants ? Vous rendez-vous compte que vous êtes souvent dans l'exagération et que cela vous fait ressembler à votre mère (ou votre père ?)...

Si vos réponses sont souvent « oui », alors, allez à la rencontre de votre Critique intérieur pour le tempérer. Cela libèrera en vous un espace de liberté, propice à la créativité et à la sérénité.

Profiter du discernement du Sage intérieur

Vous êtes-vous déjà senti inspiré, comme guidé par quelque chose de plus « grand » que vous ? Vous êtes-vous endormi en cherchant une solution et réveillé en l'ayant trouvée ? Avez-vous réussi à vous raisonner lors de situations conflictuelles et avez-vous, grâce à cela, amélioré vos conditions de vie ou de travail, ou gagné l'estime de votre entourage ?

Dans ces cas et dans bien d'autres situations similaires, vous avez inconsciemment fait appel à votre Sage intérieur.

Le Sage est un personnage intérieur précieux. C'est la partie de vous qui commence à incarner vraiment votre Soi idéal – et même la pleine Conscience. Il en possède déjà certaines caractéristiques. C'est ce qu'il y a de plus évolué en vous. Bien sûr, vous l'avez fait naître grâce à votre expérience de la vie, la maturité que vous gagnez, votre compréhension de l'existence, etc. Mais c'est aussi une part de vous qui vous dépasse, qui tient à l'infini, à l'inconnu car elle est en relation directe avec la Conscience et l'Inconscient collectif.

Le Sage semble avoir réponse à tout, il « sait » et surtout il semble avoir de l'expérience, comme s'il avait vécu des milliers de vies. Il est posé, calme, réfléchi, sans jugement. C'est le médiateur par excellence et surtout un guide qui ne s'imposera jamais et sera toujours à votre écoute quand vous vous adresserez à lui. Il est digne de confiance. Il est comme l'arbre sous lequel il est bon de s'asseoir pour se reposer et être plus proche du monde et de sa connaissance universelle.

Utilisations thérapeutiques

Le Sage devrait toujours être présent ! Il peut vous aider à dépasser vos réactions instinctives, issues de l'Inconscient : peur, impulsivité, agressivité, prudence exagérée, timidité, paranoïa, obsessions, etc. C'est le Sage qui vous aide à être plus humain qu'animal, à agir *en conscience* plutôt que comme un robot piloté par vos automatismes.

Le Sage peut entrer en contact avec les autres parties de vous-même : principalement, le Critique et l'Enfant intérieur. Ces deux parties sont en effet souvent en conflit car l'Enfant, de par sa nature créatrice, pousse vers la nouveauté ou l'évasion et le Critique de son coté craint le changement et aimerait que les choses restent à leur place…

Le Sage va intervenir en tant que médiateur par rapport à la situation (nous apprendrons la technique plus loin, p. 256). Il possède, en effet, une vision plus large qui lui permet d'appréhender la situation dans son ensemble et de trouver ainsi des solutions plus éclairées.

Le Sage est aussi des plus utiles pour régler un conflit généré par des choix contradictoires. Imaginez que vous soyez partagé entre deux décisions opposées mais qui ont toutes deux leurs avantages et leurs inconvénients :

- « Dois-je partir en balade ou continuer mon travail en cours ? »
- « Dois-je garder mon emploi salarié ou me mettre à mon compte ? »
- « Dois-je déménager en ville ou à la campagne ? »
- « Dois-je rester avec ma famille ou partir avec ma maîtresse (mon amant ?) »

Dans ce genre de situations, choisir l'une ou l'autre solution entraîne inévitablement des problèmes. L'intervention du Sage peut être bénéfique car le Sage ne prend jamais parti. Il crée un troisième possible, une solution à laquelle vous n'auriez pas pensé.

Quelques représentations du Sage

- **Forme humaine** : le Sage peut être masculin ou féminin, comme un vieil homme lettré (un bibliothécaire, un savant, etc.), un vieux sage ou une sage femme (Merlin, Gandalf, Maître Yoda, Gandhi, Einstein, Mère Theresa, Amma, etc.), un « gardien du temple », la déesse Sophia des Grecs ou l'Isis des Égyptiens, etc.
- **Forme animale** : une chouette ou un hibou, une colombe, un chien guide ou un cheval (Pégase), une licorne ou tout autre animal fabuleux positif…
- **Autres représentations** : le cercle, le yin et le yang ou encore un carrelage noir et blanc, l'union des opposés…

Intégrer la complétude du Sage

On remarque souvent le mélange de couleur (le noir et blanc) ou de traits opposés dans les apparitions du Sage car il représente la totalité. Pour lui, le bien et le mal n'existent pas car il sait que les contraires doivent être assemblés en bonne harmonie afin que la vie soit parfaitement équilibrée.

Le monde a besoin de l'ombre pour se rafraîchir et de la lumière pour se réchauffer. L'une ne saurait exister sans l'autre et le déséquilibre provoquerait la glace ou le feu. C'est pourquoi le Sage ne participe pas à vos conflits internes. Il n'intervient que pour assurer l'équilibre, en tant que médiateur.

Ainsi, le Sage marche dans la voie de votre Soi idéal pour mettre en place les conditions nécessaires à votre évolution. C'est dans l'action et le mouvement que la Vie existe. La lumière jaillit du chaos et le Sage sait qu'il ne peut en être autrement.

Le Sage est donc aussi cette facette de vous-même, de connivence avec les scénarios de votre Soi idéal, qui peut provoquer le choc émotionnel « utile au changement », le coup de pied aux fesses dont vous avez besoin pour bouger votre vie – et on reconnaît là une des caractéristiques de la Conscience.

En même temps, le Sage est le guide qui vous aide à vous en sortir. Sa lumière vous éclairera sur la route de l'évolution et de la connaissance. Il peut donc être tout à la fois le provocateur de certaines de vos peines, votre meilleur conseiller, votre meilleur ami et un excellent médiateur !

Lorsque nous parvenons à intégrer les caractéristiques du Sage, alors nous sommes sur le chemin de notre individuation : notre complétude personnelle[5].

5. Jung.

Chapitre 8

Entamer son voyage intérieur

Dans ce chapitre :

- Déchiffrer le langage des symboles pour travailler avec la thérapie symbolique avancée.
- Soigner les blessures liées aux archétypes du Féminin, du Masculin, de l'Enfant intérieur et du Critique
- Accompagner lors d'un deuil
- Guider symboliquement vers la guérison

Maintenant que vous avez les connaissances nécessaires, apprenons les protocoles thérapeutiques de la thérapie symbolique avancée.

Harmoniser le Féminin et le Masculin

Soigner les blessures du Féminin et du Masculin intérieurs, c'est retrouver la sérénité en vous et la liberté de choisir une vie plus équilibrée et plus saine qui répondra à vos rêves.

Voici quelques exemples où le travail d'harmonisation du Féminin et du Masculin intérieurs est nécessaire :

- **Mal-être** général, manque ou excès de maturité par rapport à votre âge, peur des hommes ou des femmes (en général) et particulièrement de la sexualité.
- **Stress**, agressivité, céphalées, mal de dos, de ventre, mycoses ou cystites à répétition et tous les problèmes liés au trop plein d'activités chez les femmes en général (sans causes médicales).
- **Stérilité** dite « psychologique », soucis hormonaux (en complément du suivi médical).

- **Problèmes de couple**, impossibilité de trouver un compagnon ou une compagne, ou partenaires systématiquement inappropriés… Vous pensez que votre épouse a mauvais caractère ou votre époux manque de tonus ?
- **Problèmes sexuels** sans cause médicale : impuissance, éjaculation précoce, vaginisme, anorgasmie, perte du désir, etc.
- **Problèmes familiaux** avec vos parents, avoir plus de liberté par rapport à eux tout en restaurant une meilleure communication… Vous pensez être un mauvais père ou mauvaise mère ?
- **Si vous êtes une femme**, vous sentez vous souvent coupable ou responsable de tous les malheurs de votre vie et parfois ceux de la vie des autres ?

En travaillant sur vous, vous allez changer de façon d'être. Vous serez peut-être plus calme ou plus dynamique car vos blessures intérieures ne vous feront plus souffrir et cela agira sur votre caractère.

Le protocole à utiliser pour restaurer le Féminin intérieur

1. **Induction humaniste en intériorisation consciente** : utilisez la métaphore du « Pays du Féminin », un espace imaginaire qui portera les symboles du Féminin.
   - Demandez d'abord à la personne d'**imaginer un endroit agréable** (métaphorique, non-réel) qui lui permettra de recharger ses batteries avant de commencer le voyage. Veillez à ce qu'elle reste associée, bien dans son corps, « à la fois ici et là-bas », afin que le bien-être et le changement à venir ne soient pas que psychologiques.
   - Ensuite, demandez-lui de **suivre un chemin qui part vers le lointain**. La personne vous décrit son chemin…
   - Lorsque vous la sentez vraiment immergée dans l'expérience, demandez à la personne d'**imaginer une porte**, devant elle. C'est la porte qui mène à son Féminin intérieur blessé (puisque c'est lui qui a besoin de soins).

2. **Rencontre avec le Féminin intérieur blessé** : la personne va ouvrir la porte et découvrir un paysage vraiment différent, comme si elle entrait dans une autre dimension.
   - Cet endroit peut être désagréable, ce qui est normal : il est à l'image du Féminin blessé. Il peut s'agir d'un désert, d'une forêt sombre, d'une grotte, d'un fond d'océan, d'une hutte en pleine montagne ou au cœur d'un bidonville…
   - **Lorsque la personne aura découvert son Féminin blessé**, demandez-lui de vous le décrire. Elle ne doit pas ressembler à une femme qu'elle connait. Si c'est le cas, demandez-lui de changer son apparence. Cela peut être une femme plus âgée ou plus jeune, peut-être malade ou squelettique, peureuse, sale ou au contraire hautaine, agressive, vulgaire…
   - Rappelez à la personne que cette apparence reflète sa blessure afin qu'**elle décide de lui offrir une nouvelle chance** (même si c'est une sorcière hideuse !) : « *car vous ne souhaitez pas que cette femme reste comme ça. Vous préféreriez avoir une belle femme, saine et joyeuse. Vous allez donc la transformer.* »
3. **Phase de régression** : demandez à la personne de **faire régresser son Féminin intérieur** jusqu'à ses premiers instants de vie. Lorsque cette petite fille est venue au monde, son éducation n'avait pas encore commencé ; elle n'était pas encore touchée par les problèmes de la vie.
   - La personne doit s'imaginer son Féminin (la femme âgée ou jeune, malade ou peureuse, sale ou agressive, etc.) redevenue **un tout petit bébé, sain et inoffensif** : une petite fille qui vient de naître !
4. **Soin du Féminin blessé** : demandez à la personne de devenir comme un ange gardien ou une femme sage et de prendre l'enfant dans ses bras pour l'emmener dans un pays merveilleux. **La petite fille va ainsi pouvoir vivre entourée d'amour**, avec la meilleure éducation qui soit. Il s'agit que la personne voit (ou ressente) la fillette grandir heureuse.
   - Elle peut lui fabriquer des parents « sur-mesure », affectueux et aimants.

- **Il faut que la petite fille grandisse** avec des amis, pourquoi pas des animaux, qu'elle aille à l'école et trouve du plaisir à apprendre avec des professeurs intéressants.
- **Veillez à ce que la petite fille s'intéresse à des activités féminines** et qu'elle soit aimée et félicitée pour cela. Durant ce processus, la personne devra éventuellement mettre ses propres goûts de côté : même si elle aime les petites voitures et la bagarre, la fillette (reflet du Féminin dans la personne) doit s'intéresser à la nature, aux sentiments et aux rapports humains, jouer à la poupée, avec des animaux, danser, chanter, faire de la musique, de la peinture au doigt, de la pâtisserie ou autre activité artistique qui va stimuler ses sens (odorat, vue, toucher, ouïe).
- **Si besoin, rassurez la personne** (homme ou femme) : permettre au Féminin de s'exprimer ne transformera pas la personne en bonbon rose ! Elle reconstruit son archétype Féminin, pour lui redonner sa gloire et sa liberté. Si elle ne le fait pas, elle restera stressée, agressive ou de mauvaise humeur (car tout est lié)...

La personne va ainsi faire grandir son Féminin intérieur dans la joie, le plaisir et le partage, jusqu'à ce qu'elle devienne une femme qui ait le même âge qu'elle (que la personne soit un homme ou une femme).

Au final, le Féminin doit plaire à la personne et avoir :

- **Des qualités maternelles** : elle doit aimer les enfants.
- **Des qualités sexuelles** : elle doit aimer faire l'amour.
- **Des qualités créatives** : elle doit aimer son métier ou ses activités régulières.

Elle peut tout à fait avoir des rondeurs harmonieuses car les rondeurs font parties du principe féminin lié à la maternité et la fécondité (n'en déplaise aux modes actuelles).

5. **Réassociation** : demandez à la personne de placer son Féminin soigné devant elle et de le voir se transformer en lumière, puis de respirer cette lumière – qui ira se placer dans son côté gauche (par rapport à l'axe de sa colonne vertébrale). La personne doit sentir physiquement la

lumière de son Féminin intérieur en elle. La sensation du côté gauche doit être agréable et apporter de la sérénité, une impression de plénitude, de solidité, d'enracinement…

6. **Finale** : lorsqu'elle se sent tout à fait bien, faites rouvrir les yeux à la personne. Demandez-lui de se lever et de faire quelques mouvements (marche, étirements légers) afin qu'elle puisse ressentir le Féminin bien en elle, toujours côté gauche, même après la séance.

Laissez passer environ une semaine avant de faire la suite du protocole. Pendant cette semaine, la personne pourra déjà observer un changement dans ses perceptions ou dans les réactions de ses proches. Elle se sentira souvent aussi « libérée », plus « légère », etc.

Le protocole à utiliser pour restaurer le Masculin intérieur

Au rendez-vous suivant, poursuivez avec la rencontre du Masculin intérieur. La structure est identique à celle du Féminin :

1. **Induction humaniste en intériorisation consciente** : servez-vous de la même métaphore que pour le Féminin mais cette fois-ci pour atteindre le « Pays du Masculin ».
2. **Rencontre avec le Masculin intérieur blessé** : la personne va ouvrir la porte et découvrir un paysage qui est cette fois-ci à l'image de son Masculin blessé (donc différent de celui du Féminin car les blessures ne sont pas les même d'un archétype à l'autre).
   - **Lorsque la personne aura découvert son Masculin blessé**, demandez-lui de vous le décrire. Il ne doit pas ressembler à un homme qu'elle connait. Si c'est le cas, demandez-lui de changer. Si besoin est, rappelez à la personne que l'apparence du personnage reflète sa blessure du Masculin. Même s'il s'agit d'un monstre répugnant, la personne doit **décider de lui offrir une nouvelle chance**…
3. **Phase de régression** : demandez à la personne de **faire régresser son Masculin intérieur** jusqu'à ses premiers

instants de vie. Comme elle l'a déjà fait avec son Féminin, la personne doit s'imaginer son Masculin redevenu **un tout petit bébé, sain et inoffensif** : un petit garçon qui vient de naître !

4. **Soin du Masculin blessé** : demandez à la personne de redevenir un ange gardien ou une femme sage et de prendre l'enfant dans ses bras pour l'emmener dans un pays merveilleux où **le petit garçon va pouvoir vivre entouré d'amour**, avec la meilleure éducation qui soit. La personne va voir (et ressentir) le garçon grandir heureux.
   - Là encore, elle peut lui fabriquer des parents « sur-mesure », affectueux et aimants.
   - **Il faut que le petit garçon grandisse** avec des amis, qu'il aille à l'école et trouve du plaisir à apprendre avec des professeurs intéressants.
   - **Veillez à ce que le petit garçon s'intéresse à des activités masculines** et qu'il soit aimé et félicité pour cela. Si besoin, rappelez à la personne de mettre ses propres goûts de côté : même si elle pense qu'un petit garçon peut être sensible et jouer à la poupée, le garçon (reflet du Masculin dans la personne) doit s'intéresser au sport, à la compétition, jouer à des jeux de construction, faire travailler son esprit avec des jeux de stratégie, jouer « aux cowboys et aux indiens » avec ses copains, etc.
   - **Si besoin, rassurez la personne** (homme ou femme) : permettre au Masculin de s'exprimer ne transformera pas la personne en guerrier machiste! Elle reconstruit son archétype Masculin afin de lui redonner son énergie, son courage et sa passion pour la vie. Si elle ne le fait pas, elle restera prostrée, dépressive et sans goût pour les nouveaux apprentissages !

Le Masculin intérieur va ainsi grandir dans la joie, le plaisir et le partage, jusqu'à ce qu'il devienne un homme qui ait le même âge que la personne.

Au final, le Masculin doit lui plaire et avoir :

- **Des qualités paternelles** : il doit aimer guider un enfant dans la vie.

- **Des qualités sexuelles** : il doit avoir de la puissance sexuelle.
- **Des qualités créatrices** : il doit aimer rechercher et mettre en place de nouvelles idées pour son travail ou ses activités régulières.

5. **Vérification Masculin-Féminin** : Demandez à la personne de placer devant elle son nouveau Masculin, puis de rappeler son Féminin. Demandez-lui si le couple s'accorde, si les deux s'attirent mutuellement. Si le travail a été fait correctement, **les deux archétypes doivent se compléter harmonieusement** – sinon refaites le travail de régression sur l'un et l'autre (rapidement : allez directement à l'essentiel) afin de corriger ce qui doit l'être selon la personne.
6. **Réassociation** : demandez à la personne de **réintégrer son Féminin** à gauche (comme la fois précédente) **puis son Masculin** à droite. Elle devra ainsi sentir la présence de ses deux archétypes en elle. Les sensations de gauche et de droite devront être différentes et complémentaires.
7. **Mariage intérieur** : demandez maintenant à la personne de **ressentir le mélange des sensations Masculin et Féminin** le long de sa colonne vertébrale et de sa poitrine, sur l'axe central où les deux archétypes viennent se caresser et s'unir. Vous pouvez lui faire visualiser, le long de ce centre, deux énergies de couleurs différentes qui s'entremêlent… C'est le mélange de ces deux énergies qui provoque la naissance d'une troisième sensation : c'est cela, le « mariage intérieur ».
8. **Naissance de l'Enfant divin** (ou Enfant soleil) : demandez à la personne d'**accentuer la sensation de la fusion Masculin/Féminin** au niveau de son plexus solaire. Elle peut ressentir comme une boule d'énergie – et c'est cette sensation nouvelle que l'on nomme l'Enfant divin (ou soleil). C'est le résultat de l'équilibre intérieur Masculin/Féminin qui provoquera l'envie de renouveau et la joie de vivre de la personne.
9. **Finale** : faites rouvrir les yeux à la personne et demandez-lui de se lever et de faire quelques mouvements (marche, étirements légers) afin qu'elle puisse ressentir dans son corps le Féminin à gauche, le Masculin à droite et l'Enfant divin au centre d'elle.

Après la séance, la personne se sentira bien et pleine d'énergie. Elle pourra ensuite constater les changements dans sa vie, souvent bien plus vastes et profonds que ce à quoi elle s'attendait. Tout ce qui change dedans se reflète au-dehors ! Ainsi, une personne venue pour des angoisses ou une stérilité psychologique n'aura plus son symptôme et toute sa vie aura changé en mieux, aussi.

Soigner l'Enfant intérieur

L'Enfant intérieur est en relation intime avec notre cerveau limbique, le cerveau des émotions. En soignant votre Enfant intérieur, vous soignerez vos émotions.

Lorsque vous êtes triste, lorsque vous pleurez, lorsque vous êtes en colère ou que vous boudez, lorsque vous explosez de rire ou de fureur, c'est votre Enfant intérieur qui s'exprime. C'est lui qui vous informe par ces émotions si tout va bien ou mal en vous.

Écouter vos émotions et donc votre Enfant intérieur, c'est prendre conscience de votre fonctionnement profond – et si l'émotion est négative, désagréable, un travail s'impose ! Il s'agit d'aller à la rencontre de votre Enfant intérieur et de le guider jusqu'à ce qu'il se sente mieux… et vous aussi, du même coup !

Le protocole à utiliser pour soigner l'Enfant intérieur

1. **Induction humaniste en intériorisation consciente** : utilisez la métaphore du « Pays de l'Enfant », l'endroit imaginaire qui portera les symboles de l'Enfant.
   - Demandez d'abord à la personne d'**imaginer un endroit agréable** (métaphorique) afin qu'elle puisse prendre des forces pour la rencontre qui va suivre… Veillez toujours à ce qu'elle reste associée, dans son corps, « à la fois ici et là-bas ».
   - Ensuite, demandez à la personne de **suivre un chemin qui part vers le lointain** et de vous le décrire…

- Après un moment, demandez à la personne d'**imaginer une porte** devant elle : la porte qui mène à son Enfant intérieur blessé.

2. **Rencontre avec l'Enfant intérieur blessé** : la personne ouvre la porte et découvre un paysage vraiment différent, comme si elle entrait dans une autre dimension (également différente des pays du Féminin et du Masculin, si elle les a déjà visités).
   - Si l'endroit est désagréable, rassurez la personne : c'est normal, puisque son Enfant est encore blessé. Celui-ci se trouve peut-être enfermé dans un placard ou abandonné dans les bois ou dans un marais terrifiant… Il peut aussi sortir de nulle part, soudainement ou, au contraire, rester caché car il a peur. À la personne de le trouver.
3. **Lorsque la personne aura découvert son Enfant blessé** : demandez-lui de vous le décrire. Il doit être du même sexe que la personne et ne doit ressembler à aucun enfant qu'elle connait. Si c'est le cas, demandez-lui de changer son apparence. L'Enfant peut être agressif, malade, peureux, sale…
4. **Phase de soin** : demandez à la personne de prendre le rôle d'un ange gardien, d'une bonne étoile ou d'un sage et d'emmener l'Enfant dans un endroit imaginaire agréable où il trouvera tout ce dont il a besoin pour être heureux.
   - L'Enfant doit avoir des amis, des parents aimants, un environnement propice au jeu et à l'apprentissage.
   - La personne doit rassurer l'enfant, lui dire qu'elle est heureuse de l'avoir trouvé, que maintenant il ne sera plus jamais seul. Elle va le serrer dans ses bras, lui apporter de l'amour s'il en manque – ou le gronder s'il est agressif, tout en le rassurant, etc. (comme avec un véritable enfant traumatisé par la vie à qui l'on a besoin de tout réapprendre).
5. **Phase de transformation** : demandez à la personne de voir son Enfant intérieur se transformer en enfant joyeux et sain au fur et à mesure du processus.
   - Il doit être heureux, jouer avec d'autres enfants et aussi savoir jouer seul. Il doit rire et se sentir aimé.

Pendant tout ce temps, la personne observe et peut s'amuser avec l'Enfant.

6. **Réassociation** : demandez à la personne de placer devant elle son Enfant intérieur soigné. Demandez-lui de le voir se transformer en lumière, puis de respirer cette lumière et de l'envoyer vers son plexus solaire. Elle doit sentir physiquement la lumière de son Enfant intérieur en elle. La sensation doit être agréable et apporter une impression de joie et de légèreté intérieure qui va partir de sa poitrine et se diffuser dans tout son corps.
7. **Finale** : faites rouvrir les yeux à la personne et demandez-lui de se lever et de faire quelques mouvements (marche, étirements légers) afin qu'elle puisse bien ressentir son Enfant en elle.

Après la séance, si la personne est excessivement joyeuse, si elle a envie de rire ou d'avoir des réactions spontanées, rassurez-la : c'est tout à fait normal. Il s'agit d'un rééquilibrage naturel intérieur. Elle est en train de réapprendre ce qu'est la joie et l'insouciance qu'elle n'a peut-être pas assez expérimenté lorsqu'elle était enfant. Ces réactions deviendront plus modérées au fur et à mesure qu'elle s'y habituera.

Transformer le Critique en Protecteur

Cet exercice est adapté aux personnes qui se dévalorisent sans cesse ou qui ne peuvent pas avancer dans la vie car elles s'en sentent incapables.

Comme vous vous en doutez, le Critique est relié au cerveau reptilien : routinier, il craint le changement car il pense que tout mouvement est un risque pour la survie. Si tout reste à sa place, il pourra mieux maîtriser ce qui arrive au quotidien !

Le Critique vous empêche ainsi de prendre des décisions, il tente de briser vos aspirations, il vous gâche vos journées ou vos rêves. Il peut même tellement vous décourager que vous n'osez plus rien faire de votre vie ! Mais heureusement, on peut faire de lui un Protecteur…

Le protocole pour transformer le Critique en Protecteur

1. **Induction hypnotique de type humaniste**... Vous pouvez utiliser une métaphore du type « Pays du Critique » mais généralement cela n'est pas nécessaire.
2. **Rappelez la dernière fois** où la personne s'est sentie mal et expliquez qu'il s'agissait du résultat des messages dévalorisants du Critique.
3. **Faire venir le Critique** : il n'est jamais très loin ! Demandez juste à la personne de donner un visage à cette mauvaise sensation de dévalorisation : « Si cette sensation avait un visage, a quoi ressemblerait-elle ? »
   - Le Critique peut être un homme, une femme, un animal ou un monstre. Demandez à la personne de vous le décrire.
4. **Phase de compréhension** : demandez à la personne d'observer un moment, de loin, son Critique. Aidez-la à comprendre l'histoire du Critique (voir page 239), afin qu'elle soit d'accord pour le considérer comme une victime de ses blessures et qu'elle veuille bien l'aider à redevenir son protecteur.
5. **Phase de négociation** : demandez à la personne de s'adresser au Critique comme suit :
   - *Synchronisation* : « Tu as raison de faire ce que fais car tu n'as pas d'autres choix... »
   - *Information* : « ...et si tu me faisais confiance car je suis adulte maintenant et j'ai appris beaucoup de choses de la vie, je ne suis plus un enfant fragile. »
   - *Proposition* : « Tu dois être fatigué de critiquer, n'aimerais-tu pas te reposer et me laisser faire ? Juste pour faire un essai... Promis, je n'abuserai pas ! »
   - *Valorisation* : « J'ai besoin de toi en tant que protecteur et tu es tellement doué pour cette fonction ! S'il te plaît, aide-moi ! »
6. **Phase de transformation** : la personne assiste à la transformation de son Critique en Protecteur. L'ancien Critique

va prendre une apparence amicale, tout en restant très fort et puissant.

7. **Mise en place de la relation** : la personne va dire à son Protecteur qu'elle le consultera (en auto-hypnose) chaque fois qu'elle en sentira le besoin ou pour lui proposer de nouveaux projets, par exemple. Ainsi, le Protecteur sentira que sa présence est importante et nécessaire : « On tient compte de mon avis pour prendre des décisions ! »
8. **Finale** : lorsque la personne est satisfaite et se sent rassurée et confiante en l'avenir, dite-lui simplement de rouvrir les yeux.

Après cette séance, la personne ressentira sa nouvelle force intérieure et développera de ce fait une plus grande confiance en elle. Le Critique poussait à l'inaction alors que le Protecteur enseignera la vigilance, nécessaire à tout changement dans la vie !

Harmoniser le Critique, l'Enfant et le Sage

Cet exercice est utile lorsque vous êtes tiraillé par un choix dans votre vie, quand vous sentez que vos idées s'affrontent sans trouver de solution, que ce soit dans le domaine professionnel, affectif, familial, etc.

Dans ces périodes de conflit intérieur, il est possible que la petite voix de votre Enfant intérieur vous crie : « Fonce ! » alors que la grosse voix de votre Critique vous freine avec : « Non, c'est dangereux, tu n'y arriveras pas ! » Vous devrez alors faire appel au Sage pour tempérer les deux archétypes et leur proposer une solution qui contentera tout le monde.

Bien sûr, vous pourrez rassurer le Critique en expliquant qu'au début, ce ne sera qu'un essai sur une courte période afin que l'on puisse juger de la réelle efficacité de la solution choisie. Il faut toujours prendre des pincettes avec notre ami le Critique – surtout lorsqu'il n'est pas encore devenu un Protecteur !

Le protocole pour harmoniser le Critique, l'Enfant et le Sage

1. **Induction hypnotique** de type humaniste…
2. **Demandez à la personne de penser à son projet**. Elle doit ressentir en elle, le rêve que ce projet lui inspire mais également la crainte que celui-ci n'aboutisse pas.
3. **Demandez-lui ensuite d'appeler** l'Enfant intérieur, le Critique et le Sage. Elle choisira elle-même le visage de chacun de ses archétypes en fonction de ses ressentis personnels. Par exemple, un vieillard barbu qui inspire la confiance et la connaissance pour le sage, un enfant timide en relation avec son rêve de projet et un critique menaçant en rapport avec la crainte que le projet n'aboutisse pas.
4. **Présentation du projet aux trois personnages** : pour cela la personne peut s'imaginer à une table de réunion ou pourquoi pas autour de la table ronde du roi Arthur (la personne prend le rôle du roi, le sage celui de Merlin, etc.). La personne s'adresse aux trois personnages : « Que pensez-vous de ce projet ? » et elle exprime tout haut les 3 réactions différentes (celle du critique, celle de l'enfant et celle du sage).
5. **Phase de négociation** : la personne va demander l'appui du sage pour convaincre l'enfant et le critique de se réconcilier afin que l'ensemble du système (ou du royaume) soit guidé par une énergie commune. La personne dans le rôle de médiateur avec le sage à ses côtés, peut faire différentes propositions au critique et à l'enfant jusqu'à ce que ceux-ci acceptent de travailler pour un projet commun.
6. **Réconciliation** : une fois que tout le monde est d'accord, la personne demande aux 3 personnages de se lever et de faire autour d'elle une ronde de la paix en se tenant les mains. Car symboliquement, pour un avenir commun, il va falloir travailler « la main dans la main ».
7. **Réintégration** : les trois personnages vont tourner très vite autour de la personne jusqu'à faire un cercle de lumière. La personne au centre du cercle aspirera ensuite

en elle toute cette lumière jusqu'à ressentir dans son corps ses trois personnages réconciliés.

8. **Finale** : conclure la séance d'hypnose.

Engager le travail de deuil

Parmi les plus grandes douleurs que l'être humain aura à traverser dans son existence, le deuil tient certainement la première place. La sensation affreuse de perte vous renvoie à la blessure d'abandon, celle de votre naissance, lorsque vous avez quitté le bien-être et la protection du ventre maternel.

Le deuil a un aspect positif : il vous force à évoluer et à prendre conscience, une fois le cap de la souffrance passé, que de nouveaux mondes peuvent se bâtir sur les cendres des anciens. Ainsi, rien ne se perd vraiment : tout se transforme. Le deuil est synonyme de transformation.

Le travail du deuil ci-dessous pourra s'appliquer en cas de séparation, de divorce, de décès, d'IVG ou de fausse couche ; lorsqu'un enfant quitte la famille pour se lancer dans ses études ou se marie ; lorsque vous prenez votre retraite ou encore lorsque vous perdez un animal…

Tous ces changements radicaux, même lorsqu'ils sont « pour le meilleur », provoquent un déchirement intérieur, une entaille profonde qu'il est nécessaire de soigner. C'est particulièrement le cas lorsque la douleur semble vouloir s'éterniser pendant des années.

Le deuil est un processus naturel qui prend du temps. En revanche, une douleur qui dure trop longtemps n'est pas normale. Elle montre que le système « corps-esprit » ne s'en sort pas tout seul. Cette douleur appelle une aide de l'extérieur.

Le travail suivant est donc adapté pour les personnes qui souffrent depuis plusieurs années (plus de deux ans après la perte, en moyenne) et qui ne parviennent pas à reconstruire leur vie.

Le protocole à utiliser pour le travail de deuil

1. **Induction humaniste** en intériorisation consciente…
2. **Dirigez la personne vers le « Pays de rencontre** : cela peut être une clairière ou n'importe quel endroit lumineux et agréable.
   - Si le deuil est très douloureux, la personne pourra s'entourer d'une bulle protectrice dans laquelle elle se sentira protégée (cf. fin du protocole de thérapie symbolique simple, p. 168).
3. **Demandez à la personne de faire venir l'être disparu** : il peut descendre du ciel, dans une bulle ou sur un nuage, ou arriver sur un cheval au galop, etc. Parfois, il était déjà là. Parfois même, on se rend compte que la personne le retenait dans ses bras (imaginaires).
4. **Phase de discussion** : expliquez à la personne qu'elle peut maintenant exprimer les choses qu'elle ressent ou ce qu'elle n'a pas eu le temps de dire avant d'être séparée de l'être cher.
5. **Phase de libération** : pour que la personne puisse vraiment faire le deuil, elle doit reprendre sa liberté, retourner à sa vie et, du même coup, libérer l'autre de son emprise émotionnelle, afin qu'il puisse poursuivre son chemin, quel qu'il soit.
   - Accompagnez la personne dans cette prise de conscience nécessaire et ne passez au point 6 que lorsqu'elle a compris qu'elle pourra retrouver la sérénité grâce à cette liberté.
6. **Demandez à la personne de localiser et visualiser le « cordon de souffrance »** qui la relie à l'être disparu. Il s'agit pour elle de ressentir ce qui provoque la douleur enracinée dans son propre corps et de voir ce « lien » également enraciné dans le corps de l'autre personne en face. Demandez-lui de vous en décrire la consistance, la taille, la couleur, etc.
7. **Demandez à la personne de prendre une grande respiration** puis, sur l'expir, de couper d'un coup ce cordon

de souffrance en disant à voix haute : « Je reprends ma liberté et je te rends la tienne. »

8. **Demander ensuite à la personne de détacher doucement le morceau de cordon** de son corps (comme on déracine une plante) et de le poser à ses pieds. Puis, demandez-lui de le brûler afin de le transformer en cendre. Cette cendre pourra ensuite se mélanger à la terre, afin de la nourrir : « Grâce à elle, des milliers de fleurs pourront naître à cet endroit… »
   - Cette métaphore de transformation rappelle que l'énergie de la douleur peut être redirigée pour la construction de belles choses. C'est le renouveau de la vie qui se bâtit grâce à l'ancien.
   - Comme en thérapie symbolique simple, il est souvent aidant que la personne bouge réellement, qu'elle fasse les mouvements « comme en vrai ».
9. **Demandez à la personne de poser ses mains sur le trou qu'a laissé le cordon** déraciné. Puis, d'imaginer que la chaleur de ses mains contre son corps soit « de l'énergie reconstructrice qui vient reboucher le trou et tout reconstruire à l'intérieure d'elle. »
10. **Vérification** : la personne doit se sentir maintenant soulagée. Pour le vérifier, demandez-lui d'imaginer l'être disparu s'en aller dans le lointain et, éventuellement, continuer le cours de sa vie (souvenez-vous qu'il était devant elle jusqu'à la phase 7).
    - S'il reste de la douleur, reprendre l'exercice à partir du point 5, sinon conclure.
11. **Finale** : expliquez à la personne qu'elle a bien agi, tant pour elle que pour la personne décédée, qu'elle va pouvoir désormais tourner la page et débuter une autre phase de sa vie et qu'elle a juste pour cela besoin de rouvrir les yeux, quand elle s'en sentira prête.

En cas de deuil très douloureux, il est possible que cet exercice ne fasse que soulager la personne sans enlever complètement la sensation de perte. Dans ce cas, il faudra patienter un peu, puis refaire l'exercice quelques mois plus tard. En effet, le corps et l'Inconscient ont parfois besoin d'un peu plus de temps que ne le voudrait l'esprit pour se reconstruire. Si le deuil doit se faire « par étape », la nature de la personne doit être respectée.

Guider symboliquement vers la guérison

Pour conclure, découvrons deux techniques basées sur vos nouvelles connaissances des symboles.

Faire un voyage symbolique

Le psychanalyste Robert Desoille a inventé les bases de cette technique dans les années 1930. À l'origine, le patient laissait aller son imagination, selon le principe de la libre association – d'où le nom de « Rêve éveillé » donné à la technique. S'en suivait un échange avec l'analyste, comme on le fait en psychanalyse.

Le « voyage symbolique » est conçu pour se rapprocher de la technique de Desoille : l'association d'idées sera facilitée par *l'état de conscience augmentée* et l'analyse symbolique sera faite durant le *voyage* de la personne, pour l'aider à diriger son expérience, faire les liens avec sa vie et prendre conscience de ce qui doit l'être.

La procédure est simple : la personne va inventer et vivre une histoire (un « rêve ») qui agira comme une métaphore thérapeutique. Le décor, les personnages, les actions, etc. vont symboliser la situation problématique de la personne. Par exemple, l'arbre symbolise la personne, la forêt représente la société, l'Inconscient collectif : si la personne rencontre un arbre déraciné, tombé en travers de son chemin, on se doutera qu'il s'agit d'un souci avec un de ses proches, qui fait entrave à son chemin de vie. S'il l'estime utile, selon la personne et la situation, le thérapeute pourra proposer une explication de ces symboles.

Quoi qu'il en soit, la personne va agir en fonction de sa rencontre symbolique – cela va se répercuter, sans qu'elle le sache, sur ses blessures inconscientes et ainsi régler ses soucis, sans résistance ni émotions inutiles et, comme toujours en Hypnose Humaniste, sans intervention directe du thérapeute.

Comprendre les symboles

Dans l'idéal, le thérapeute humaniste devrait avoir la même compréhension des symboles de la personne qu'un analyste. Pour autant, il ne s'en servira pas forcément ! Une technique symbolique a l'avantage d'éviter les résistances conscientes de la personne, donc si le changement peut se faire sans prise de conscience, on laissera faire la personne, qui se soignera par elle-même, sans le savoir.

Maintenant, si le thérapeute perçoit que la personne reproduit ses soucis en métaphore, que l'Inconscient ne se remet pas de lui-même sur la voie ou fait barrage, alors il interviendra en expliquant à la personne ce qui se passe, symboliquement. Ainsi, elle pourra « comprendre et grandir », puis décider de ce qu'elle souhaite faire, « en son âme et conscience ».

Une femme d'une quarantaine d'années qui ne parvient pas à trouver de compagnon se décrit en train de marcher le long d'une grande plage. Son visage est tourné sur la gauche (les yeux fermés) et elle est enchantée de la beauté de l'océan… Le temps passe et il ne se produit toujours rien dans l'histoire de la personne. Tout ce qu'elle veut, dit-elle, c'est « se baigner dans la mer ».

Je sais que la dame est fusionnelle avec sa mère (probablement l'océan de son histoire, en tous cas le Féminin, à sa gauche). Je me permets donc de lui demander ce qu'il y a sur sa droite, puisqu'elle n'en parle jamais (la droite correspond au Masculin) : « Rien du tout » me répond-elle d'un air obstiné, « il n'y a qu'un mur ». Tout le long de la plage ? « Oui oui ! »…

Pour aider la personne à dépasser ses blocages inconscients, je lui expliquai donc les différents sens possible de « la mer » ou « l'océan » dans sa situation et où devait être le Masculin – donc, les hommes – dans son histoire.

Sur le coup, cela ne changea pas grand-chose. Mais, la nuit suivante, cette femme rêva qu'elle escaladait le grand mur de droite. Tout en haut, elle découvrit un vaste monde, emplit de femmes… et d'hommes ! C'était lumineux et agréable.

Quatre jours plus tard, invitée chez une amie pour dîner, elle faisait la connaissance de l'homme avec qui elle vit aujourd'hui ! Magique, n'est-ce pas ?

Le protocole du voyage symbolique

1. **Durant l'anamnèse**, cherchez un éventuel point de départ symbolique, une métaphore de lieu, par exemple : « Je m'en fais toute une montagne », « mon horizon est bouché », « c'est le désert pour moi », « il va falloir défricher tout ça »...
2. **Induction hypnotique humaniste**. Profitez-en pour poser les bases du rêve : rappelez l'éventuelle métaphore de l'étape 1 ou demandez à la personne de s'imaginer dans le décor de son choix.
   - Demandez-lui de vous décrire son environnement. Notez mentalement les symboles de la personne...
3. **Lancer le processus thérapeutique** : posez simplement la question « Que voulez-vous faire ? » ou « Que devez-vous faire ? »
   - Demandez à la personne de vous décrire au fur et à mesure ce qu'elle fait en imagination.
4. **Phase d'accompagnement** : vous n'avez pas grand-chose d'autre à faire que d'écouter, vérifier que la personne aille symboliquement vers sa guérison (qu'elle s'en rende compte ou non).
   - L'histoire de la personne doit rester métaphorique, comme un rêve ou une allégorie. Évitez que la personne ne fasse elle-même un lien entre son voyage symbolique et sa vie concrète (« ah oui, cela doit représenter ceci »). C'est à vous d'introduire les éventuelles prises de conscience pédagogiques, à bon escient.
   - Si la personne décrit quelque chose qui vous semble symboliquement important et dont elle ne fait rien, signalez-lui : « Et vous ne faites rien avec ça ? » Si c'est son choix, elle vous répondra simplement « non ». Sinon, sa curiosité éveillée, elle trouvera peut-être utile d'agir en conséquence.
   - Si vous pensez qu'une interprétation symbolique (sur un point précis) pourrait aider la personne – si elle tourne en rond ou si elle fait fausse route et qu'une prise de conscience semble nécessaire : aidez-la à comprendre le sens des choses qu'elle exprime.

- Préférez les questions aux affirmations : « Que représente pour vous cette boule noire ? » pour un symbole féminin qu'une dame voulait détruire ! Ou bien encore « à quoi vous fait penser cette statuette ? » à un homme qui n'a pas revu son fils depuis longtemps, qui vient de trouver la statuette d'un enfant, enfouie dans la terre d'un champ – et qui passait dessus sans rien faire !

5. **Le changement symbolique** survient généralement assez tôt dans l'accompagnement, souvent dans les dix premières minutes. Mais, laissez la personne profiter de son voyage symbolique un moment – cela lui fera du bien dans d'autres domaines que ceux qui l'amenaient à consulter.
6. **Finale** : faites confirmer à la personne qu'elle se sent mieux. Le meilleur indice de l'efficacité d'une séance est toujours la sensation physique, ce que l'on ressent instinctivement.

   Lorsque la personne a rouvert les yeux, vous pouvez discuter un moment avec elle de ses impressions et des symboles principaux.

Aussi simple qu'elle paraisse, cette technique est souvent forte en émotions. Il arrive qu'une personne pleure à gros sanglots d'un bout à l'autre de son histoire ! Mais, quel soulagement après !

Les structures métaphoriques activatrices

Que se passe-t-il si la personne s'obstine dans des symboles négatifs ? Si son être profond est si blessé que la personne s'enfonce dans des réactions morbides ? Pour la protéger, il faudrait placer la personne dans un contexte où elle ne pourra que changer positivement *et ensuite* la laisser libre d'agir à sa guise dans ce contexte.

C'est cela, une « structure métaphorique activatrice » – une SMAC : un cadre symbolique qui conduit la personne par résonance.

Par exemple, si le thérapeute a besoin que la personne travaille sur sa psyché, il lui proposera un « décor » qui symbolise l'esprit, en l'occurrence : une maison. Bien sûr, il adaptera cette maison à la personne, qui pourra ensuite faire ce qu'elle veut avec.

Ainsi, un homme qui se maintenait dans l'isolement imaginait sa vie comme un château de glace perché au sommet d'un pic. Il était vide et ses fenêtres étaient étroites ! À la séance suivante, le thérapeute lui demanda de s'imaginer dans un château pourvu de larges fenêtres, posé au milieu d'un vaste domaine verdoyant. À même le sol, « des gens » pouvaient le voir et peut-être même venir le rencontrer ! Au début, ce fut la panique mais, petit à petit, l'homme finit par se trouver parfaitement heureux dans sa nouvelle demeure, ouverte à ses nouveaux amis. Il y avait de la vie, de la chaleur humaine et il pouvait toujours « se retirer dans ses appartements » quand il le souhaitait. Bien sûr, ce changement intérieur se retrouva en miroir dans sa vie quotidienne…

Comment fonctionne une SMAC ?

Dans une structure métaphorique activatrice :

- **Le thérapeute détermine le décor symbolique** et, éventuellement, les étapes clés du scénario.
- **La personne est libre de ses actes**, actions et réactions, choix et décisions…dans le décor et le scénario.

Le « décor symbolique » spécifiquement choisi jouera le rôle de *matrice protectrice* pour la personne, qui pourra ainsi faire ce qu'elle veut, sans interventions ni conseils du thérapeute – et on aura l'assurance qu'elle ne se fera que du bien !

La personne retrouvera dans ce monde intérieur les schémas qui lui posent soucis dans sa « vraie vie », sauf qu'elle aura ici la liberté de changer ce qu'elle veut, sans peur ni contraintes.

Évidemment, pour cela, le thérapeute doit connaître au moins quelques « décors symboliques » et leurs caractéristiques. C'est là qu'interviennent vos connaissances en thérapie symbolique avancée.

Voici quelques exemples de symboles utiles. Prenez un temps pour étudier leur sens, à travers internet ou les livres (cf. Bibliographie) :

- **Lieux** : *bateau, désert, espace (étoiles, galaxie, etc.), forêt, grotte, île, jardin maison et château, montagne, océan, ville, etc.*

  Un désert (sec, mental, épuré) est évidemment symboliquement très différent d'un jardin sauvage (créativité libérée, vie) ou d'une forêt (la société, un arbre représentant une vie individuelle).

- **Personnages :** *abeille, arbre, aigle, ange, centaure (griffons, sirènes, etc.), chat, cheval, chien, colombe, corbeau, dauphin, enfant, fée (lutin, etc.), hibou, lion, loup, magicien, monstre, oiseau, ours, papillon et chenille, poisson, serpent et dragon, taureau, tortue, vieillard, etc.*

  Utilisez les différents archétypes : Féminin, Masculin, Sage, etc.

- **Formes :** *carré, cercle, étoile et pentagramme, intersection ou croix, spirale, triangle, nuage flou, soleil (la figure dessinée), etc.*

  Par exemple, le cercle représente le Tout, la Vie ; la spirale est l'évolution, un nuage représente une émotion, le soleil est masculin, actif, le carré est l'ordre, le triangle et un projet, une direction, etc. Là encore, piochez dans ce que vous avez appris en thérapie symbolique avancée.

- **Passages** : *barque, échelle, miroir, mort, pont, porte, etc.* Par exemple, la porte représente un changement de la personne elle-même, alors que le pont permet de traverser (changer de vie) sans changer ce que l'on est. À vous d'étudier la symbolique que vous voulez utiliser…

- **Divers :** *chiffres, couleurs, coupe et épée, ciel et terre, eau et feu, fleurs, lune et soleil, or et argent, pierres, saisons, etc.*

Faites attention : contrairement aux archétypes, les symboles peuvent avoir un sens différent selon la culture de la personne. Vérifiez l'origine de vos sources, lorsque vous étudiez les symboles.

À SAVOIR

Mettre la personne dans une voiture vous renseignera sur sa perception de son corps, lui faire rencontrer de l'argent vous montrera ce qu'elle fait de son énergie vitale, une balade en forêt la fera réagir par rapport à son entourage, à la société, faire apparaître un monstre symbolisera ses ennuis.

La maison vous permettra de visiter son Inconscient (cave), les facettes de sa personnalité (pièces) comme son lien à la Conscience (grenier). Un carré vous renseignera sur la structure qu'elle met dans sa vie ; un triangle parlera de ses projets, tout comme la rencontre avec un bébé ; un cercle mettra en avant sa connexion au Féminin et à la Vie, à l'identité profonde de la personne, etc.

Le protocole pour les structures métaphoriques activatrices

Une SMAC ressemble beaucoup à un voyage symbolique (p. 261), à la différence que le thérapeute fournira le point de départ et qu'il n'y aura pas ou très peu d'explications symboliques, afin de ne pas trahir le rôle du « décor symbolique » :

1. **L'anamnèse** est le moment où vous vous rendez compte de la nécessité de cadrer le futur travail symbolique, afin de protéger la personne d'elle-même ou de lui faire explorer une direction qu'elle ne prendrait pas naturellement. Vous optez donc pour une SMAC…

   Induction hypnotique humaniste : posez les bases du « décor symbolique » choisi.

   - Demandez à la personne de vous décrire ce qu'elle perçoit. Servez-vous de ses réactions pour suivre ce qui se passe dans sa tête…

2. **Lancez le processus thérapeutique**, par la question : « Qu'avez-vous envie de faire par rapport à ça ? » ou « Que devez-vous faire maintenant ? »

   - Veillez à ce que la personne vous décrive bien, au fur et à mesure, tout ce qu'elle fait en imagination.

3. **Phase d'accompagnement** : suivez les recommandations données pour les voyages symboliques. C'est durant cette phase que vous donnerez éventuellement à la personne quelques éléments de scénario : la rencontre avec un personnage (archétype), un objet symbolique, un autre lieu à visiter, etc.

4. **Le changement se produira** de manière évolutive, en fonction des réactions de la personne au décor symbolique et aux éléments que vous lui donnerez à rencontrer. Ainsi, une personne qui découvre son « jardin » entièrement dévasté (cela représentait sa créativité, entre

autres choses) le retrouvera tout beau, tout propre, « paradisiaque », après une excursion dans les profondeurs de son être : une plongée dans le tronc d'un arbre, qui l'amena dans un monde fantastique où elle apprit plein de choses (apparues d'elles-mêmes, en réaction au scénario proposé)…

5. **Finale** : faites confirmer à la personne qu'elle se sent effectivement bien, y compris au niveau physique, puisque c'est notre meilleure vérification de l'efficacité d'une technique de soin.

   La personne peut rouvrir les yeux, sans doute curieuse de ce que pareille expérience aura pu produire dans sa vie !

La structure métaphorique activatrice permet autant d'aider une personne qui souffre d'un souci psychologique que de soutenir quelqu'un qui a une maladie physique, même grave, type cancer.

Une fois que la personne a appris à jouer avec son « décor symbolique », elle peut continuer le travail thérapeutique par elle-même, à la maison et à son rythme, en auto-hypnose et vous tenir informé (téléphone, email) entre deux rencontres.

La SMAC permet à la personne de se sentir active dans son traitement, ce qui aide beaucoup pour le moral !

Cinquième partie

L'Hypnose Humaniste en pratique

Dans cette partie...

Cette partie va vous aider à identifier les problématiques les plus fréquemment rencontrées et vous donner des éléments de réponse à adapter au cas par cas, bien évidemment !

C'est aussi ici que sont réunis les conseils pour trouver l'hypnothérapeute humaniste qui vous convient, avec qui vous aurez envie d'avancer.

Enfin pour ceux qui veulent aller plus loin, l'intérêt de se former pour pratiquer sur vous ou sur votre entourage est développé.

Chapitre 9

Quoi faire, pour quoi et comment…

Dans ce chapitre :

- Repérer les problématiques les plus courantes en consultation et les techniques à adopter pour les traiter
- Soulager les questions de santé avec les outils de l'Hypnose Humaniste
- Extrapoler les possibilités de l'Hypnose Humaniste en coaching

Voyons ici les applications les plus courantes de l'Hypnose Humaniste. Vous avez déjà lu beaucoup d'indications, dans la présentation des techniques, tout au long de ce livre.

Alors, faites attention au piège qui guette l'apprenti thérapeute : ne pensez pas seulement en termes de techniques ! L'erreur la plus commune est de se demander : « quelle technique dois-je appliquer dans ce cas ? » Comme si tout le monde était fait de la même manière, réagissait de la même manière… Vous ne traitez pas un robot ! C'est bien une personne, humaine, avec toutes ces particularités et ses émotions, que vous devez accompagner vers le changement ou la guérison !

Un bon thérapeute réussirait à soigner n'importe quel problème avec n'importe quelle technique ! Ce n'est donc pas l'outil qui fait la réussite : c'est la relation entre le thérapeute et la personne. Le véritable outil, c'est vous !

Et c'est là que l'on touche le fond du problème : un livre peut vous apprendre « le métier » : le savoir, les techniques… mais seule l'expérience peut vous enseigner « l'art » qui fait que tout fonctionne : la compréhension humaine, la psychologie (pas celle de l'Université !), l'intuition, le charisme, la compassion et, même, l'amour de son prochain.

Tout cela, c'est la vie qui vous l'amènera et fera de vous un meilleur thérapeute.

Quelques conseils pratiques

D'accord, d'accord ! Voilà tout de même quelques tuyaux sur ce qu'il est plus habituel de faire, selon les cas rencontrés. Gardez quand même en tête qu'il n'y a pas de généralité et que si vous appliquez la même chose à tout le monde, sans vous adapter au caractère et à l'histoire de la personne, à sa sensibilité, forcément votre « taux de réussite » sera faible.

Le placebo a un « taux de réussite » moyen de 50 %. Donc, si moins de la moitié des gens vont mieux après la séance de thérapie, c'est que le thérapeute a dit ou fait quelque chose qui a bloqué la personne et l'a empêché de changer par elle-même !

Hippocrate disait : « *Toujours avoir, dans le traitement des maladies, deux choses en vue : être utile ou du moins ne pas nuire* ». C'est devenu la règle n°1 en psychothérapie, comme en médecine.

Alors, si ce que vous faites est moins efficace que… rien du tout (l'effet placebo) : remettez-vous en question ! Faites les choses différemment. Changez l'esprit avec lequel vous intervenez… ou apprenez mieux vos cours : faites juste ce que vous avez appris à faire, sans improvisation personnelle hasardeuse ! Parfois, c'est aussi simple que cela.

Enfin, est-il utile de le répéter, l'Hypnose Humaniste est une forme de *psychothérapie*. Elle ne peut pas remplacer la médecine – tout comme la médecine ne peut remplacer la psychothérapie – bien que les deux approches, corps et esprit, se complètent souvent à merveille. Vérifiez donc que vous restez bien dans votre domaine : si on vous demande d'aider pour quelque chose qui est hors de vos compétences, renvoyez la personne chez son médecin.

Tout ce que vous faites en Hypnose Humaniste doit avoir un rapport avec l'esprit : vous ne pouvez aider que ce qui est influencé, en tout ou partie, par l'esprit. Si la situation est purement mécanique, c'est hors de votre domaine.

Peaufiner l'anamnèse

C'est au début de la rencontre que vous explorez avec la personne son histoire et le contexte de son problème. L'anamnèse est LE moment clé de la thérapie, là où la relation se met en place, où vous avez l'intuition des mots qui aideront la personne, où vous comprenez ce qui coince en elle (sa blessure) et vers où la guider pour qu'elle aille mieux. C'est le premier pas du voyage.

ATTENTION !

Seulement après l'anamnèse, vient la technique, cadrée et contextualisée par l'ambiance de l'anamnèse.

« Je ne peux pas m'en empêcher, c'est plus fort que moi… »

Voici la petite phrase qui trahit ce que l'on appelle les *troubles compulsifs* : tabagisme, alcoolisme, excès de poids, ronger ses ongles, boulimie, anorexie, toxicomanie, énurésie, pollakiurie, etc.

À priori, la thérapie symbolique semble toute indiquée. Bien sûr, l'anamnèse aura pu vous fournir les indices d'un mal-être plus profond, qui vous dirigerait plutôt vers la thérapie symbolique avancée. En tous cas, ne voyez pas la situation plus complexe qu'elle ne l'est : faites simple ! Et, si la simplicité ne donne rien, il sera toujours temps, après, de se diriger vers des techniques plus élaborées.

Pour arrêter de fumer

Outre la thérapie symbolique, pourquoi ne pas faire appel à une transformation humaniste ou un recadrage humaniste, voire un traitement de deuil (toujours selon l'anamnèse).

En ce qui concerne la nourriture

L'anorexie ou la boulimie sont des blessures de l'identité, spécialités de la TSA. Faites un soin du Féminin et du Masculin, probablement aussi du Critique, vérifiez le passé, aidez la personne à changer son quotidien, puis peaufinez avec une transformation humaniste pour l'image de soi.

Cela demandera de la maturation, pour la personne. C'est un changement de vie profond et cela ne se fait pas en une séance ! Comptez entre 2 et 6 mois de suivi (sauf situation ponctuelle, plus légère).

Et simplement pour mincir...

D'abord la transformation humaniste, pour aligner la personne à son Soi idéal et, si besoin, la thérapie symbolique ou des traitements de deuil (pour se libérer du passé). Le recadrage humaniste sera utile en cas de compulsion alimentaire et voyez aussi avec la TSA, s'il y a un souci avec le Masculin (chez un homme) ou le Féminin (chez une femme).

Il est très possible de perdre 4 à 5 kg par mois, sans sport ni régime et trouver un poids de forme stable, juste par un travail psychologique. Véridique et vérifié sur des années !

« Je stresse !!!... »

Le stress est le « mal » numéro 1, celui qui est la cause de tous les autres. On traitera à l'identique les migraines. La logique serait de changer de vie, stopper ce qui amène le stress. Maintenant, si ce n'est pas possible, la meilleure solution est simplement de « faire de l'hypnose » : un *bain d'hypnose*, sans aucune technique, sans rien faire, va dissoudre les tensions de la personne, comme un massage psychologique.

La pratique quotidienne de l'auto-hypnose aidera, comme une méditation curative : entrer en *état de conscience augmentée* et rester ainsi pendant 10 à 20 mn. Pendant ce temps, le corps et l'esprit auront la possibilité de se reconstruire – car le stress a des bases physiologiques, en plus d'être psychologique.

Calmer anxiété, angoisses, panique, idées noires

Plusieurs possibilités : soit le mal-être provient d'un événement précis, dans ce cas voyez ci-dessous les traumatismes ; soit le mal-être est passager et la thérapie symbolique sera parfaite pour dissiper ce nuage d'idées noires ; soit le souci est plus profond, de longue date, alors lisez la partie « Je me sens mal ! »

Dissiper phobies et grosses peurs

C'est la thérapie symbolique, tout simplement ! Sauf si la phobie est plutôt une réaction psychologique à des soucis (famille, travail, etc.). À ce moment-là, ce n'est plus vraiment une phobie, donc traitez la cause concrète. Et en cas de traumatisme, voir ci-dessous.

Traiter les traumatismes

Que ce soit suite à un accident, un divorce, un décès... Si le choc date de l'enfance, il a pu entraîner une « personnalité fractionnée » (un morceau de l'esprit qui n'a pas grandi). D'abord, protégez la personne grâce à une bonne induction en ouverture, soyez très présent et rassurant… Puis, reparlez des causes du traumatisme et soignez ou nettoyez avec la thérapie symbolique tout ce qui arrive en réaction (images, émotions, etc.).

ASTUCE

Par exemple, pour une image : sortir la personne de la scène (dissociation), puis chiffonner, brûler ou enterrer l'image. Pour un son : baisser le volume jusqu'au « clic » qui coupe le son. Pour des sensations, les sortir « à la main », les travailler avec de la lumière ou les envoyer dans le ciel, etc.

Faites cela tant qu'il reste des réactions à la situation traumatisante. Bien sûr, s'il y avait un deuil à faire, passez d'abord par cette technique !

Retrouver le sommeil ou comment chasser insomnies, cauchemars, etc.

Le stress peut engendrer des troubles du sommeil. Donc, si les endormissements difficiles ou insomnies viennent de là, les « bains d'hypnose » règleront le souci – à pratiquer en autohypnose dans son lit et s'endormir comme cela.

S'il y a des cauchemars liés à un traumatisme, voir ci-dessus et s'ils sont liés à une réaction psychologique, traitez avec les outils de la TSA (selon les archétypes et symboles du cauchemar).

« Je me sens mal… »

C'est tout ce qui est décrit par la personne comme un mal-être : mal dans sa vie, mal dans sa peau, tristesse inexpliquée, sentiment d'impuissance chronique, sensation d'être dissocié, tendances suicidaires, etc.

On peut ajouter à cette catégorie les « problèmes d'identité », au sens des archétypes féminin et masculin (cf. p. 229) : être coupée de son Féminin (pour une femme trop nerveuse ou agressive), de son Masculin (pour un homme trop « mou ») ou coupé de son corps, de ses émotions et sentiments, être exagérément dans la logique ou l'analyse, avoir des pensées négatives dévalorisantes, se sentir inintéressant, transparent ou toujours victime, critiqué ou jugé par les autres, coincé dans sa propre vie, trop timide ou au contraire hyperactif, agressif, colérique, rabaissant, pessimiste, cynique, etc.

Ici, on est vraiment dans le domaine spécifique de l'Hypnose Humaniste, la psychothérapie, et en particulier celui de la thérapie symbolique avancée. Suivez les protocoles d'harmonisation du Féminin et du Masculin, en trois ou quatre séances, voyez ce que cela donne dans le mois qui suit, peaufinez, quitte à recommencer plusieurs fois tout ou partie du soin (côté Féminin, Masculin et même le Critique), jusqu'à ce que la personne se sente mieux. Encore une fois, c'est une évolution de vie : la personne change ce qu'elle est, pour le mieux.

Il peut y avoir des deuils à faire en cours de route, éventuellement utiliser les chemins de lumière ou la marelle de lumière.

Lever les verrous de la dépression

C'est littéralement une « perte de pression », il suffit donc généralement de soigner l'événement qui la provoque : voyage en conscience pour retrouver la cause et, selon le cas, traitement de deuil, chemin de lumière ou simple thérapie symbolique.

Restaurer confiance et estime de soi

En plus du soin du Féminin-Masculin et des techniques de soin du passé indiquées ci-dessus, pensez à la transformation humaniste pour aider la personne à vivre dans son Soi idéal.

Retrouver le goût de la vie

Quand on a perdu la raison ou la joie de vivre, la créativité ou que l'on est au contraire trop naïf, crédule... tout indique un travail sur l'Enfant intérieur et le Soi idéal !

Se dégager des loyautés familiales

Lorsque l'Inconscient refuse de dépasser un schéma familial (gagner plus que papa, vivre mieux que maman, etc.), cela provoque échecs personnels ou professionnels à répétition, de la rancœur ou tout simplement la reproduction *ad eternam* de mauvaises habitudes. La solution est dans la technique de deuil, non pas avec ses parents mais avec son passé, l'enfant que l'on a été : on coupe le cordon ombilical et on garde l'amour ! Intégrer son Soi idéal aide aussi beaucoup.

« Et mes amours ? »

Besoin de multiplier les relations sans lendemain, impossibilité de construire un couple ou de maintenir un couple, conjoint maltraitant, rejouer le rôle des parents, peur de l'abandon, infertilité psychologique, etc. Tout cela est du domaine de la thérapie symbolique avancée !

La thérapie de couple est une spécialité à part entière, trop longue à détailler ici. En résumé : chaque partenaire est attiré vers l'autre à cause de ses blessures respectives. C'est un phénomène de « résonance ». Quand vient le moment de soigner les blessures de chacun, une crise apparaît. Si on se sépare, le scénario se reproduira avec le prochain partenaire…

Donc, pour réharmonier le couple, il faut calmer ou soigner les blessures des deux partenaires. Commencez donc par rencontrer le couple, puis recevez les partenaires séparément pour soigner leurs blessures (soins du Féminin, Masculin, etc.), enfin revoyez-les ensemble quand chacun va mieux, pour mettre en place la vie future.

Régler les problèmes sexuels

C'est toujours un peu la même chose : perte du désir, anorgasmie, vaginisme, frigidité, dysménorrhée et aménorrhée chez les femmes ; impuissance et éjaculation précoce chez les hommes… Sachant qu'à notre époque de transition entre le patriarcat et un équilibre nouveau, hommes et femmes peuvent développer les symptômes de l'autre sexe (à leur manière !). Ainsi, madame a « mal à son Masculin » quand elle a des migraines, tout comme monsieur a « mal à son Féminin » quand il a mal au ventre.

La Sexothérapie est aussi une spécialité. La solution est facile quand le souci n'est que mécanique : thérapie symbolique et transformation humaniste pour intégrer. Le voyage symbolique fonctionne aussi très bien. Mais vérifiez tout de même auparavant que le couple se porte bien : on rencontre rarement de « perte du désir » chez un nouveau couple amoureux !

Il peut aussi y avoir une question de méconnaissance, parfois basique, de soi-même ou de l'autre. Et en cas de stress, de traumatisme, voyez les paragraphes précédents.

Question santé !

Parfois, les gens viennent consulter en psychothérapie pour des problèmes physiques. Dans ce cas, vérifiez avec eux qu'ils soient bien suivis médicalement. L'hypnothérapie peut être de grande utilité dans les soins physiques mais elle ne s'y substitue pas : elle soutient et accompagne !

Traiter la douleur

L'hypnose est une technique hors-pair pour le traitement de la douleur : accouchement, dentisterie, suites postopératoires, soins et examens médicaux pénibles, membre fantôme et même les douleurs chroniques… Intervenez avec la thérapie symbolique, comme nous en avons parlé p. 163 et p. 176. Symbolisez la douleur et supprimez-la : c'est incroyablement efficace !

Aller chez le dentiste le cœur léger

Apprenez les analgésies à la personne, vérifiez qu'elle sache les reproduire toute seule, en auto-hypnose. L'analgésie est toujours obtenue en thérapie symbolique.

Bien vivre son accouchement, un jeu d'enfant !

Voyez la personne 2-3 fois, afin d'automatiser la *protection* par le corps : après la « rencontre avec bébé » en hypnose, faites l'analgésie du bas du corps pendant le rendez-vous, puis vérifiez que l'analgésie revienne toute seule lorsque vous pincez fortement la personne (cuisse, ventre).

Tout cela s'apprend facilement en formation : on observe le phénomène (ça aide à y croire !) et on reproduit simplement ce que l'on vient de voir. Cela se fait (presque) tout seul !

Maladies de peau : le stress est là !

Les dermatologues disent souvent que la plupart des problèmes de peau viennent du stress : eczéma, verrues, acné, zona, urticaire, névrodermite, psoriasis, prurit, calvitie (pelade)… Appliquez ce que l'on a dit à propos du stress (ci-avant). Faites une vérification en thérapie symbolique, vérifiez aussi que la personne vive bien « sa vie » (qu'elle est sur son chemin de vie, en rapport au Soi idéal) et, si besoin, faites un traitement de deuil de la situation qui a provoqué le symptôme.

Se défendre des allergies et de l'asthme

Dans les deux cas, utilisez la thérapie symbolique mais de manières différentes :

- **Pour les allergies et l'asthme d'origine allergique** (rien de psychologique), faites la thérapie symbolique habituelle. Cela permettra à la personne de se « nettoyer » (par exemple, voir sa silhouette, la nettoyer, puis la réintégrer) ou de régler son système immunitaire.
- **En cas d'asthme nerveux**, dû au caractère de la personne ou à une situation stressante, augmentez le niveau vibratoire de la personne pour la booster et chasser sa crainte inconsciente de l'envahissement (la remplir de lumière, ce qui tiendra symboliquement l'ombre à distance !). Ainsi, plus besoin de « fermer la porte » (la respiration) pour se protéger. C'est du *coping* : acquérir la force de faire face à la vie. Demandez-lui de refaire cela régulièrement, tant que besoin.

Et toutes les somatisations…

Quand vous êtes thérapeute débutant, les gens arrivent souvent avec des problèmes qui ne sont pas dans les livres ! D'où l'importance de l'anamnèse : jouez à Sherlock Holmes pour trouver les indices de solution. La séance de thérapie se construira en fonction de ce que vous découvrirez. Vous avez des techniques pour tous les mécanismes psychologiques possibles : à vous de déceler les blocages et blessures de la personne et d'appliquer, une par une, les techniques adéquates.

Si le souci est ancien et profond, l'existence de la personne s'est construite pour équilibrer ses blessures intérieures. On ne pourra donc pas la « changer » ou la « soigner » d'un coup : tout se casserait la figure. Le temps est nécessaire, non pas pour le soin mais pour que la personne puisse trouver un nouvel équilibre.

Alors, rencontrez la personne, aidez-la sur les blessures les plus apparentes et laissez-lui du temps. Trois semaines ou un mois après, elle reviendra par elle-même et vous recommencerez. Et ainsi de suite, jusqu'à ce qu'elle se sente tout à fait mieux !

Prendre en charge les problèmes physiques à répétition

Souvent de cause inexpliquée : maladies chroniques ou céphalées, mal de dos, mycoses, cystite, etc. Ils sont généralement des indicateurs de blessures profondes. L'Inconscient peine à maintenir un équilibre sain, avec ce qu'il supporte. Encore une fois, l'anamnèse vous révèlera les failles qui mènent aux causes du problème. Prenez le temps de discuter et de comprendre avant d'agir – et vérifiez auparavant avec la personne que ce que vous avez compris est exact : ça doit lui parler (réaction émotionnelle).

Question coaching !

L'hypnose est connue pour booster l'entraînement, la performance et la concentration (sport, études, examens, etc.). Rien de technique à cela : c'est l'état d'hypnose qui fait tout. En déverrouillant *l'état ordinaire de conscience* de la personne, on décuple ses possibilités !

Raison de plus pour le faire en « ouverture de conscience », afin de lui laisser la possibilité de gérer elle-même ce qu'elle a à faire (sinon, c'est le thérapeute qui devra diriger les flux inconscients).

Trouver sa voie dans la vie

Aider la personne à se mettre dans son Soi idéal devrait régler la situation (de manière active, en posant des questions, en appliquant les réponses, etc.). Bien sûr, la connexion aux sources de la Créativité pourra aider aussi – soit à trouver la direction à suivre, soit à réaliser ses objectifs de vie.

Préparation à un rendez-vous, un examen, une compétition...

C'est le moment d'être dans son Soi idéal. La transformation humaniste peut aider, tout comme la connexion aux sources de la Créativité pour se brancher sur les « réponses », les meilleures réactions.

En cas de stress, enseignez l'auto-hypnose à la personne et demandez-lui de pratiquer chaque jour, tant qu'elle en ressent le besoin.

Agir sur la procrastination, la mémoire et la concentration

Comme si quelque chose bloquait la personne ! Deux possibilités : un Critique intérieur virulent ou… la flemme (disons, le « manque de motivation ») !

Alors, soyons logique, l'hypnose ne peut pas obliger quelqu'un à travailler ! La personne retient bien ce qui l'intéresse, n'est-ce pas ? Mais pas ses leçons… C'est donc bien une question d'intérêt, de motivation. Cela ne se soigne pas !

Donc, vérifiez le Critique de la personne, qui peut la bloquer avec des suggestions négatives permanentes. Vérifiez aussi l'estime de soi et, si besoin, remontez voir au paragraphe sur le « Mal-être ». Enfin, suivez les indications pour « Trouver sa voie dans la vie », ci-dessus.

Et au travail ?

L'Hypnose Humaniste est précieuse dans la vie professionnelle : réorientation, prise de décision importante, dilemme, conduite de projet, recherche, innovation, etc.

Il sera possible de coacher tout un groupe, en s'appuyant sur la nouvelle psychologie enseignée par l'Hypnose Humaniste et son aspect systémique, tout comme d'épauler individuellement un cadre, manager, DRH, chef de projet et même le « big boss »… Vous avez aussi appris que l'Hypnose Humaniste permet une sorte de *brain storming* individuel. Un atout sans équivalent en marketing, R&D ou innovation : utilisez le cercle de conception et la connexion aux sources de la Créativité.

Les mêmes techniques pourraient servir à créer une identité de groupe (*teambuilding*, image et stratégie d'entreprise). Bref, il y aurait de quoi faire avec l'Hypnose Humaniste en entreprise !

Chapitre 10

Rencontrer un hypnothérapeute humaniste

Dans ce chapitre :

- Oser demander de l'aide est le premier pas vers la guérison
- Faire confiance à la technique que vous avez choisie
- Réaliser que quelle que soit la technique, c'est vous qui changez, c'est vous qui guérissez

Alors, ça y est, vous vous lancez ? Tout voyage commence par un premier pas. C'est le plus important : celui grâce auquel tout devient possible !

Il est possible de changer sa vie !

Quoi qu'on en pense, même après des années et peut-être de nombreux échecs : oui, il est possible de guérir, de vivre mieux, d'améliorer son quotidien !

C'est un peu comme la grippe : lorsqu'on est coincé par la fièvre dans son lit, on en vient à croire que cela ne finira jamais. Et puis, un beau jour, on va mieux… et on ne saurait pas vraiment dire quand cela a commencé ! En thérapie, c'est pareil : il suffit de faire le premier pas. Demander de l'aide, c'est le plus courageux.

On raconte l'histoire d'un homme qui avait réussi dans la vie. Pas seulement en affaires : il vivait heureux, il aimait et était aimé et sa famille était unie. À la fin de ses jours, cet homme fit passer un message : il voulait confier le secret du bonheur à quelqu'un.

Les offres les plus extravagantes lui furent envoyées : on voulait lui acheter son secret pour des sommes folles ! Les hommes et les femmes offraient ce qu'ils avaient de plus précieux…

Finalement, le vieil homme choisit un porte-parole, quelqu'un qui serait ensuite chargé de transmettre son secret à qui voudrait bien l'entendre. Il fit venir une jeune fille, timidement restée à l'écart jusque-là. À son oreille, il lui chuchota son secret, la clé du bonheur et de la réussite. Deux mots : OSER DEMANDER.

On retrouve dans cette histoire la racine de l'Hypnose Humaniste : l'union, la connexion avec son prochain, qui amène l'entraide. En vous faisant aider, vous ne serez pas juste « un peu plus fort ». En travaillant à deux sur vos soucis, vous ne serez même pas « deux fois plus fort ». Le fait d'accorder votre confiance à quelqu'un, de recevoir des idées nouvelles, même inadaptées, ouvre un vaste champ de possibilités : et c'est de cela dont a besoin votre esprit profond pour changer ! Trouver la porte de sortie : la solution !

Être (au moins) deux enclenchera une cascade positive capable de déplacer des montagnes.

Trouver un hypnothérapeute humaniste

Si vous tenez ce livre dans vos mains, c'est que vous pensez que l'Hypnose Humaniste peut vous aider. C'est bien ! Les statistiques montrent que les personnes qui arrivent à guérir ou à changer leur vie font confiance en la technique qu'elles ont choisie. Et, en vérité, c'est la clé !

L'élément fondamental en psychothérapie, c'est votre décision de faire changer les choses. C'est la raison pour laquelle *c'est à vous de prendre contact avec un thérapeute*. Cela « démarre » le moteur de la guérison, à l'intérieur de vous.

ANECDOTE

Deux femmes souffrant de sclérose en plaque viennent me voir. La première entre avec des cannes anglaises. Ses jambes sont tordues par la maladie. Fièrement, elle s'assoit dans le fauteuil de consultation sans que je ne l'aide et me lance :

« Faites ce que vous voulez, de toute façon je vais guérir ! » Génial, cela commence bien !

La deuxième personne entre sur ses deux jambes, elle n'a pas l'air malade. Elle me regarde avec circonspection et demande : « Vous êtes sûr que c'est efficace, votre hypnose ? » Je me suis fait une joie de lui expliquer que ce n'étaient pas les thérapeutes qui guérissaient (ils vont bien, merci) mais les patients. La technique importe moins que leur engagement personnel dans la thérapie.

Je revis cette personne quelques fois, avant qu'elle ne décide d'aller butiner d'autres techniques (et elle doit y être encore). Quant à la première femme, un mois et trois consultations après, elle se présentait chez moi avec l'ordonnance de son médecin pour de la kinésithérapie : sa maladie était en rémission et elle pouvait débuter sa rééducation ! Bravo !

Alors, il est bien compréhensible que vous cherchiez « le meilleur thérapeute ». Alors, retenez que celui qui vous soignera : c'est vous !

Ceci dit, consultez l'annuaire des hypnothérapeutes humanistes, sur le site www.hypnose-humaniste.com. Leurs spécialités éventuelles sont affichées (thérapie de couple, rêves, etc.). Sauf cas spécial, préférez un homme si vous êtes un homme et une femme si vous êtes une femme, afin que votre Inconscient puisse prendre modèle. Puis, téléphonez à trois ou quatre praticiens proche de chez vous, afin que la distance ne soit pas une excuse pour mettre prématurément fin à la thérapie et portez votre choix sur celui qui vous paraît le plus sympathique.

N'hésitez pas à rencontrer plusieurs praticiens. Vous n'êtes pas « obligé » de continuer avec la première personne que vous croisez ! De même, si cela ne fonctionne pas aussi bien qu'espéré, consultez quelqu'un d'autre. Souvenez-vous que ce n'est pas l'outil qui fait la thérapie, fusse l'Hypnose Humaniste, mais la relation entre vous et le thérapeute.

Déroulement des séances

Bien que vous soyez particulièrement impliqué dans votre thérapie – puisque vous êtes en train de lire ce livre – c'est tout de même votre thérapeute qui décidera des techniques à expérimenter. Vous pouvez avoir découvert dans cet ouvrage une technique qui vous a plu et que vous aimeriez vivre. C'est très bien mais cette technique ne sera pas forcément celle qu'il vous faut ! Donc, collaborez avec votre thérapeute pour aller mieux et vous aurez ensuite toute la vie pour expérimenter toutes les techniques du monde !

Vous avez le déroulement d'une « séance type » d'Hypnose Humaniste page 151.

- **Si vous amenez un souci très important** dans votre vie, l'anamnèse pourra durer une bonne partie de la première séance. Ensuite, les séances faites de discussion et d'hypnose s'étaleront sur tout le temps qu'il vous faudra pour aller mieux, à votre rythme.
- **Si, toutefois, le sujet est plus léger** – même s'il vous ennuie vraiment – alors vous irez probablement déjà mieux dès la première rencontre. Pour arrêter de fumer, traiter une allergie, une phobie et dès lors que vos soucis sont purement « structurels » (votre Inconscient qui dysfonctionne, sans rien de blessé à l'intérieur de vous), il suffira souvent d'une séance pour régler le problème. Si quoi que ce soit coince, comptez trois ou quatre séances, ou à peine plus : cela resterait dans tous les cas très loin du temps que vous demanderait une psychanalyse !

Pour conclure, même si vous n'avez jamais rencontré de thérapeute, même si vous avez eu une mauvaise expérience par le passé et même si c'était avec l'hypnose, ne vous laissez pas arrêter, lancez-vous avec espoir : c'est la seule manière de réaliser vos rêves !

Chapitre 11

Se former à l'Hypnose Humaniste : passez de l'autre côté du miroir !

Dans ce chapitre :

- Se former même si on ne souhaite pas devenir hypnothérapeute
- Se préparer avant de se lancer
- Choisir son école d'Hypnose Humaniste

Autrefois comme aujourd'hui, les hypnothérapeutes sont souvent d'anciens patients, stupéfaits de l'efficacité de cette thérapie, qui se sont passionnés pour ce domaine.

Qui peut se former à l'Hypnose Humaniste ?

Bonne nouvelle, tout le monde peut se former à l'Hypnose Humaniste et pas seulement les thérapeutes et les coachs. La majorité de nos élèves en formation sont des personnes qui veulent mieux se connaître et apprendre à se servir de leur conscience. Après tout, nous sommes nés avec et nous n'en avons pas le mode d'emploi. Nous aurions dû apprendre tout cela à l'école !

Devenir hypnothérapeute… ou pas !

75 % des personnes qui se forment ne veulent pas en faire leur métier. La grande majorité apprend l'Hypnose pour le plaisir – ce qui est formidable ! L'idéal humaniste serait que chacun puisse s'occuper de soi puis de son prochain.

Quoi que l'on entende parfois, l'entraide est importante sur notre petite planète et dans toutes les classes sociales. Il y a de belles histoires d'entraide tous les jours, si on veut bien les regarder. Alors, imaginez que chacun possède un vrai savoir-faire : cela éviterait bien des soucis (moins de maladies, moins de conflits, etc.) et permettrait une entraide fructueuse en famille comme au travail et même avec les personnes que l'on croise. Les thérapeutes ne seraient là que pour les cas exceptionnels, les plus techniques.

Travail et plaisir : une même formation !

Avant de rejoindre une formation professionnelle, nous vous recommandons de goûter à l'Hypnose, soit à travers une thérapie personnelle soit grâce à un week-end de pratique de l'auto-hypnose.

Rassurez-vous, « professionnel » ne veut pas dire « seulement pour en faire son métier ». C'est un niveau de qualité, de technique mais aussi d'apprentissage, avec un diplôme de fin de cursus – dont le passage n'est pas obligatoire, si vous n'en avez pas l'utilité.

Ainsi :

- **Les formations sont ouvertes à tous** : quel que soit votre niveau scolaire ou professionnel car ce savoir-faire est bénéfique à tous, indépendamment du bagage scolaire ou du métier exercé..
- **Tout le monde part à égalité** : donc, rassurez-vous. Tout le monde a ses chances même ceux qui ne sont pas thérapeutes ! Tout est question de travail et de passion.
- **Les formations sont « professionnelles »** : cet enseignement a pour vocation de former de bons professionnels, que vous veniez pour le plaisir ou pour apprendre un

métier, nous vous demanderons le même niveau de savoir et de pratique. L'Hypnose est une clé d'accès à notre esprit. On doit l'utiliser avec sérieux, même à titre personnel !

- **Les formations sont complètes** : vous apprendrez tout ce qu'il est possible de faire avec l'Hypnose Humaniste, des inductions rapides aux techniques avancées de soin. Même si un seul aspect vous intéresse (anesthésies, phobies, tabac, etc.), même si vous pensez ne vous occuper que d'une partie de la personne, c'est tout entière qu'il faut la comprendre et savoir l'aider : corps, émotions, esprit... La formation complète participera à votre réussite, par votre maturité technique, votre compréhension de la personne, de son contexte de vie, votre capacité à la rassurer, à faire passer votre message, etc.
- **Travailler tous ensemble**, toutes professions mélangées, dans un groupe assez grand pour réunir assez de diversité, améliore la formation de tous. On n'apprend vraiment qu'en pratiquant sur le plus de personnes possible : âge, caractère, niveau social et d'éducation, histoire de vie, etc.

Comment vous préparer ?

On entend parfois dire qu'il est bon d'arriver « vierge » en formation : sans avoir rien lu, sans s'être préparé, etc. « afin de ne pas prendre de mauvaises habitudes ». C'est une curieuse idée ! Au contraire : *il vaut toujours mieux vous préparer* et connaître le mieux possible votre sujet avant de vous présenter en formation.

Lisez et commencez votre apprentissage avec l'auto-hypnose ou auprès d'un hypnothérapeute : vous serez bien plus à l'aise en formation. Vous pourrez pratiquer et découvrir des techniques avancées plus sereinement ! Vous serez aussi moins « secoué » par les premiers jours de cours. En effet, sans préparation, vous pourriez avoir l'impression de sauter dans un train lancé à pleine vitesse : l'accélération peut donner le vertige ! Alors que si vous avez déjà pris de la vitesse par vous-même, le début du voyage sera bien plus confortable.

- **Vous avez déjà de quoi lire** et pratiquer dans ce livre. C'était la première chose à faire avant votre formation. La Bibliographie vous indique également d'autres ouvrages qui complèteront votre « culture Hypnose Humaniste ». Pas besoin de tout lire, bien sûr mais quelques livres au moins.
- **Vous pouvez rencontrer un hypnothérapeute**, si vous le souhaitez et si vous avez quelques soucis à régler. Avoir un objectif est primordial pour vivre une séance d'Hypnose Humaniste : ce n'est pas un tour de manège ! Et ainsi, vous serez plus léger pour débuter votre formation.
- **Vous pouvez aussi écouter des MP3 d'hypnose**, pour vous familiariser avec la manière d'accompagner et de travailler sur vous. Vous en trouverez en téléchargement gratuit sur le site `www.mp3-hypnose-gratuit.com` (dont plusieurs en Hypnose Humaniste).

Choisir votre école d'Hypnose Humaniste

Lorsque viendra le moment de choisir votre organisme de formation, vous aurez le choix entre la « maison mère » qui est l'Institut Français d'Hypnose Humaniste & Ericksonienne (IFHE), à Paris et les différentes cours et écoles ouvertes par nos élèves.

Il faut savoir que, comme en Sophrologie ou en PNL, seule les personnes dument « certifiées » par un examen écrit et pratique peuvent exercer. Les centres de formation en Hypnose Humaniste, partout dans le monde, sont donc accrédités par l'IFHE. Vous en trouverez en France mais aussi en Belgique, au Québec ou en Argentine, en Turquie comme en Chine, etc. De nouvelles écoles apparaissent chaque année, vous en trouverez forcément une près de chez vous. Vérifiez simplement auprès de l'IFHE (`www.hypnose-humaniste.com`) que l'Enseignant soit bien certifié, afin de bénéficier d'une formation de qualité, complète, à jour et surtout d'un diplôme valide.

Vous pourrez ainsi devenir ce que l'on appelle « praticien en Hypnose Humaniste », exerçant l'hypnothérapie ou le coaching et même, après un temps d'expérience, « maître-praticien ». Et, si vous souhaitez participer à diffuser cette pratique, sa philosophie et ainsi aider davantage de personnes, il existe aussi un cursus pour devenir « Enseignant en Hypnose Humaniste », avec le soutien de l'IFHE. Vous rejoindrez alors une grande famille.

Sixième partie

La partie des Dix

Dans cette partie…

Pour finir, cette partie réunit trois listes qui vous permettront d'aller plus loin. La première vous apporte les réponses aux dix croyances erronées (et largement répandues) sur l'Hypnose, auxquelles vous serez sûrement confrontés un jour ou l'autre. La deuxième vous explique les dix moments clés de l'histoire de l'Hypnose. Enfin la troisième vous présente les dix principes de vie à adopter dès maintenant pour élargir votre conscience et être humaniste tous les jours.

Chapitre 12

Dix idées reçues sur l'Hypnose

Dans ce chapitre :

- Prendre conscience que l'Hypnose n'a rien de magique ni d'ésotérique
- Constater que vous gardez le contrôle et votre libre arbitre, quoi qu'il arrive
- Reconnaître que cette technique est aussi efficace pour se soigner que pour travailler à son développement personnel

Passons en revue quelques idées fausses sur l'Hypnose en général et sur l'Hypnose Humaniste en particulier.

L'hypnose est un état bizarre, anti-naturel

Eh bien, non, en réalité l'hypnose est un état tout à fait naturel.

Certaines zones de votre cerveau sont conçues pour vous mettre en état d'hypnose – tout comme d'autres zones gèrent l'équilibre et vous permettent de tenir debout ou d'apprendre à faire du vélo. La nature vous a fabriqué ainsi !

Bien sûr, que ce soit l'hypnose ou le vélo, votre cerveau a beau avoir les fonctions nécessaires, il faudra quand même apprendre. Il y a aussi des moments où l'on est en état d'hypnose naturelle : à l'endormissement et au réveil, lorsque l'on est dans les nuages ou absorbé par un bon livre ou un film, ou durant un effort prolongé : marche ou course à pied, vélo, conduite, à l'occasion d'une grande discussion avec des amis, etc.

De plus, vous passez naturellement dans un léger état d'hypnose toutes les 90 minutes environ. Cela fait partie de votre hygiène mentale. Il est donc impossible de « rester coincé » en état d'hypnose ou de ne pas se réveiller : l'état d'hypnose semble être une protection naturelle. C'est un état qui vous sert à vous régénérer !

L'hypnose, c'est ce qu'on voit à la télé ?

Vous parlez de l'hypnose de spectacle ? Non, ce n'est qu'une toute petite partie de l'hypnose !

Ce sont des thérapeutes qui ont découvert l'hypnose, dans leur recherche pour mieux soigner leurs patients. L'hypnose a toujours été une pratique thérapeutique, avant même de porter ce nom.

Maintenant, si certains artistes de music-hall se servent du phénomène pour faire du spectacle. Pourquoi pas ? S'il y a du monde pour venir les voir et des volontaires pour monter sur scène !

L'Hypnose thérapeutique est une clé d'accès à vous-même, qu'elle soit « classique », « ericksonienne » ou « humaniste ». C'est un univers bien plus vaste et intéressant que simplement faire s'évanouir ou aboyer des volontaires (ce qui ne fonctionne pas, en plus, avec tout le monde) !

Les hypnotiseurs ont-ils un don ou un pouvoir ?

Eh non ! L'Hypnose est une technique qui s'apprend.

Les spectacles d'hypnose donnent l'impression que l'hypnotiseur a un pouvoir – en tous cas, quelque chose de spécial – qui fait s'évanouir les gens et qui les met sous son contrôle. Cela fait frémir les spectateurs mais, comme nous venons de l'expliquer, ce n'est qu'un spectacle, une illusion.

Bien sûr, les phénomènes hypnotiques peuvent être réels mais l'hypnotiseur pourrait apprendre à la personne à les créer par elle-même car, en réalité, tout se passe en elle. L'hypnotiseur, artiste ou thérapeute, n'a ni « pouvoir » ni « magnétisme ». Il ne fait jamais rien à la personne, même si l'artiste le fait croire aux spectateurs…

En Hypnose Humaniste, ce point ne fait plus aucun doute car le thérapeute humaniste n'est qu'un pédagogue et un guide : il ne fait rien par lui-même à la personne ! Ce qui est finalement toujours le cas, même lors d'un spectacle – la personne réagit aux paroles du thérapeute mais tout le travail se fait en elle : l'hypnothérapeute n'a pas des mains invisibles qui viennent arranger le cerveau de la personne !

L'Hypnose permet de contrôler une personne comme un robot ?

Bien sûr que non ! Même en Hypnose dissociante, la personne garde son libre-arbitre !

Puisque vous avez compris que l'hypnotiseur et l'hypnothérapeute n'ont aucun pouvoir, vous savez qu'ils ne pourraient pas vous mettre en état d'hypnose sans que vous ne vous en rendiez compte ! Personne ne peut prendre le contrôle sur vous, comme avec une télécommande, pour vous faire obéir à des ordres à distance ou des semaines après la séance d'Hypnose ! C'est de la science-fiction !

À SAVOIR

L'hypnothérapeute a appris à faire réagir l'Inconscient pour vous soigner. C'est la même sorte de « manipulation » que celle d'un kinésithérapeute, pour votre bien. Et, en Hypnose Humaniste, vous apprendrez à faire tout cela par vous-même.

Quand on est en état d'hypnose, on ne sait plus ce qui nous arrive ?

Mais si ! Même les gens qui font le chien ou la poule en spectacle s'en rendent compte !

Parfois, on oublie ce que l'on a fait pendant l'hypnose mais, la plupart du temps, on se souvient de toute la séance. Eh oui, même pendant l'hypnose de spectacle : les volontaires sur scène sont très conscients de ce qu'ils font. Si l'hypnotiseur leur demandait quelque chose qui leur déplaisait, ils ne le feraient tout simplement pas.

Quand la personne oublie ce qui s'est passé pendant l'hypnose, c'est le même oubli que celui des rêves : au réveil, on ne se souvient plus des rêves de la nuit. Mais si on vous réveillait en plein sommeil, vous pourriez dire : « Flûte, j'étais en plein rêve ! » En réalité, on est toujours conscient, même pendant le sommeil ! C'est au réveil que l'on oublie – et c'est pareil en hypnose.

Donc, même s'il vous arrivait de tout oublier après, pendant toute l'expérience vous serez conscient et libre d'accepter ou refuser ce que l'on vous dit.

Si je me rends compte de ce qui se passe, l'hypnose n'est pas efficace ?

Cela n'a rien à voir ! La conscience que vous avez en état d'hypnose n'est pas la même que celle de tous les jours.

C'est d'ailleurs un des indices de l'existence de la Conscience, telle qu'on la décrit en Hypnose Humaniste. En état d'hypnose, comme lorsque l'on rêve, on peut se rendre compte de ce qui nous arrive. Pourtant, dans les deux cas, votre cerveau conscient est désactivé (cortex préfrontal). « Quelque chose » est donc toujours conscient, ce que vous appelez : « vous » ! Votre Conscience.

Bien sûr, il ne s'agit pas de rester conscient, éveillé comme d'habitude : là, ce ne serait pas de l'hypnose ! Pour être dans un vrai état d'hypnose, il faut modifier votre *état de conscience* – soit en plongeant dans l'inconscience (Hypnose dissociante), soit par davantage de conscience (Hypnose Humaniste). L'état *ordinaire de conscience* verrouille vos capacités, afin de ne pas faire de bêtises involontairement. C'est une protection psychologique. L'état *modifié de conscience* vous permet de libérer vos capacités naturelles.

Nul besoin, donc, d'être en « transe profonde » pour que l'hypnose soit efficace. Il faut juste que vous soyez dans un autre état que votre *état ordinaire de conscience*. C'est tout.

Sitôt que vous constatez des phénomènes hypnotiques (signes de transe, anesthésie, lévitation de la main, etc.), alors bravo, vous êtes en état d'hypnose... Et si vous vous en rendez compte, c'est bien grâce à votre Conscience majuscule, qui est toujours présente !

En hypnose, le thérapeute me soignera sans que je n'aie rien à faire ?

Ah ! Voilà qui est à moitié vrai, selon votre souci et la forme d'hypnose utilisée.

Bien sûr, l'Hypnose n'est pas une « chirurgie du cerveau » ! Même lorsque vous faites de l'hypnose dissociante et que vous restez passif, c'est tout de même votre cerveau à vous qui fonctionne ! Le thérapeute ne vous fait rien physiquement. Il vous parle, c'est tout. Et tout se fait en vous.

Alors, si vous avez juste besoin d'une anesthésie, d'arrêter de fumer, de soigner une allergie ou de faire cesser une phobie, si vous acceptez de vous laisser faire et si votre souci n'est que mécanique, rien qui ne touche vraiment à votre psychologie, vous pourrez peut-être juste vous laisser faire. Maintenant, il faudra tout de même passer par l'anamnèse et aider votre hypnothérapeute à comprendre la situation – afin qu'il puisse intervenir au mieux.

Toutefois, la plupart des situations demanderont votre participation, même pendant la séance d'hypnose, que vous ne fassiez que collaborer (Nouvelle Hypnose) ou que vous interveniez vous-même *en conscience* (Hypnose Humaniste). Ce sera le cas pour tout ce qui vous touche profondément, au niveau de votre identité, de la personne que vous êtes, de votre histoire de vie, etc. Il n'y aura que vous pour changer ces choses : et heureusement !

On m'a dit que l'hypnose ne soignait pas vraiment !

Là, ce n'est pas la technique qu'il faut blâmer mais le thérapeute !

On apprend en formation professionnelle à travailler sur la cause profonde des problèmes – ce que permet l'Hypnose comme nulle autre thérapie. Il n'y a donc aucune raison que le soin ne soit que superficiel ou incomplet, ce qui pourrait provoquer la réapparition des symptômes un peu plus tard, même sous une forme différente. Un thérapeute expérimenté ne rencontre jamais ces « substitutions de symptôme » ! Et il suffit de suivre sagement les techniques pour que l'efficacité suive. Ce n'est pas compliqué.

L'Hypnose est la grand-mère de toutes les formes de psychothérapie. On retrouve sa trace dans pratiquement toutes les techniques existantes. Des milliers d'articles sont publiés chaque année sur l'hypnothérapie, depuis près de deux cents ans, autant en psychothérapie qu'en médecine. Aujourd'hui, il ne se passe pas un mois sans que l'Hypnose n'apparaisse très sérieusement à la télévision ou dans les journaux et magazines. Celui qui croit encore que l'Hypnose est une sorte de placebo ou de technique de charlatan doit venir d'une autre planète ou il a vraiment un gros manque de culture générale. Pour remédier à cela, il suffit de se renseigner : internet et ce livre devraient faire l'affaire !

L'Hypnose, ça a l'air très technique, difficile à apprendre...

La thérapie est un domaine immensément vaste, il est normal que l'appréhender demande du travail !

La forme d'hypnose la plus facile à apprendre est l'Hypnose classique car elle dissocie la personne par ses suggestions autoritaires. Les procédures sont simples à appliquer. En revanche, cette Hypnose n'est plus vraiment utilisée en thérapie – bien qu'elle soit à la base de toutes les formes d'hypnose.

L'Hypnose ericksonienne et la Nouvelle Hypnose peuvent paraître compliquées car elles sont très techniques – surtout la Nouvelle Hypnose, qui est la plus sophistiquée – mais c'est ce qui leur permet d'être aussi efficace. Ces formes d'Hypnose sont plaisantes à pratiquer quand on possède une bonne maîtrise du langage hypnotique, sinon vous n'aurez pas plus de résultat qu'un placebo. De plus, ce sont des thérapies « stratégiques » qui nécessitent de penser comme un joueur d'échecs. Ce n'est pas forcément évident à pratiquer pour tout le monde.

L'Hypnose Humaniste n'a aucune technique de langage et ses structures thérapeutiques sont assez simples. Toutefois, elle demande la compréhension de la psychologie, au niveau individuel et collectif (couple, famille, société), des mécanismes de l'Inconscient (réactions, blessures, symboles, etc.) et de la Conscience (maître-symboles, archétypes, strates, etc.).

Vous pouvez apprendre la thérapie symbolique simple ou le soin de l'Enfant intérieur en moins d'une matinée et savoir utiliser ces techniques après une journée de pratique – mais pour atteindre un bon niveau, contrairement aux formes d'Hypnoses plus mécaniques, elle demande d'étudier le fonctionnement de la vie et de l'esprit (psychologie profonde, philosophie, symbologie, mythologie).

Maintenant, quand on est passionné, tout paraît facile !

L'Hypnose Humaniste, c'est juste pour le développement personnel...

Bien sûr que non : toutes les formes d'hypnose sont avant tout thérapeutiques !

Tout comme il ne faut pas réduire l'Hypnose classique à sa seule utilisation en spectacle, il ne faut pas croire que l'Hypnose Humaniste, du fait de la vision de l'existence qu'elle propose, n'intéresse que les personnes en recherche de développement personnel !

Toutes les formes d'Hypnose ont été créées pour soigner, chacune avec ses spécificités et ses limites. Par exemple, l'Hypnose ericksonienne est dite « utilisationnelle » : elle peut diriger l'Inconscient, stimuler sa créativité pour trouver de nouvelles réponses, etc. mais elle ne peut pas le changer, ni lui demander de se changer lui-même ! Les indications de *psychothérapie* lui sont ainsi inaccessibles. C'est sa limite – ce que dépasse l'Hypnose Humaniste, qui offre de réharmoniser l'Inconscient, notamment grâce à la thérapie symbolique avancée.

Alors, beaucoup de gens trouvent en l'Hypnose Humaniste le reflet de leurs convictions profondes, l'explication de ce qu'ils pressentaient intimement sans pouvoir vraiment l'exprimer – et tout cela mis en pratique, en plus ! La psychologie développée par l'Hypnose Humaniste correspond à de nombreuses personnes, qui y voient une manière de vivre mieux et de réaliser leurs rêves. Il y a de quoi s'enthousiasmer !

La vocation première de l'Hypnose Humaniste est le soin. Et c'est aussi un formidable tremplin pour votre développement personnel – ce que Carl Gustav Jung aurait appelé votre « chemin d'individuation ». Elle vous aidera dans votre vie quotidienne, au travail comme à la maison. Et, bien sûr, elle sera toujours là pour vous épauler lors des moments douloureux de l'existence. Santé, qualité de vie et évolution humaine.

Chapitre 13

Dix périodes clés de l'histoire de l'Hypnose

Dans ce chapitre :

- Se familiariser avec les origines de l'Hypnose
- Faire connaissance avec les pionniers de l'Hypnose
- Intégrer la Conscience dans la thérapie : la naissance de l'Hypnose Humaniste

Depuis la nuit des temps, les humains tentent de soulager leurs maux en utilisant la parole ou l'esprit. « Rassure-toi, cela va passer ! » dit-on à un ami qui va mal, comme si nos mots pouvaient l'apaiser. Ce n'est peut-être pas grand-chose mais l'intention y est et c'est déjà un premier pas vers une technique plus structurée.

Dès la Préhistoire, les humains essayèrent aussi de passer par des « forces supérieures », nature, dieux ou déesses, pour que leurs demandes se réalisent mieux ou plus souvent… Avec le temps, ils finirent par découvrir que c'était en eux qu'était cachée la source du bonheur et de la réussite : leur Inconscient et leur Conscience supérieure.

Il y a plus de 6 000 ans

On retrouve les premières traces écrites de *soin par la parole* en Mésopotamie. Un manuscrit cunéiforme sumérien décrit des guérisons obtenues par le biais d'états modifiés de conscience. *Les trois états de transe* redécouverts par Jean-Martin Charcot en 1882 y sont aussi déjà décrits : l'état léthargique, l'état cataleptique et l'état somnambulique.

Il y a 3 500 ans

On étudie en Égypte les rapports entre le cerveau et l'esprit (papyrus Edwin Smith). Le papyrus Ebers dénombre presque 900 procédés médicaux, dont *les techniques et les applications de ce qui ressemble beaucoup à de l'Hypnose thérapeutique* !… Une stèle égyptienne du temps de Ramsès II décrit aussi ce que nous appellerions aujourd'hui une « séance d'hypnose ».

Il y a près de 2 700 ans

Les philosophes présocratiques comme *Pythagore* affirment que les nombres sont les « particules de l'âme » – définition étonnante de modernité de *la Conscience* en tant que champ d'Informations.

Pythagore décrit avec des siècles d'avance *les trois strates de fonctionnement du cerveau*, comme le fera plus tard Paul D. McLean (1969). Son œuvre inspira Platon, l'humaniste Jean Pic de la Mirandole ou l'astronome Johannes Kepler, comme la physique quantique, la théorie des Supercordes et jusqu'à l'Hypnose Humaniste.

Un peu plus tard, toujours en Grèce, Antiphon d'Athènes, dont le frontispice de la maison annonçait qu'il avait le pouvoir de guérir avec les mots, estimait que « *chez tous les hommes, la pensée gouverne le corps, pour la santé et la maladie et pour tout le reste* ». Il avait créé une méthode de « thérapie de l'âme fondée sur le discours » : la première psychothérapie !

Il y a 2 450 ans

Socrate explique que parler aux gens d'une voix terne (« *terpnos logos* ») les met en état de réceptivité, d'ouverture d'esprit : un principe repris plus tard en Hypnose classique comme en sophrologie. Fils de sage-femme, Socrate se décrit comme un *accoucheur d'âmes*.

Platon reprend aux philosophes présocratiques le concept d'*Idées*. Ce sera le pivot de son fameux « mythe de la caverne » (La République) où il enseigne la mécanique *d'un univers bâti sur la Conscience et l'Information*, que l'on retrouve depuis le début du XXe siècle en physique quantique.

Partout dans le monde, les philosophies, religions et pratiques se multiplient (hindouisme, druidisme, chamanisme, christianisme, etc.) pour expliquer l'existence et vivre sainement en respectant telle et telle règles à propos de la Nature ou des volontés supposées de tel ou tel Dieu ou Esprit supérieur.

De ces croyances apparaîtront la philosophie actuelle et, plus tard, la psychologie, avec les notions d'Inconscient et de Conscience.

La naissance de l'humanisme

Faisons un bond par-dessus le Moyen Âge, jusqu'à Jean Pic de la Mirandole (1463-1494). Ce jeune homme donna ses lettres de noblesse à *l'humanisme* de la Renaissance : un mouvement né en Italie au XIVe siècle qui conquit progressivement toute l'Europe pour s'épanouir au XVIe siècle.

L'humanisme est centré sur l'humain. La connaissance, la vulgarisation et le partage des savoirs sont considérés comme fondamentaux. Tout le monde a le droit de savoir… En ce sens, la collection « Pour Les Nuls » est *humaniste* !

L'idée est que *l'individu correctement instruit est plus pleinement libre et responsable.* Il peut alors réellement faire preuve de libre arbitre. Ainsi, la tolérance, l'indépendance, l'esprit d'ouverture et de curiosité sont indissociables de l'humanisme.

Par ailleurs, la philosophie humaniste s'appuie sur *des principes naturels qui peuvent être démontrés ou vérifiés* (« philosophie naturelle »), comme chez René Descartes, Gottfried Leibniz, etc. Les croyances fondées sur des dogmes ou des « révélations » (sans évidence vérifiable) ne font pas partie de l'humanisme.

L'esprit humaniste incite donc à développer ses qualités humaines, à faire preuve de logique, d'éthique, de responsabilité et de respect pour tous les individus. De plus, l'humanisme implique *un engagement dans la recherche de la vérité et de la moralité*, en particulier avec l'aide des sciences, en solidarité avec l'humanité.

Tout cela est à la base de l'Hypnose Humaniste, dont le qualificatif vient du fait qu'elle œuvre, individu par individu, pour toute l'Humanité.

La découverte de l'Inconscient

Gottfried Leibniz (1646-1716) est un chercheur et philosophe humaniste allemand, également juriste, diplomate, philologue, mathématicien… Ce génie touche-à-tout tient une place importante dans l'histoire de l'Hypnose Humaniste. En effet, c'est lui qui, le premier, a parlé de *l'Inconscient*, qu'il baptisait « Automate » (1686). Il fit également une description très détaillée et actuelle de notre « matrice », avec le principe des monades (les objets informationnels de l'Hypnose Humaniste).

Du magnétisme à l'Hypnose

En 1766, le docteur Franz Anton Mesmer est célèbre pour son utilisation thérapeutique du *Magnétisme animal*. Bien que les historiens le désignent souvent comme l'ancêtre de l'Hypnose, Mesmer n'a toujours prôné que le « magnétisme » !

Il est probable que, ne parvenant pas à imiter leur maître, les élèves de Mesmer se mirent à parler à leurs patients, pour les encourager à guérir. Ce faisant, ils quittaient, sans le savoir, le domaine du magnétisme pour entrer dans ce qui deviendra l'Hypnose et la psychothérapie.

Les magnétiseurs « imaginationnistes » comme l'abbé Faria ou le philosophe Maine de Biran n'étaient d'ailleurs pas dupes et furent les premiers à donner une origine psychologique au phénomène. L'un d'eux, le baron d'Hénin de Cuvillers, proposa même en 1819 une série de néologismes sur la base du préfixe « hypno » pour décrire leur pratique (hypnoscopie, hypnomancie, etc.). L'Hypnose n'était plus très loin…

Malgré ses détracteurs, la pratique du magnétisme de Mesmer triomphe dans tous les royaumes occidentaux comme outil thérapeutique « à la pointe du progrès » (de l'époque !).

La naissance de l'Hypnose

1841 est la date historique à laquelle le chirurgien écossais James Braid pose les bases scientifiques d'une pratique thérapeutique uniquement verbale *: l'Hypnothérapie est née* !

Bien sûr, Braid avait commencé ses expérimentations et ses publications bien avant cette date. Il résumera ses études dans le livre « Neurypnology » (1843). Plus tard, se rendant compte que le terme « hypnose » était mal choisi (cet état de conscience n'ayant, en réalité, rien à voir avec le sommeil), Braid essaya de le changer en « monoidéisme » (1847). En vain car l'Hypnose avait déjà pris son essor.

Dans la lignée des imaginationnistes, l'Hypnose est en opposition avec le magnétisme animal de Mesmer. La nouvelle thérapie se veut rationnelle et scientifique et gagne bientôt la pratique de la plupart des médecins. Petit à petit, l'Hypnose pose aussi les fondements de la future psychologie. La thérapie devient progressivement une collaboration entre patient et thérapeute.

En 1864, Ambroise-Auguste Liébeault fait entrer *l'Hypnose en France*. En 1882, il convaincra le professeur de médecine Hippolyte Bernheim de l'utilité de l'Hypnose. Ensemble, ils fonderont l'École de Nancy. *En 1891, Hippolyte Bernheim popularise le nom « psychothérapie »* pour désigner le « soin basé sur la suggestion hypnotique ».

L'Hypnose a pris la place du magnétisme. Elle est considérée comme la nouvelle médecine de pointe et, comme telle, l'Hypnose est abondamment utilisée en médecine où des milliers de soins et d'anesthésies sont réalisés sous hypnose, partout dans le monde.

Les jeunes Sigmund Freud et Carl Gustav Jung, alors élèves de Bernheim, Charcot et Janet, vont emporter l'Hypnose sur la voie du traitement des troubles de l'esprit...

L'apport de Milton Erickson

Dans les années 1950, aux États-Unis, le psychiatre Milton Hyland Erickson, après avoir longuement étudié les mécanismes de l'Hypnose, en réactualise la pratique en la rendant plus stratégique. Son approche fait boule de neige sur la thérapie familiale, la thérapie systémique, l'école de Palo Alto et, plus tard, la PNL. *L'approche ericksonienne est née.*

Même si Erickson ne met pas toujours lui-même en œuvre ses idées avant-gardistes, celles-ci inspireront des générations de thérapeutes qui créeront à sa suite la psychothérapie brève moderne.

En 1979, le sexologue et hypnothérapeute américain Daniel Araoz baptise *Nouvelle Hypnose* l'utilisation adoucie et très améliorée de certaines techniques hypnotiques de Milton Erickson.

Après la mort d'Erickson en 1980, ses élèves continuent d'enrichir et d'optimiser sa pratique thérapeutique, créant ainsi *une hypnothérapie adaptée à notre époque*, la première qui soit vraiment collaborative. En effet, c'est la première fois dans l'histoire de l'Hypnose que l'on donne la parole au patient, qui peut ainsi participer à l'induction hypnotique et, dans une moindre mesure, à sa thérapie.

Actuellement, la Nouvelle Hypnose est très pratiquée – souvent sous l'appellation inexacte d'*Hypnose ericksonienne* – et constitue la forme d'Hypnose dissociante la plus sophistiquée. Selon les praticiens, elle peut inclure diverses techniques, souvent très différentes : tantôt « psy », tantôt « thérapie brève », tantôt « coaching », tantôt « new-age » ou « énergétique »...

Dans les années 1990, Olivier Lockert formalise des techniques hypnotiques avancées de langage qui deviendront emblématiques de la Nouvelle Hypnose (saupoudrage, métaphores sur plusieurs niveaux, communication subliminale, etc.). Il adapte aussi les structures thérapeutiques majeures de la PNL à une utilisation purement hypnotique. Ces techniques sont aujourd'hui largement utilisées en hypnothérapie par les praticiens actuels.

Et l'Hypnose Humaniste !

L'an 2000 voit naître l'Hypnose Humaniste, ultime forme d'Hypnose collaborative, puisque la personne n'y est plus endormie mais qu'elle accède à davantage de conscience, d'elle-même et du monde autour, ce qui lui permet d'agir en autonomie sur ses blessures émotionnelles, guidée par le thérapeute qui tient désormais un unique rôle d'aide et de pédagogue.

C'est *en inversant la mécanique des inductions hypnotiques* qu'Olivier Lockert découvre *un moyen inédit d'accéder aux états modifiés de conscience* : non plus par une restriction du registre cognitivo-sensoriel mais au contraire par un déploiement cognitivo-sensoriel, ce que l'on appelle un *état de conscience augmentée.*

Patricia d'Angeli marie à cette nouvelle approche les savoirs de la psychanalyse, ce qui permet à l'Hypnose Humaniste de faire l'alliance entre l'Ancien et le Nouveau monde, entre Psychologie profonde et thérapie brève.

La très ancienne Conscience, plusieurs fois millénaire, retrouve enfin sa place en thérapie dans le soin de l'Inconscient. Appuyé sur la philosophie des Anciens Grecs, on commence aussi à utiliser en psychothérapie ce que la science a mis à jour depuis un siècle. La Physique a démontré que le rôle de la Conscience est primordial et que « tout est Information ». Il est temps de mettre en pratique les découvertes de l'Humanité, pour son propre bien.

L'aventure ne fait que commencer et elle n'attend que vous !

Chapitre 14

Dix manières d'être humaniste au quotidien

Dans ce chapitre :

- Adopter un nouvel état d'esprit pour être humaniste jour après jour
- Apprendre à être curieux de tout : du monde, de soi, des autres
- Élargir votre vision du monde pour maximiser vos potentiels
- Réaliser que nous sommes tous connectés et dépositaire de la même Conscience

Nous avons détaillé les 7 principes de l'Hypnose Humaniste et la manière de les appliquer à la page 86. Dans l'Historique, vous avez aussi découvert l'humanisme de la Renaissance (p. 307).

En conclusion de ce livre, listons ensemble dix idées pour être « humaniste » au quotidien, que vous fassiez ou non de l'Hypnose. Accrochez-les sur votre frigo !

Émerveillez-vous de la beauté du monde !

- **Dirigez votre attention vers les belles choses**. Même et surtout, lorsque la grisaille envahit votre existence, voyez le ciel bleu au-delà des nuages. Écoutez et faites de la musique, dessinez ou décorez. À votre mesure, fabriquez, vous aussi, de la beauté.
- **Ouvrez grand les yeux** en arpentant villes et campagne : émerveillez-vous de la diversité des expressions de la Vie. Voyez le bon dans les gens que vous croisez. Souriez avec le regard, tenez-vous droit et respirez amplement.

- **Comprenez l'équilibre de toutes choses**, l'égale importance de l'ombre et de la lumière, du laid et du beau, du négatif comme du positif... Ainsi, vous apparaîtra la perfection du monde.

Soyez curieux de tout !

- **Intéressez-vous au fonctionnement de la vie** : philosophie, psychologie, sociologie, philologie, symbologie, physique, astrophysique, neurologie, biologie… Tous les domaines sont valables, y compris ludiques ou artistiques.
- **Souvenez-vous que l'Information fait grandir la Conscience !** Vous apprendrez davantage en un mois en arpentant des sites documentaires sur internet, au gré de votre curiosité, plutôt qu'en étudiant à fond un seul livre.
- **Pour bien mémoriser** : ayez le projet de partager ce que vous apprendrez, ainsi votre cerveau le retiendra. Cela enclenchera en vous la fonction « Enregistrement » !

Vous êtes plus que ce que vous pensez !

- **Voyez à travers le monde** : lorsque vous admirez une fleur, repensez aux champs d'informations qui lui ont donné sa couleur et son parfum. Ce que vous vivez est le reflet d'une vaste Matrice. Faites-vous une idée de la perfection de la Conscience en appréciant son expression autour de vous.
- **Comportez-vous avec les gens** comme s'ils étaient à l'idéal d'eux-mêmes, cela les aidera à le devenir vraiment. De plus, inconsciemment, ils seront plus sympas avec vous ! Après tout, ce sont des Consciences en mission ici-bas, tout comme vous.
- **Soyez attentif aux « signes du monde »**, ce que les jungiens appellent des « synchronicités », ces hasards qui ont du sens pour vous. Les paroles d'une chanson, la page d'un livre, quelques mots publicitaires, les actes d'une personne… tout cela peut répondre à vos questions.

Soyez conscient de vous...

- **Souvenez-vous que c'est votre Inconscient qui déclenche vos émotions**. Donc, tâchez de faire la part des choses dans ce que vous faites, pensez ou ressentez. Faites-vous une juste idée de vous-même, sans exagération (ni en plus, ni en moins).
- **Voyez l'Inconscient en action chez les autres** également : l'effet de leurs blessures intérieures, ce qui tient à une strate ou à une autre. Comprenez que chacun est bien intentionné, de son point de vue, selon son histoire de vie. Plutôt que d'incriminer les gens, faites en sorte de les aider.
- **Apprenez à vous servir de votre esprit**. Nous en avons parlé page 156. Cela vous aidera à gagner en conscience de vous-même, à aller vers vos rêves et à calmer les sursauts d'émotions « primitives » de votre Inconscient.

Souvenez-vous que la Conscience s'exprime en tout !

- **Faites preuve de tolérance** : quand vous ressentez de la méfiance, de la paranoïa, de la peur ou de l'agressivité envers quelqu'un ou quelque chose, souvenez-vous que la Conscience s'exprime en tout, du plus grossier au plus pur. C'est cela, la Vie. Tout est indispensable, que vous le compreniez ou non. Et, vous aussi avez vos ombres et lumières !
- **Soyez vous-même** : servez-vous de votre Soi idéal comme point de référence (cf. p. 181) et vérifiez si vous exprimez ce qui est « vraiment vous », dans vos choix, dans vos actes et dans vos sentiments. Faites votre vie à votre image ! Agrippez-vous à votre lumière. C'est bien d'être « vous ». Soyez fier d'être « vous » !
- **Pas de réussite sans engagement total** : vous ne pouvez pas être à moitié en harmonie ! Donc, acceptez vos ombres et lumières. Acceptez les autres comme ils sont. Décidez *qui* vous voulez être et fixez-vous comme but de le devenir... Faites confiance à la Vie pour vous guider.

Nous sommes tous interconnectés

- **Prenez la responsabilité d'être « Vous »** : faites la chasse aux projections personnelles, lorsque vous voyez les autres selon votre imagination et non comme ils sont vraiment. Ce n'est pas évident. Laissez-les être « eux » et soyez « vous-même ». Ainsi, vos relations seront saines.
- **Souriez** ! Cherchez à être rayonnant, simplement. Nul besoin d'être extravagant : une étincelle au coin des yeux suffit. D'abord, vous vous sentirez bien et, surtout, vous propagerez cette lumière autour de vous. Cette bonne ambiance profitera à tous.
- **Équilibrez la balance** : bien sûr, le monde n'est pas tout rose. C'est bien pour cela qu'il faut contrebalancer la grisaille, et même l'ombre, par de saines émotions. Toutes les « petites bulles positives » que vous dégagez participent à l'équilibre du Tout. Pensez-y chaque jour.

Soyez optimiste : acceptez le changement !

- **Tout change, toujours**. Vous n'y pouvez rien. Si vous suivez le courant, vous prendrez de la vitesse, tout sera facile et agréable. En revanche, si vous freinez, tout sera difficile et douloureux... Ayez donc confiance en la Vie ! Laissez-vous porter par le courant. Votre intention sera votre gouvernail.
- **La Vie vous guide** : chaque fois que vous quitterez votre route, vous rencontrerez les cailloux qui bordent la voie. Donc, sitôt que votre vie cahote, recentrez-vous. C'est facile : arrêtez ce que vous faites et laissez-vous porter. Tout se remettra en place tout seul ! La seule manière de dérailler est d'insister sur la mauvaise voie ou de laisser quelqu'un vous dévier de vous-même.
- **Soyez simple** : pensez comme un enfant. Autorisez-vous à être vous-même. Osez vivre ! Prenez le temps. Vous savez que l'Information s'agglutine par affinité. C'est physique. Donc, emplissez-vous d'abord de bonheur et de joie et votre vie se remplira de joie et de bonheur !

Souvenez-vous que nous sommes tous égaux en Conscience !

- **Voyez en chacun une Conscience égale à la vôtre**, au travail pour faire avancer à sa mesure un petit bout du monde… Alors, aidez-la dans sa tâche, ne serait-ce que par un sourire !
- **Servez-vous de vos jugements**, puisque vous savez qu'ils sont l'expression de vos blessures inconscientes : lorsque vous jugez quelque chose ou quelqu'un, en réalité vous exprimez ce qu'il y a en vous. Prenez-en note et travaillez-le si cela ne vous plaît pas !
- **Partagez le savoir qui vous fait grandir** car nous ne sommes pas tous égaux par rapport à l'éducation, au niveau de vie, à l'argent, la maladie, etc. Donc, aidez la Vie à grandir en aidant ceux qui en ont besoin, autour de vous. C'est cela, la co-naissance.

Montrez aux autres le chemin…

- **Souvenez-vous que chacun a sa place**. Il est donc parfaitement normal que tout le monde soit différent et aime des choses différentes. Ce que vous êtes attirera certaines personnes et fera fuir (ou rendra agressives) les autres. C'est normal, ne vous en formalisez pas et n'essayez pas non plus de les convertir ! La nature est très bien comme elle est.
- **Soyez ce que vous voulez transmettre**. La meilleure manière de montrer un chemin est d'être ce chemin. Vivez à votre idée et cela montrera aux autres que c'est possible. On ne change pas le monde, on change sa façon d'être au monde... et le monde change !
- **Et n'attendez rien en retour** : vouloir que les autres vous sourient lorsque vous leur souriez serait comme tenter de les faire à votre image ! Soyez vous-même et laissez les autres être ce qu'ils veulent. Souvenez-vous que toute chose a sa raison d'être et suit son propre chemin.

Nourrissez-vous du monde, ne cessez jamais de grandir !

- **Restez sur vos rails**, en harmonie avec la Vie. Soyez attentif car le monde change sans arrêt. Si vous arrêtez votre croissance, le monde filera sans vous et vous vous perdrez… Utilisez les techniques de ce livre et les points ci-dessus pour garder la connexion avec la Vie.
- **Suivez le chemin qui a du cœur**, le chemin de votre âme. Il est inscrit dans votre Soi idéal. Ressentez-le en vous et faites de votre vie un espace pour vous réaliser. Rien n'est petit, tout contribue à l'évolution du Tout. Sentez-vous participer à un élan plus vaste que vous.
- **Votre bonheur est la clé !** C'est la lumière qui chasse les ombres les plus profondes. Faites en sorte de diffuser le maximum de belles choses, à votre mesure, tout au long de votre vie. C'est cela, le Grand Œuvre, le but de toutes choses : être heureux.

Être heureux soi-même pour aider le monde à trouver le bonheur : quelle belle et agréable mission !

Soyez heureux !

BONUS : mp3 gratuits en ligne

Vous pouvez continuer le voyage en écoutant de réelles inductions hypnotiques, disponibles en téléchargement gratuit sur le site :

www.MP3-HYPNOSE-GRATUIT.com

Les enregistrements ont été réalisés en direct, avec de vraies personnes, par Olivier Lockert et Patricia d'Angeli.

Vous pourrez par exemple :

- Vivre une induction d'Hypnose Humaniste
- Apprendre l'auto-hypnose
- Dialoguer avec votre Inconscient
- Retrouver le moral (réactivation positive)
- Gérer votre stress (module complet en trois MP3)
- Travailler votre confiance en vous (soi idéal)
- Soigner votre passé (thérapie symbolique)
- Booster votre système immunitaire
- Mieux dormir
- Etc.

Le site international offre des MP3 dans plusieurs langues (anglais, espagnol et même libanais ou chinois !) :

www.FREE-HYPNOSIS-MP3.com

De nouveaux thèmes et de nouvelles traductions arrivent toute l'année.

Bonne écoute
et bonne hypnose !

Annexes

Encore quelques tuyaux utiles

Les livres à lire

Si vous avez besoin ou envie de découvrir les techniques de l'Hypnose en général :

- Olivier Lockert, *Hypnose*, IFHE Éditions, 2013.

Puis, les livres spécialisés sur l'Hypnose Humaniste :

- Olivier Lockert, *L'Hypnose Humaniste*, Courrier du Livre, 2013, pratique et concret, parfait pour compléter ce livre.
- Olivier Lockert, *Hypnose Humaniste*, IFHE Éditions, 2012, pour les personnes déjà formées ou qui veulent approfondir les aspects philosophiques et techniques.
- Patricia d'Angeli, *Psychothérapie*, IFHE Éditions, 2010, dédié à la thérapie symbolique avancée, outil phare de l'Hypnose Humaniste, agréable à lire et accessible à tous.
- Olivier Lockert, *Créateurs de réalité*, IFHE Éditions, 2009 et 2011, démonstrations des techniques d'Hypnose Humaniste sous forme romancée (tome 1 : les bases et la thérapie symbolique simple ; tome 2 : techniques avancées et philosophie humaniste).

En complément :

- Olivier Lockert, *Miracles quotidiens*, IFHE Éditions, 2008, récits de guérisons réelles en hypnose, avec exercices d'application.
- Olivier Lockert, *Hypnose, le voyage intérieur*, IFHE Éditions, 2013, récits de thérapies sous forme romancée.

Pour en savoir plus sur la formation de l'Univers :

- De l'astrophysicien Trinh Xuan Thuan, *La mélodie secrète*, Folio essais, 1991.
- Du physicien Brian Greene, *La magie du cosmos*, Folio essais, 2007.

Quelques livres de référence autour de la Conscience et de l'Information :

- William Arntz, *Que sait-on vraiment de la réalité ?* Ariane Editions, 2007, une bonne introduction scientifique, simple et fournie en images.
- Jean Staune, *Notre existence a-t-elle un sens ?*, Presses de la Renaissance, 2007, présentation des connaissances actuelles dans les domaines scientifiques liés à la Conscience.
- Du neurophysiologiste Benjamin Libet, *L'esprit au-delà des neurones*, Dervy, 2012, sur le fonctionnement du cerveau et de la Conscience.
- Du neurophysiologiste Sir John Ecclès, *Comment la conscience contrôle le cerveau*, Fayard, 1997.
- Du physicien Bernard d'Espagnat, *À la recherche du réel*, Livre de Poche ; 1993.
- Du neurologue Dominique Laplane, *Penser, c'est-à-dire ?* Armand Colin, 2005.
- Du physicien Régis Dutheil, *L'univers superlumineux*, Sand, 1993, pour apprendre ce qui se passe quand on dépasse la vitesse de la lumière.
- Du biologiste Rupert Sheldrake, *Une nouvelle science de la vie*, Le Rocher, 2003, pour découvrir les champs morphogénétiques et leurs conséquences sur le vivant.
- Rupert Sheldrake, *Réenchanter la science*, Albin Michel, 2013, excellent livre pour prendre la mesure de la nouvelle science débarrassée de ses dogmes.

Et, si vous lisez l'anglais :

- Du biologiste Tom Stonier, *Information and the internal structure of the universe*, Springer-Vertag, 1990, qui explique les liens entre la Conscience (Information) et le monde concret.

Enfin, pour entrer plus avant dans le monde de la thérapie symbolique avancée :

- Carole Sédillot, *ABC de la psychologie jungienne*, Grancher, 2012.
- Carole Sédillot, Élisabeth Zana, *ABC du Symbole*, Grancher, 2007.
- Carl Gustav Jung, *L'homme à la découverte de son âme*, Albin Michel, 1987.
- Marie-Louise von Franz, *La voie des rêves*, La Fontaine de Pierre, 2008. Célèbre collaboratrice de Jung, tous ses livres en général méritent d'être lus.
- Marion Woodman, *Obsédée de la perfection*, La Pleine Lune, 2005. Cette auteure est une spécialiste jungienne émérite.
- Clarissa Pinkola Estès, *Femmes qui courent avec les loups*, Livre de poche, 2001.

Quelques bonnes adresses...

Institut Français d'Hypnose Humaniste & Ericksonienne (IFHE)

C'est l'organisme fédérateur de tous les praticiens et enseignants en Hypnose Humaniste du monde.

Formations professionnelles certifiantes, niveaux « Praticien », « Maître-praticien » et « Enseignant », psychopathologie, week-end Auto-hypnose découverte, annuaire de praticiens certifiés, etc.

IFHE, 89 rue de l'Eglise, 75015 Paris, France

Tél. (33) 01 43 06 00 00 Fax. (33) 01 43 06 62 02

www.ifhe.net ou www.hypnose-humaniste.com

Quelques sites internet

Avec des articles à lire, des MP3 gratuits, annuaire, etc.

www.patricia-dangeli.com

www.mp3-hypnose-gratuit.com

www.siteacitations.com

www.revolition.org

Index

Notes

Notes

Notes

Notes

Notes

Notes

Notes

Notes

Notes

Notes

Notes

Achevé d'imprimer en France par EPAC Technologies

N° d'édition: 4550414329618

Dépôt légal: mars 2014

